한반도평화연구원총서 6

북한인권 개선, 어떻게 할 것인가
평화적 개입 전략과 국제 사례

윤영관·김수암 엮음
김수암·김학성·마웅저·박명림·서창록·원재천·이남주 지음

한울
아카데미

이 도서의 국립중앙도서관 출판시도서목록(CIP)은 e-CIP홈페이지(http://www.nl.go.kr/ecip)에서 이용하실 수 있습니다(CIP제어번호: CIP2010002148).

북한인권 개선, 어떻게 할 것인가

평화적 개입 전략과 국제 사례

발간사

　이미 역사에서 냉전이 옛날이야기가 되어버렸음에도 한반도는 여전히 냉전 대결의 구도에서 벗어나지 못하고 있다. 눈을 돌려 바깥을 보면 21세기 국제정치의 무대는 우리가 머뭇거릴 여유가 없을 정도로 빠르게 변해가고 있다. 전통적인 안보 영역 이외에도 환경, 지식, 인권 등 소프트 파워 영역의 중요성이 확산되고 있다. 특히 탈냉전 이후 진영 간의 안보 이슈가 약화되면서 인권은 국제정치에서 핵심 의제로 자리 잡아가고 있다.
　우리가 빠르게 변화하는 21세기 세계사의 무대에서 뒤지지 않기 위해서는 세계사와 민족사의 간격을 좁혀나가야 한다. 그 간격을 좁히기 위해서는 북한문제를 해결해야 하는데 그중에서도 중요한 핵심 과제가 북한 인권문제다. 그동안 북한 인권문제는 국내적으로 고도로 정치화되면서 그 접근법을 놓고 갈등이 야기되어왔다. 보수세력이 북한 인권문제를 주도하는 과정에서 중점을 둔 것은 북한인권의 실상을 고발하는 것이었다. 그러나 최근에는 다행히도 긍정적 현상이 나타나고 있다. 열악한 북한의 인권상황 자체에 대해 공감대가 형성되는 가운데, 과도한 정치화를 피하고 북한 인권문제를 실질적으로 해결하기 위한 전략을 개발하는 데 지혜를 모아야 한다는 인식이 확산되고 있는 것이다.
　북한 인권문제를 해결하기 위한 당사자는 북한 당국과 북한 주민이라는 점에서는 이론의 여지가 없다. 그런데 안타깝게도 북한 체제와 시민사회의 수준을 고려할 때 북한 스스로 인권개선에 나서기를 기대하기는 어렵다.

따라서 북한의 인권을 개선하기 위해서는 외부의 평화적 개입이 필요하다. 특히 한반도 분단의 당사자로서 우리는 단순한 조력자, 촉진자 이상의 역할을 수행해야 한다. 이제는 어떻게 개입하는 것이 가장 효과적일지 그 방법을 본격적으로 모색해야 할 때다.

이 책은 북한의 인권을 개선하기 위한 효과적인 개입 대안을 모색하는 데 초점을 두고 있다. 인권문제는 북한만의 문제가 아니라 세계적인 문제라는 점에 착안하여 21세기 오늘날의 시점에서 인권문제를 다루는 세계적 추세가 어떻게 변화하고 있는지를 살펴보려 했다. 그리고 큰 맥락에서 북한 인권문제는 어디쯤에 있는지를 조망하려 했다. 예를 들어 북한인권 개선 전략을 수립하기 위해 시사점을 도출하고자 서독의 대동독 인권정책, 중국의 사례 등 인권개선 정책의 국제 사례들을 검토했다. 그리고 다자 협력, 국제법 관점에서 북한인권을 개선하기 위한 구체적인 방안을 검토하고 평화적으로 개입하기 위한 방향을 제시하려 했다.

이 책이 북한인권 개선문제에 관심을 갖고 있는 연구자, 정책 입안자 및 일반 독자에게 중요한 연구 자료가 되기를 바란다. 책의 각 장을 집필한 김수암, 김학성, 마웅저, 박명림, 서창록, 원재천, 이남주 님에게 고마움을 표한다. 특히 편집 및 마무리 작업에 수고해주신 김수암 박사와 책이 나오기까지 수차례의 세미나에 참석한 한반도평화연구원 연구위원들, 실무 지원에 힘쓴 윤환철 사무국장께도 감사의 뜻을 전한다.

한반도평화연구원 원장 윤영관

서문 북한 인권문제, 왜 평화적 개입이 필요한가?

　냉전이 붕괴하면서 주권 평등, 내정 불간섭 등 냉전시대 국제관계의 행위 규범이 퇴색하고 인권의 보편성이 전 세계로 확대되고 있다. 또한 안보 이슈 때문에 뒷전으로 밀려나 있던 사회주의체제 전환 국가와 잔존 사회주의 및 권위주의 국가들의 인권상황이 국제사회의 주목을 받기 시작했다. 이 과정에서 북한 인권문제도 관심의 대상으로 부상했다. 1990년대 후반 북한의 식량난과 그로써 발생한 탈북자로 인해 북한의 인권상황에 대한 정보가 늘어났다. 이러한 정보를 바탕으로 작성된 각종 북한인권실태 보고서를 통해 북한의 인권상황이 외부 세계에 알려졌고, 북한의 인권상황에 대한 전반적 이해가 높아지면서 북한 인권문제는 국제사회의 핵심 사안으로 대두되었다. 이에 따라 유엔과 미국, 유럽연합 등 개별 국가, 국제사면위원회(Amnesty International), 휴먼라이츠워치(Human Rights Watch), 국내 보수단체 등 국제인권 NGO들을 중심으로 북한의 인권개선을 요구하는 활동이 활발하게 전개되어오고 있다.

　분단이라는 특수한 상황 속에서 북한 인권문제는 유럽연합, 미국, 유엔 등 국제사회에서 먼저 공론화되고 이것이 다시 우리 사회에 영향을 미치는 방식으로 이슈화되어왔다. 이 과정에서 북한인권의 실상 및 인권의 존재 여부, 인권문제의 발생 요인, 인권개선 전략 등을 둘러싸고 우리 사회 내부에서는 논쟁을 넘어 첨예한 갈등마저 야기되었다. 보수진영은 인권문제로 북한을 강하게 압박해야 한다고 주장했다. 반면 진보진영은 포용정책을 위해서는 인권문제를 거론하는 것이 곤란하다면서 거론 자체를 꺼려왔다. 이러한 논란을 거치면서 다행히 우리 사회 내부에서는 북한 인권문제 존재 자체에 대해 공감대가 형성되고 있다. 인권문제에 대해 침묵을 지킨다고 해서 인권문제 자체가 사라지는 것이 아니라는 점에서 외부의 개입은 북한의 인권을 개선하는 데 중요한 요소로 작용할 수 있다. 따라서 우리의 핵심 논제는 인권문제를 제기하되, 한반도 분단이라는 특수성을 고려하여 어떻게 개입하는 것이 적절할 것인가를 따져보는 것이다.

그동안 국제사회는 북한 체제의 특성상 베일에 가려져 있던 북한 인권문제에 대한 관심을 확산시키는 데 주력해왔다. 이런 노력의 결과 유엔에서 북한인권결의안이 채택되는 등 북한의 인권을 개선하기 위한 구체적 전략들이 실행에 옮겨지고 있다. 그러나 우리 사회는 북한 인권문제를 어떻게 개선할 것인지에 관한 고민에 있어 여전히 초보적인 단계에 머물러 있다. 북한 인권문제에서 북한 당국, 특히 북한 주민이 개선의 주체라는 점은 이론의 여지가 없다. 그러나 유일지배체제라는 폐쇄적인 독재정권 아래 시민사회가 형성되어 있지 않은 북한의 상황을 고려할 때 외부의 개입을 통해 북한 내부의 개선 여건을 조성해나가는 것이 핵심 전략이 될 수밖에 없다.

북한 인권문제가 공론화의 단계를 넘어 개입을 통한 개선 전략으로 전환되어가는 과정에서 우리 사회는 주도적인 역할을 수행할 수 있어야 한다. 이를 위해서는 우리가 북한 인권문제를 해결하는 데 적극적으로 나서야 하는 이유에 대한 인식이 명확하게 이뤄져야 할 것이다. 탈냉전의 세계사적 흐름 속에서 한반도는 유일하게 냉전 대결의 구도에서 벗어나지 못하고 국제 흐름에 뒤처지고 있다. 21세기 국제 무대의 주역이 되기 위해서 이러한 간극을 좁혀나가는 것이 우리의 사명이다. 이를 위해서는 북한문제, 특히 보편적 가치인 북한 인권문제를 해결하는 것이 핵심 과제다. 한반도 분단의 당사자로서 한국 사회는 남북 통합을 지향하는 과정에서 북한의 인권개선을 위한 핵심 역할을 수행해야 한다. 즉, 이 책은 '우리 사회가 한반도 통합에 대비하기 위해 어떻게 평화적으로 개입해 북한인권을 개선하기 위한 주도적인 역할을 수행할 수 있을 것인가'라는 문제의식에서 기획되었다.

이 책은 크게 4부로 구성되어 있다. 먼저 제1부 '북한인권에 접근하는 시각과 국제사회의 인권논의'는 2개의 장으로 이뤄져 있다. 제1장 '한국의 북한 인권 문제에 대한 접근: 반성과 대안 모색'에서 박명림은 북한인권을 둘러싸고 논쟁을 넘어 갈등의 양상마저 보이는 국내 현실을 고려하여 북한 인권문제에 대한 한국 내부의 시각을 비판적으로 검토한다. 그는 북한 인권문제를 둘러싼 국내 논쟁에 대해 보수와 진보가 모두 자기 자신과 한국의 위치를 설정하는 것이 중요하다고 주장한다. 특히 북한 인권문제는 객관과 균형을 고려할 때 북한(특수성), 인권(보편성)이라는 두 범주로 구성되는데, 이 중 어느 것도 배제하거나 소홀히 해서는 문제를 객관적으로 파악할 수 없다고 강조한다.

그리고 일반적으로 보편주의가 진보이자 민주의 논리이고, 특수주의·상황주의가 보수와 독재의 논리인데 한반도에서는 북한 인권문제를 둘러싸고 어떻게 보수와 진보의 논리가 뒤바뀌었는지 분석한다. 한반도의 인권문제는 한국과 북한의 분계선을 기준으로 인권의 논리가 아니라 정치 또는 권력의 논리를 좇아 정반대로 역전되었다는 것이다. 한국에서 보수는 선(先)국가안보론·경제발전론을, 진보는 선민주화론을 주창해왔다. 그런데 휴전선을 기준으로 보수와 진보의 논리가 역전된다. 진보세력은 한국의 인권문제와는 달리 북한 인권문제에 대해서는 상황논리·안보논리를 통해 보편논리·민주논리를 버린 채 소홀하게 접근한다. 이에 따라 보수가 오히려 보편적 인권문제를 주창하기 시작함으로써 인권, 평화, 민주주의와 같은 진보의제를 보수에게 넘겨주는 역설적 결과를 초래했다. 그런데 최근 들어 일부 시민단체 및 인권단체, 그리고 법률과 정책 수준에서는 부분적으로 이런 양분법을 극복하려는 노력이 시작되고 있다. 박명림은 인권 개념과 인권 해법의 층위와 방법, 순서의 관념적·현실적 분리를 전제로 부분주의를 도입한 뒤에 각 부분을 결합해 다층적·복합적·포괄적으로 접근해야 한다는 대안을 결론으로 제시한다.

제2장 '인권논의의 세계적 흐름과 북한인권'에서 김수암은 국가가 국제관계에서 핵심 지위를 점하는 국제관계의 속성상 주권, 내정 불간섭 원칙, 문화 상대주의 등의 요인이 인권의 보편성과 충돌하는 현상을 분석한다. 국가가 여전히 국제관계에서 핵심적 행위자이기 때문에 인권을 실행하는 주체도 역시 국가라는 점에서 인권의 보편성은 국제관계의 핵심 작동원리인 주권의 원칙과 지속적으로 긴장관계를 형성한다고 주장한다. 이와 관련해 유엔헌장에도 갈등의 요소가 내포되어 있다고 지적하면서 탈냉전 이후 인권 보호가 주권에 우선한다는 논의가 제기되고 있다고 소개한다. 특히 국제인권조약은 서로의 의무를 수락하는 국가주권을 제약하는 계약이고 2006년 유엔인권이사회에서 새롭게 도입한 보편적 정례검토(Universal Periodic Review)라는 메커니즘이 국가가 어떻게 국제인권의무를 실행하는지 모니터하는 기능을 수행한다고 소개한다. 또한 인권침해 국가의 행동의 자유를 제약하려는 국제인권 NGO, 초국가적 행위자 등 국제관계 현실의 변화가 주권에 대한 고정 개념을 변화시키는 요인이라고 주장한다. 그리고 탈냉전 이후 국가 중심의 시각에서 볼 때 현실 국제정치에서 인권과 국가주권이 대립되는 대표적인 현상이 인도주의적 개입임을 소개한다.

국제사회는 보편적 가치인 인권을 현실 국제관계에서 구현하기 위해 다양한 규범과 원칙을 마련해오고 있다. 그렇지만 상위의 권위체가 없는 국제관계에서 인권 개념, 구속력 있는 실행 시스템에 대한 합의가 이뤄지지 못해 논쟁이 전개된다고 주장한다. 실천 차원에서 보편성과 상대성에 대한 대표적인 논쟁이 문화 상대주의다. 이러한 논쟁과 관련하여 인권을 국제법적으로 성문화해나가는 과정에서도 인권에 대한 상대적 시각이 반영되었다고 강조한다. 인권의 보편성과 문화 상대주의 논쟁의 대표적인 사례로 아시아적 가치를 들 수 있다. 아시아적 가치 논쟁은 개발과 인권에 대한 인식에서도 차이가 나타나는 요인으로 작용한다. 이러한 세계적인 인권 논쟁의 흐름 속에서 북한은 인권은 곧 국권이라는 극단적인 주권의 원칙에 입각하여 인권문제에 접근한다는 점을 강조한다.

제2부 '인권개선 정책의 국제 사례'에서는 북한의 인권을 개선하고자 개입 전략의 효과를 제고하기 위한 시사점을 도출하려는 차원에서 한반도 분단과 유사한 분단 사례와 사회주의체제를 유지하고 있는 동서독과 중국의 인권개선 문제를 살펴본다. 제3장 '서독의 대동독 인권정책'에서 김학성은 서독 정부의 대동독 인권정책을 분석하는데, 정책이 사회적 요구의 반영이라는 관점에서 동독 인권문제에 대한 사회적 담론과 실천 노력을 포괄적으로 살펴보고 있다. 내독관계의 개선속도와 비교할 때 동독 주민의 인권개선이 더디다는 점에서 서독 사회에서도 보수세력과 진보세력 사이에 갈등이 야기되었다. 그런데 보수와 진보 간의 이견에도 방법론적으로 동독의 인권을 개선하기 위한 가시적 성과를 얻기 위해서는 내독관계를 유지·확대하는 것 이외에는 다른 대안이 없다는 점에 공감대가 형성되었다고 주장한다.

사회주의체제는 사회적 권리를 강조했는데 서독 정부와 사회는 단순히 개념 차이만 부각되는 논쟁을 최소화하려 했다. 그러면서 동독 정권에 대한 도덕적 압력의 실효성을 높이기 위해 자유민주주의체제의 잣대보다는 주로 유엔의 국제인권협약이나 헬싱키 프로세스와 같은 국제 규범을 기준으로 동독 인권문제를 제기했다. 브란트(Willy Brandt)의 신동방정책 및 독일정책은 비난이나 압박보다는 정치적·경제적 수단을 활용하는 조용한 교섭을 통해 동독의 인권침해를 개선하는 방식을 추구했다. 또 동독과 서독이 대화하는 과정에서 인권문제를 포괄적 의제로 삼음으로써 실질적 성과를 거두지 못하고 정치적 홍보 수준에 그치는 접근방식을 지양했으며 구체적인 사안에 대해 경제적 대가를 비롯하여 동독 정권이 수용할 수 있는 방식을 제시해 문제를 해결하려 했다. 그렇지만 인권이라는 원칙의 문제에 대해서 서독 정부는 결코 눈감은 적이 없으며 원론적 차원에서 항상 동독인권의 개선을 역설했음을 강조한다. 동독 정권은 국제적 위상을 제고하고 서독으로부터 경제적 이익을 보장받으며 서독과 서방 세계로부터의 국가 인정을 바탕으로 자신감을 갖고 동독 주민의 서독 방문통제를 완화했다. 그 결과 구체적으로 동독 정치범 석방거래, 이산가족 재결합, 동독 주민의 거주 이전 및 여행의 자유가 일부 확대될 수 있었다는 것이다.

김학성은 이러한 서독의 대동독 인권정책을 통해 인권문제와 분단 현실의 상관관계를 어떻게 이해하고 규정할 것인지가 중요하다고 지적한다. 분단 현실을 극복하지 못한 우리 사회의 인권 인식을 고려할 때 인권문제에 대한 정부나 사회의 관심이 북한을 넘어 우리 사회 전반의 인권 수준을 고양하는 것은 물론 국제인권문제로까지 확대되어야 한다고 강조한다. 또한 대북 인권정책을 대북 정책기조의 하위 개념으로 파악해서는 안 된다고 주장한다.

제4장 '중국에서 인권규범의 확산과 한계'에서 이남주는 중국에서 이뤄지고 있는 인권문제 연구는 국제인권체제와 중국 간의 상호 작용과 이러한 상호 작용이 중국 인권상황에 어떤 영향을 미쳤는가에 중점을 두고 진행 중인데 중국 내에서 인권규범이 실제로 어떻게 확산되고 있는지가 분석의 논지로서 중요한 위치를 차지해야 한다고 주장한다. 이와 관련하여 국제인권체제, 중국 정부, 그리고 중국 내의 동력 등 세 가지 요소 사이의 상호 작용을 중심으로 중국 내에서 인권규범의 내재화가 어떤 단계에 도달했는지, 이러한 변화를 촉진한 요인과 한계가 무엇인지 살펴본다. 이를 위해 리세와 시킹크(Thomas Risse and Kathryn Sikkink)의 '5단계 나선모델(spiral model)'과

비판 논의를 원용한다. 이 나선모델은 1단계 억압, 2단계 부인, 3단계 전술적 양보, 4단계 규범적 지위 확보, 5단계 규범에 부합하는 행위로 인권규범이 특정 국가에서 내재화하는 단계를 제시한다.

개혁개방 이후 중국 정부는 국제인권조약에 적극적으로 가입하기 시작했다. 2004년 수정된 헌법에는 인권을 존중하고 보호한다는 조항이 삽입되었다. 이러한 태도의 변화가 국제인권규범을 무조건적으로 수용한다는 의미는 아니었다. 이남주는 이런 변화에 대해 중국 인권상황이 강한 상대주의에서 약한 상대주의로 전환되었다고 평가한다. 국제인권체제가 중국 정부의 인권에 대한 태도를 변화시키는 데 영향을 미쳤다는 주장, 그리고 커다란 영향을 발휘하지 못했다는 상반된 주장이 있다. 초기 서방 세계는 중국에 대해 창피주기 전술에 중점을 두었지만 이내 이런 전략을 포기했고 중국은 서방 국가들과 인권대화를 시작함으로써 인권문제는 주권 내의 문제라는 주장에서 한걸음 물러났다. 이에 대해 이남주는 국제인권체제의 압력이 중국 인권상황을 전술적 양보 단계로 이행하게끔 촉진시켰다고 평가한다. 그렇지만 이러한 효과는 중국 정부가 국제사회의 비판을 민감하게 받아들일 수 있었던 내적 요인을 갖고 있었기 때문이라고 강조한다.

중국의 경우 1997년부터 전술적 양보가 본격화되었지만 국내의 반대 세력이 강화되거나 초국적 인권 네트워크와 결합하는 현상이 나타나지 않았기 때문에 인권규범의 내재화로 나가는 데 한계가 있었다. 북한은 나선모델의 2단계(부인 단계)에 있는데 북한의 국가 규모나 주변국과의 경제 격차를 고려했을 때 3단계(전술적 양보단계)에 돌입하면 인권개선 효과의 의미는 중국보다 더욱 커질 것이라고 주장한다.

제3부 '북한인권 개선과 개입 전략'에서는 북한의 인권을 개선하기 위한 구체적인 개입 전략을 제시한다. 제5장 '북한인권과 다자적 접근'에서 서창록은 기존의 북한인권 개선 노력의 한계를 극복하기 위해 다양한 행위자들의

자율과 참여를 허용하면서 서로의 네트워크를 통해 실질적 효과를 거둘 수 있는 거버넌스 모델을 도입할 것을 주장한다. 이를 위해 국제기구를 비롯한 국제사회의 다양한 행위자들이 개별적으로 북한인권을 개선하기 위해 어떤 노력을 기울여왔는지 살펴보고 이러한 노력에도 개별 행위자들이 인권문제를 실질적으로 개선하지 못한 이유를 살펴본다. 북한에 대한 다자적 접근을 모색하기 위한 사전 연구로서 국제사회에서 인권을 보호하기 위해 발전시켜온 인권기구, 지역인권기구와 인권제도를 살펴본다. 특히 소련 및 동구 사회주의국가의 인권을 개선하는 데 중요한 역할을 한 것으로 평가받는 헬싱키 프로세스와 다자간 협력체계를 상세하게 소개한다.

서창록은 북한인권을 개선하기 위한 노력을 평가한 결과에 따르면 다자적·다층적으로 접근하는 것이 인권문제에 효과적이라고 주장한다. 국가 또는 국제기구가 한 국가의 인권문제를 거론하는 것은 양자관계에서 득보다는 실을 가져올 수 있다. 따라서 단일국가 간의 단일적 협의 형태가 아닌 다자적·다층적 협의 형태로 접근해야 한다. 행위자 각자가 북한 인권문제에 대한 해결책을 모색하는 데는 한계가 있으므로 인권 거버넌스라는 큰 틀 안에서 각 행위자들이 네트워크 협력을 통해 북한인권에 대해 논의하는 것이 필요하다. 개별 주체가 북한에 인권개선을 요구하기보다는 행위자 간의 협력적·수평적 논의로 구축된 인권 거버넌스를 통해 북한의 인권개선을 요구하는 것이 더 효과적이라는 것이다.

제6장 '북한인권의 국제법적 접근'에서 원재천은 북한이 4개 국제인권조약에 가입되어 있다는 점을 고려하여 국제인권법상 북한의 의무 사상을 분석하고 현재의 틀 안에서 북한인권을 개선할 수 있는 대안을 살펴본다. 또한 북한 당국이 인권을 개선할 의지를 보이지 않을 경우 북한 지도자들에게 어떻게 책임을 추궁할 수 있는지 검토한다. 첫째, 적법 절차에 위반되는 법 집행, 범죄자는 물론 가족까지 처벌하는 연좌제, 고문과 가혹한 수용

조건 등이 국제인권법을 위반하는 대표적 인권유린 사례라고 강조한다. 둘째, 세계인권선언 18조와 북한이 당사자인 시민적·정치적 권리에 관한 국제규약 18조를 위반하여 종교자유를 통제하고 있다고 주장한다. 셋째, 강제송환의 원칙, 현장난민(refugee sur place) 등의 개념에 비추어 볼 때 탈북자는 난민에 해당되는데도 체포하여 강제송환하고 가혹하게 처벌하는 것은 국제난민법에 위배된다. 넷째, 북한이 정치범 수용소에서 자행하는 인권유린 행위는 집단살해죄, 인도에 반하는 범죄에 해당한다고 평가한다. 이러한 위반 행위와 관련하여 국제사회와 한국 사회는 북한 지도자에게 국제법 위반에 대해 인식시키고 책임을 느끼도록 노력해야 한다고 주장한다.

제1부에서 제3부까지의 논의를 토대로 결론 부분에 해당하는 '평화적 개입 수준의 설정과 전략의 모색'에서 김수암은 북한 체제의 속성과 시민사회의 수준을 고려할 때 북한의 인권을 개선하기 위해서는 평화적 개입이 필요하다고 주장하며 구체적·전략적 방향을 제시한다. 북한인권에 대한 개선 요구는 내정 간섭의 논리가 아니라 인권이라는 보편적 가치에 평화적인 개입을 요구하는 것이라는 점에 대해 우리 사회 내부에서 확고한 공감대가 형성되어야 한다고 강조한다. 그런데 중국의 사례에서 보듯 외부에서 한 개별 국가의 인권을 변화시키는 데는 일정 정도의 한계가 있으므로 북한의 인권을 개선하기 위한 외부의 역할과 효과에 대해 엄밀하게 정립할 필요가 있다. 국제사회는 북한 내부에서 인권개선 여건을 조성해나가는 지원자와 촉진자의 역할을 수행할 수 있다. 그런데 국제사회의 일반적 역할과 달리 한반도 분단이라는 특수 상황에서 통합을 지향한다는 점에서 북한 인권문제는 한국 사회가 주도적으로 해결해나가야 할 핵심 과제다. 따라서 남북통합을 지향하는 한국 사회는 지원자와 촉진자라는 일반적인 국제사회의 역할을 넘어 좀 더 적극적으로 역할을 수행해야 한다고 강조한다.

첫째, 우리가 북한인권 개선을 위한 외부 개입의 주체로서 주도적인 역할을 수행하기 위해서는 거미줄 같은 네트워크를 형성하고 허브 역할을 수행해 나가야 한다. 이러한 네트워크를 형성하기 위해서는 우리 정부와 사회가 북한 인권문제를 넘어 동아시아 전체의 인권 향상에 기여할 수 있도록 인권외교 정책을 수립하고 제도적 기반을 강화해나가는 것이 필요하다. 또한 북한인권을 개선하기 위한 개입 효과를 극대화하기 위해서는 인권 분야에서 우리 사회의 건전성이 더욱 증진되어야 한다. 둘째, 한국을 비롯한 외부 사회에서 북한의 인권상황 개선 목표를 어느 수준으로 설정할지에 대한 진지한 논의가 이뤄져야 한다. 단기 현안과 중장기 목표를 정교하게 수립하고 구체적인 실천 전략으로 달성할 수 있는 로드맵을 작성해야 한다. 셋째, 북한이 폐쇄적인 체제를 유지하고 있는 상황에서 외부 개입의 수준과 방식은 북한의 개혁개방을 철저하게 고려하여 설정될 필요가 있다. 특히 개입 전략이 성공하기 위해서는 북한의 민주화와 인권규범 확산과의 상관관계에 대한 인식이 바탕에 깔려 있어야 한다. 넷째, 북한 인권문제에 대한 외부의 개입이 효과를 거두기 위해서는 북한과 국제인권체제와의 상호작용 과정에서 북한 당국이 국가이익의 관점에서 대응할 것으로 판단되는 전략을 고려하여 개입 전략을 수립해야 한다. 다섯째, 남북관계와 인권문제의 상호 관계에 대해 분명한 인식과 전략적 목표를 설정하고 접근해야 한다. 남북관계, 한반도 통합과 북한 인권문제를 종합적으로 고려한 통합 전략을 수립해야 한다. 여섯째, 북한의 인권을 개선하기 위한 우리 사회의 개입이 효과를 거두기 위해서는 인권문제에 대한 국제사회의 논의를 수용하고 자유권과 사회권을 동시에 고려해 통합된 관점을 정립해야 한다. 일곱째, 국제사회의 시각을 반영하여 북한에 대규모 개발지원을 제공하는 과정에서 '북한 주민에 의한 개발'이라는 인권과 개발의 통합 관점을 적용해나가야 한다.

끝으로 부록 '버마 인권개선의 사례'에서는 향후 북한이 권위주의적 개방의 형대를 취힐 때 인권개선을 위한 시사점을 도출해내는 차원에서 버마의 사례를 소개한다.

상술한 것처럼 북한의 인권을 개선하기 위해서는 전략을 모색하는 과정에서 단기적·중장기적 관점을 포괄하는 동시에 다자적·다층적으로 접근해야 한다. 국제인권체제, 국제사회 및 북한과의 상호작용 과정에서 북한인권이 개선되기 위해서는 북한 내에서 인권규범이 내재화되는 변화 과정을 면밀하게 추적해나가야 한다. 현재의 북한 내 여건을 고려한다면 우선 북한의 인권을 개선하기 위한 외부의 역량을 결집할 수 있는 복합적 네트워크를 형성해야 한다. 그런데 외부의 개입만으로 북한 내에서 인권규범이 내재화되어 우리가 상정하는 수준으로 인권이 개선되리라고 기대하는 것은 본질적으로 한계가 있다. 중국과 헬싱키 프로세스 사례에서 알 수 있듯이 북한인권이 개선되기 위해서는 북한 내에서 인권을 개선하기 위한 역량이 형성되는 것이 그 무엇보다 중요하다. 이러한 내부 역량이 국제인권 네트워크와 연결될 때 북한인권은 실질적인 개선 과정으로 진입할 수 있을 것이다.

이를 위해 우리 사회에서 북한인권을 바라보는 성숙된 인식이 정립될 필요가 있고 북한인권을 넘어 한반도 전체의 인권, 국제인권문제로 지평이 확대되어야 한다. 또한 극단적인 정권안보 인식에 사로잡혀 있는 북한 당국을 국제 무대로 끌어낼 수 있는 전략적 지혜를 발휘해야 한다. 북한 당국도 수령 유일의 지배체제에 미치는 영향을 차단하기 위해 인권문제에 대한 개입거부 전략으로 대응할 경우 일시적으로 정권안보에 효과가 있을지 몰라도 궁극적으로는 생존 전략과 정권안보에 부정적 요인으로 작용할 것임을 직시해야 할 것이다. 북한 당국이 거부와 부인이라는 대응을 넘어 상호작용을 통해 인권문제에 접근함으로써 21세기 국제 현실에 부합하는 생존 전략을 모색하기를 기대해본다.

윤영관·김수암

차례

발간사 • 4

서 문 북한 인권문제, 왜 평화적 개입이 필요한가? • 6

제1부 북한인권에 접근하는 시각과 국제사회의 인권논의

제1장 한국의 북한 인권문제에 대한 접근: 반성과 대안 모색 | 박명림 • 22
1. 문제제기: '북한문제'인가, '인권문제'인가? 22
2. 문제의 차원과 수준의 분리: 부분적·포괄적 종합을 위한 전제 27
3. 한국 정부와 사회의 대북정책과 북한인권: 민주주의와 민족주의의 이중 준거, 보수와 진보의 역전 33
4. 법률 영역에서의 포괄적·통합적 접근 사례: 한반도 민주주의, 한반도 인권 증진의 관점에서 44
5. 잠정적 대안을 찾아서 54

제2장 인권논의의 세계적 흐름과 북한인권 | 김수암 • 61
1. 서론 61
2. 국가 중심의 국제관계와 인권 63
3. 인권의 보편성과 상대성 논쟁 73
4. 개발(발전)과 인권 79
5. 인권 논쟁과 북한 82
6. 결론 85

제2부 인권개선 정책의 국제 사례

제3장 서독의 대동독 인권정책 | 김학성 • 92

1. 문제제기 92
2. 동독 인권문제에 대한 서독 사회의 담론과 실천 95
3. 동독 인권침해에 관한 서독의 판단 기준과 내용 107
4. 서독 정부의 대동독 인권정책 사례 115
5. 시사점 127

제4장 중국에서 인권규범의 확산과 한계 | 이남주 • 134

1. 왜 중국의 인권이 문제인가? 134
2. 국제인권규범의 확산은 어떻게 이뤄지는가?: 리세와 시킹크의 '5단계 나선모델'을 중심으로 137
3. 개혁개방 이후 중국 인권상황의 변화: 강한 상대주의에서 약한 상대주의로의 전환 142
4. 국제인권체제와 중국 정부의 상호 작용: 전술적 양보 단계로의 진전 148
5. 중국 내에서 인권규범의 내재화와 한계 156
6. 결론 164

제3부 북한인권 개선과 개입 전략

제5장 북한인권과 다자적 접근 | 서창록 • 172

1. 서론 172
2. 국제사회와 인권 173
3. 북한인권을 개선하기 위한 다자적 접근법 모색 185
4. 결론 194

제6장 북한인권의 국제법적 접근 | 원재천 • 200

1. 서론 200
2. 국제인권법과 정치범 수용소 201
3. 국제인권법과 북한 종교의 자유 204
4. 국제난민법과 탈북자 인권 209

5. 국제형법과 북한인권　213
　　　6. 국제인도법(전쟁법)의 적용과 납북자 및 미송환 국군포로　220
　　　7. 결론　224

나가며 **평화적 개입 수준의 설정과 전략의 모색** | 김수암　• 227
　　　1. 조력자·촉진자로서의 평화적 개입　227
　　　2. 북한의 인권 네트워크 형성 및 허브역할 수행　229
　　　3. 개입 목표의 설정과 실천 전략의 수립　231
　　　4. 북한의 개방과 인권규범의 확산 전략　233
　　　5. 북한 당국의 정권안보 인식과 대응전략 수립　234
　　　6. 남북관계 개선과 인권개선의 통합전략 수립　236
　　　7. 자유권과 사회권의 통합 접근　237
　　　8. 개발과 인권의 통합　238
　　　9. 상호 보완적 전략의 병행과 개선효과 평가　239

부　록 **버마 인권개선의 사례** | 마웅저　• 241
　　　1. 들어가며　241
　　　2. 버마의 역사　242
　　　3. 경제에 관하여　244
　　　4. 보건·교육에 관하여　256
　　　5. 민주화 세력에 관하여　266
　　　6. 맺음말　271

찾아보기　• 274

표 · 그림 차례

〈표 1-1〉 북한 인권문제의 이해 지평 | 25
〈표 1-2〉 남한의 체제와 남북관계의 조합: 냉전시대에서 현재까지 | 34
〈그림 1-1〉 한국의 보수와 진보: 남한인권 해법 | 36
〈그림 1-2〉 한국의 보수와 진보: 북한인권 해법 | 36
〈표 1-3〉 새터민(북한 이탈주민) 현황 | 50
〈표 4-1〉 중국의 국제인권조약 가입 현황 | 144
〈표 4-2〉 유엔인권위원회에서 중국의 불처리동의안에 대한 표결 상황 | 151
〈표 4-3〉 자유권 규약의 서명에서 비준까지 10년 이상 소요된 국가 | 161
〈표 4-4〉 천광중과 모지홍의 자유권 규약 방안 비교 | 163
〈표 부록-1〉 버마의 주요 수출국 | 245
〈표 부록-2〉 버마의 주요 수입국 | 246
〈표 부록-3〉 Exchange Rates | 247
〈표 부록-4〉 Salient Macroeconomic Indicators, Selected Countries, 2005 | 248
〈그림 부록-1〉 Health Care System in Burma | 257
〈표 부록-5〉 Hospital Reporting Status by States and Divisions, 2006 | 258
〈표 부록-6〉 Health Indicators, ASEAN Countries | 260
〈표 부록-7〉 Burma Education System | 262
〈표 부록-8〉 Universities Opened and Closed between June 1988 and July 2000(Rangoon Universities and Other Regional Universities, excluding Some Institutes) | 263
〈표 부록-9〉 Budget for Education | 264

제1부
북한인권에 접근하는 시각과
국제사회의 인권논의

제1장 한국의 북한 인권문제에 대한 접근: 반성과 대안 모색 | 박명림

제2장 인권논의의 세계적 흐름과 북한인권 | 김수암

제1장

한국의 북한 인권문제에 대한 접근
반성과 대안 모색

박명림 연세대학교 지역학 협동과정 교수·한반도평화연구원 연구위원

1. 문제제기
— '북한문제'인가, '인권문제'인가?

21세기 들어 한국과 국제사회에는 북한 인권문제를 둘러싼 관심과 논의가 급증했다. 그 이유는 크게 두 가지로 추정해볼 수 있다. 하나는 사회주의국가들이 개혁개방 정책을 단행하여 외부의 접근이 허용됨으로써 국제사회가 해당 국가의 인권문제를 파악하는 것이 가능해졌지만, 북한은 여전히 폐쇄적인 독재국가로 남아 있어 그것이 불가능하다는 점이다. 극도의 폐쇄성이 주는 역설적 관심의 증대인 것이다. 다른 하나는 남한 김대중 정부 및 미국 클린턴(Bill Clinton) 정부가 대북 온건정책을 추진했음에도 북한의 인권상황이 크게 개선되지 않았다는 점이다. 외부의 정책과 북한 인권상황의 상관관계에 대한 오랜 일반적 기대와 상식이 무너진 것이다.

두 이유로 인한 관심의 증대는 한국과 국제사회에 다양한 논란을 불러일으켰다. 그런데 북한 인권문제에 접근할 때 가장 중요한 점은 무엇보다도 사실과 상황에 대한 인정이라고 할 수 있다. 가장 중요한 것은 현실의 우위요,

사실의 선차성이라는 점이다. 이때 '사실'은 특정한 숫자나 통계, 세부 사항에 대한 상세한 내용을 인지(認知)하는 것이 아니라 포괄적인 전체 현실로 존재하는 북한 인권문제를 인식하는 것이다.[1] 북한 인권문제가 매우 심각하다는 기초적인 사실을 인정하는 것 자체가 평가와 해법, 이론 적용, 진보와 보수의 분기에 앞서 훨씬 더 중요하다.

바꾸어 말하면, 객관적 사실과 현실 상황에 대한 인정이 필요하다는 의미다. 모든 문제인식의 출발은 사실과 상황이며, 이론과 해법은 그 뒤의 문제다. 이때 북한의 인권 현실과 인권문제는 비단 북한만의 문제가 아니라 21세기 세계, 동아시아, 한반도의 핵심 인권문제로 다가온다. 북한 인권문제는 북한을 포함해 한반도, 동아시아, 21세기 전 세계의 보편적 인권문제의 일부를 의미한다. 또한 국가와 체제 전체가 인권문제로 인해 특별한 국제적 주목과 비판을 받는 극소수 사례의 하나이기도 하다. 즉, 북한의 인권문제는 민족을 넘어 국제적이고도 보편적인 인권문제라는 점이다.

둘째는 기아, 인권, 독재를 포함한 여러 층위 및 요소를 갖는 복합적인 북한문제의 일부로서 북한 인권문제를 말한다. 오늘의 북한 인권문제는 선군주의, 경제 붕괴, 독재체제, 대외 폐쇄문제를 포함한 포괄적인 의미에서 '북한문제'의 핵심 요소 중 하나이다. 바꾸어 말하면, 체제 전체 문제의 최종적인 귀결로서 인간문제를 의미한다.

셋째는 분단이 초래하는 한반도 문제, 한국문제의 일부이자 표출로서 북한 인권문제가 존재한다. 이는 20세기 냉전과 분단이 초래하여 산생된 뒤, 21세기에 들어서도 해소되지 않고 있는 역사적 한국문제의 응축으로서 북한 인권문제를 말한다. 즉, 북한 인권문제를 한반도 문제가 산생한 분단체

---

[1] 북한 인권문제에 대한 최근의 포괄적 분석으로는 서보혁(2007), 임순희·이금순·김수암(2006)을 참조.

제의 일부이자 핵심으로서 포착하는 전체적 시야가 중요하다는 점이다. 요컨대 그것은 한반도 문제의 구체적 현실의 일부이자 산물인 것이다.

결국 인권문제는 어디에서나 본질적이고 궁극적인 의미에서의 인간문제인 것이다. 인간문제로서의 집합적 인권문제의 경우 체제의 본질적인 존재이유이자 최종 귀결의 의미도 지닌다. 따라서 체제문제이자 정치문제이고 경제문제이자 평화, 도덕, 윤리, 생명의 문제가 아닐 수 없는 것이다. 물론 인권문제는 이러한 전체적인 문제이면서, 지극히 개인적·개체적·개별적인 문제이기도 하다. 우리가 인권문제를 논의할 때 어려운 것은, 그것이 체제문제이면서 개인문제라는 중첩적 양면성을 갖는다는 점이다. 한 사람의 생명의 관점에서 볼 때 인권문제는 삶과 죽음의 모든 것을 의미하기 때문이다.

따라서 한국 정부와 시민의 관점에서 북한 인권문제를 볼 때 우리에게 중요한 것은 어떻게 직접성과 특수성을 넘느냐가 핵심이다. 이 말은 상황의 구체성과 특수성을 무시한다는 의미가 아니라 — 이것은 문제 파악과 해결의 출발점이기도 하다 — 보편적·일반적 인권문제의 하나로서 북한인권을 이해하는 지평으로 나아갈 수 있느냐는 것이다. 자기가 연루된 이른바 '직접성의 본질(the nature of directness)'을 극복하고 문제를 직시한다면 참여냐 방관이냐, 개입이냐 거리 두기냐의 문제는 기실 실천적인 의미에서 가치 중립성이 필수적이기 때문이다.

이때 말하는 가치 중립성은 실천성을 포괄함은 물론 일종의 이념적 중립성으로서 객관성을 의미한다. 동족으로서 남한의 위치를 벗어날 때 북한의 인권상황은 곧바로 인류의 보편적인 문제로 상승하고 변전된다. 가장 구체적인 것이 가장 보편적이라고 할 때, 이는 가장 개인적인 북한 인민의 인권문제가, 한국 민족 일부의 인권문제를 넘어 세계 보편적인 존재로서 전체 북한 인민의 세계적 인권문제를 응축한다고 해석할 수 있기 때문이다. 다시 강조하지만, 개인에게 인권문제는 생명의 문제이자 세계의 문제이기 때문이다.

<표 1-1> 북한 인권문제의 이해 지평

북 한	인 권
특수성	보편성

현재의 북한 인권문제는, 남북 또는 미국과 북한의 대립이나 인권 공세, 나아가 북한인권의 특수성 주장의 타당성 여부를 넘어 그 자체로 21세기 세계의 보기 드문 시대착오적 일탈이요 문명에 대한 도전이다. 북한의 독재, 폐쇄, 기아, 탈출, 억압, 아사, 개인숭배, 인권유린과 살상. 이 중 어느 것 하나도 세계 시간(world time)의 보편적 기준을 충족하는 것은 없다.

결국 '북한인권' 문제는 객관과 균형을 고려할 때 북한(특수성) + 인권(보편성)이라는, 어느 하나도 할애할 수 없는 두 범주로 구성된다. 둘 중 어느 하나라도 배제하거나 소홀히 한다면 문제를 객관적으로 파악할 수도 해결할 수도 없을 것이다. 그래야만 우리는, 이해하기 힘든 하나의 극적인 역설을 극복할 수 있다. 즉, 세계 인권문제에 대한 일반주의·보편주의·원칙주의적 접근이 북한 인권문제에 대해서는 보수적 접근이 되고, 개별주의·특수주의·상황주의 이해가 진보적 접근이 되는 전도된 현실을 극복할 수 있다. 인권문제는 지극히 보편적인 것이어서 일반적으로 보편주의가 진보이자 민주의 논리이고, 특수주의·상황주의가 보수와 독재의 논리다. 그런데 한반도에서는 어떻게 이렇듯 전도된 현실이 가능한가? 양자에 대한 균형적인 접근과 해법의 모색이 절실한 이유가 바로 여기에 있다. 북한 인권문제에 접근할 때 보편과 특수의 분리와 왜곡 지점은 어디이고 어떻게 해소할 것인가?

여기까지 인식이 다다를 때 접근과 해법의 가장 중요한 점은 정의와 관용, 진실과 화해, 열정과 이성, 도덕과 현실, 원칙과 상황, 즉 실천·개입 (commitment)과 절연·이격(detachment) 사이의 철학적·현실적 거리는 어느 정도여야 하는가의 문제라고 할 수 있다. 이 점은 기실 정치철학과 실천의 고전적인 핵심 물음이라고 할 수 있다. 과도한 정의와 지나친 관용, 모든 진실의 드러냄과 민족적 화해 관점 사이에 놓인 거리를 어떻게 메울 것인가? 정의와 관용은, 관념을 넘은 현실 정책과 행동 선택에서 배타적으로 절대화할 수 있는 것인가?[2] 강력한 증오나 완전한 동족 의식은 역설적으로 모두 적대와 대결을 불러일으키는 정의나 관용, 진실이나 화해, 원칙과 상황에 대한 양자택일식 흑백논리의 산물이다.

우리에게 중요한 문제는 북한 인권문제를 대면할 때 자기 자신과 남한의 위치를 설정하는 것이다. 인간문제에 대한 고전적 고뇌들과 근대 인권문제에 대한 성찰들이 언급했듯, 우리는 그 문제에 대해 누구인가? 참여자인가 방관자인가? 당사자(주체)인가 관전자인가? 우리는 방관자가 아닌 주체이면서도 공정하고 불편부당한 정의를 주장할 수 있는, 즉 관찰자가 아닌 당사자로서 파당성을 넘는 정의를 말할 수 있어야 한다.[3] 한국 사회는 그동안 인권문제에 대한 가장 나쁜 태도 중 하나인 급진적 보수주의나 반동적 진보주의를 지속해오지는 않았는가? 이는 우리 사회의 철학적 고민과 현실적 대안 모색의 핵심 고리가 아닐 수 없다. 우리가 기계적 중도가 아닌, 움직이는 중용을 선택할 때 부분주의적 종합을 통해 북한 인권문제에 대한 '비판'과 '지원'을 결합하는, 이른바 건설적 비판주의(constructive criticism), 또는 비판적 합리주의(critical rationalism)의 대안을 창출할 수 있을지 모른다. 이 글은 이러한 비판적 종합을 위한 초보적 시도라고 할 수 있다.

---

2) 이 점에 대해서는 케네디(Kennedy, 2000)를 참조.
3) 이 아이디어는 롤스(Rawls, 1999: 165~166)의 문제의식으로부터 빌려왔다. 박명림(2002)에서 재인용.

2. 문제의 차원과 수준의 분리
— 부분적·포괄적 종합을 위한 전제

현실과 이론 양면에서 인권발전의 경로와 통로는 일반적으로 문화, 평화(국제관계), 민주주의, 경제발전의 네 가지라고 할 수 있다. 인간문제로서의 인권문제를 해결하기 위해서는 이들 단독으로의, 또는 상호간의 발전이 결정적으로 중요하다. 후자의 세 경로가 근대적 고안물의 성격을 갖는다면 최초의 요소인 문화는 종종 시원적(primordial) 조건으로 언급된다. 그러나 인권에 관한 한 문화 역시 구성·재구성된다는 점에서 주어진 불변의 요소로 파악해서는 안 된다.[4] 동아시아(유교)나 아랍(이슬람), 아프리카, 북한의 인권문제 역시 어떤 경우에도 시원적 문화요소로 접근되어서는 안 된다. 왜냐하면 선천적으로 인권을 우선하거나 무시하는 문화적 요인은 존재하지 않기 때문이다. 우리에게는 일종의 구성주의적 시각이 필요한 것이다.

따라서 중요한 점은 위의 요소들 사이의 상호성이다. 즉, 초점은 지금까지의 논쟁처럼 북한 인권문제라는 결과의 특정 요인과의 인과(causality)나 선후(sequence)가 아니라 그 요인들 사이의 관계(relation)와 상호 동학(dynamics)인 것이다. 이 점이 결정적으로 중요하다. 평화와 민주주의, 경제발전과 민주주의, 평화와 경제발전, 그리고 문화와 평화 사이의 복합적 상호성의 교차 및 중첩 지점 어디에선가 인권문제가 산생되며, 그들 사이의 복합적 작용을 통해 체제 발전 및 인간 발전으로서의 인권 증진이 이뤄진다는 시각을 갖는 것이 중요하다.

---

4) 유교를 중심으로 한 동아시아의 문화와 인권문제에 대한 논의는 Tatsuo(1999: 27~59), Donnelly(1999: 60~87), Chan(1999: 212~237), Pye(2000: 244~255), Friedman(1999: 56~79)을 참조할 수 있다. 이 논의를 통해 오리엔탈리즘과 역오리엔탈리즘을 왜 모두 극복해야 하는지 알 수 있다.

따라서 가장 중요한 점은 이들 변수 사이의 선순환 관계를 구축하는 것이다. 특히 최근의 민주주의와 인권 이론들은 이 차원들 사이의 복합성에 점점 주목하고 있다. 이를테면 경제발전과 평화의 조합(development-peace complex), 민주주의와 경제발전의 조합(democracy-development complex), 평화와 민주주의의 조합(peace-democracy complex) 각각에 대한 철학적·이론적·현실적 대안의 모색이 활발한 것이다. 우리의 문제의식은 한 걸음 더 나아가 이들 사이의 상호 복합조합(multiple complex)과 관계 동학(relational dynamics)을 창출하는 것이다. 하나의 이상적인 그림이 과연 현실에서는 얼마나 가능할 것인가?

1) 민주주의와 인권

가장 먼저 탈냉전 시대 북한 인권문제는 구조적으로 3중 현실이 내화(內化)된 압축 표현이자 소우주를 의미한다. 북한 체제의 멸망 위기(내부 차원), 남북 경쟁에서의 패배(남북관계/한반도 차원), 그리고 탈냉전·세계화로 인한 국제적 고립(국제 차원)의 세 요소를 말한다. 이러한 3중 요인에 대한 북한 리더십의 주체적 대응의 결과이자 산물이 북한 인권문제인 것이다. 즉, 체제 생존을 위한 폐쇄와 독재의 결과로서의 북한 인권문제가 있는 것이다. 그 결과 그것은 전체 북한 체제문제의 핵심을 구성한다. 객관적 요인에 대한 주체적 선택의 누적이기 때문이다. 요컨대 북한의 독재와 인권문제는 불가분의 상호 구성요소인 것이다. 이 점에서 인권문제의 기저 요인은 다른 무엇보다도 정치인 것이다. 인권문제와 민주주의(발전)의 관계를 반드시 주목해야 하는 소이가 여기에 있다.

2) 경제와 인권, 빈곤과 인권

인권문제로서 중요하게 제기되는 빈곤과 기아의 근본 원인은 자연 요인이나 절대적 식량 부족에 있지 않다. 근대 이후, 특히 20세기 이후 자연재해로 인한 기아는 거의 존재하지 않는다. 존재한다고 해도 재해를 당한 초기 정도에 그친다. 기아는 근본적으로, 자원 배분과 식량 배급의 내부·외부의 통제에 관한 문제이자 독재를 견제할 수 있는 언론과 야당의 부재에 기인한다. 즉, 민주주의의 부재와 기아 사이에는 높은 상관관계가 있는 것이다. 요컨대 기아와 정치의 관계가 핵심이다.[5] 외부 세력의 영향력의 부재나 차단 역시 중요한 요인이다. 즉, 경제와 인권의 관계에 관한 것은 주체적인 문제이지 자연적인 요인은 거의 존재하지 않는다.

북한 기아로 인한 현재의 인권문제는 명백히 선군주의, 강성대국, 대량살상무기 개발 및 대외 폐쇄정책을 포함한 정치와 분리가 불가능한 동전의 양면인 것이다. 자연재해(예: 큰물 피해)로 인한 기아와 집단 아사는 1990년대 초반의 일부 기아에 한정된다. 거의 20년 가까이 지속되고 있는 현재의 저발전, 집단아사 위기와 기아 지속은 자원 배분의 왜곡을 통해 독재 강화와 군사주의에 집중하는 리더십의 국가 전략과 정책의 산물인 것이다. 특히 북한의 경우 오랫동안 국제적 지원이 이뤄졌음에도 독재정부는 장기 기아를 지속시키는 자원배분 정책을 고수하고 있다. 이는 세계적으로도 희귀한 사례여서 향후 인류의 인권 역사에서 중요한 표본으로 다뤄져야 할 것이다. 개혁개방 이후, 적어도 식량, 기아, 아사와 관련된 인권문제가 거의 해결된 러시아, 베트남, 중국, 동구권의 사례들을 보면 북한의 선택이 초래한 인권적

---

[5] 이에 대한 대표적인 견해는 노벨경제학상을 수상한 아마르티야 센(Amartya Sen)의 이론에서 찾을 수 있을 것이다. 필자는 센의 관점을 적극 수용하는 편이다. 센과 드레즈(Sen and Dreze, 1999), 센(Sen, 1999)을 참조.

귀결과 함의는 명확하다.

3) 평화와 인권

고래(古來)로 평화와 인권은 불가분의 관계에 놓여 있다. 전란 속에서 삶의 평화와 평안은 불가능하기 때문이다. 따라서 북한문제의 반평화와 반인권은 병진하고 있다는 점에 주목해야 한다. 한반도 평화(체제) 달성을 위한 노력이 중요한 이유 중 하나는 바로 인권문제인 것이다. 결국 한반도 인권과 한반도 평화는 맞물린 국제문제다. 첫째는 대결 완화를 통한 폐쇄에서 개방으로, 대결에서 협력으로의 전환이다. 개방사회 사이의 긴밀하고 밀접한 교류 협력이 존재할 때 폐쇄로 인한 인권문제 유발은 불가능하기 때문이다. 둘째는 군사주의, 군비경쟁의 완화와 자원 배분의 전환이다. 즉, 기아와 빈곤을 해결하기 위해서는 군비지출의 복지재원, 사회비용으로의 전환이 필수적인 것이다. 셋째로는 제도적 차원에서 남한, 미국, 또는 국제사회가 합의하여 남한 상주 대표부나 미국 대사관, 또는 국제기구를 북한에 상주시켜 제도적인 감시와 지원을 해내가야 한다. 이는 국제화와 세계화를 통해 북한 사회 내부의 문제를 세계화와 보편화로 이끌어내는 것이다. 넷째는 이들의 기저 조건으로서, 군사 대결의 완화를 가져올 수 있는 한반도 냉전체제 해체 및 평화체제 구축이다.

그럼에도 현재까지 한반도 평화와 북한 인권문제는 현저하게 분리되어 접근되어왔다. 아주 중요한 결락 지점으로서 (한반도) 평화(공존)를 말하는 측은 (북한)인권을 방기했고, (북한)인권을 말하는 측은 (한반도) 평화에 대한 문제의식이 결여되어 있었다. 언필칭 전자는 진보이고 후자는 보수이다. 인권과 평화를 분리하고 있는 자기모순적인 이 둘을 어떻게 결합할 것인가? 양측의 자기모순은 결국 정치와 인권의 관계에서 (북한) 권력을 어떻게 볼 것인가에 대한 시각의 차이로 발생한 것이다. 결국 인간문제로서의 인권문제가 인간사회 전래의 관성처럼, 어느 권력을 옳다고 해야 할 것이냐라는 권력의 문제가 되고 마는 것이다. 이 근본 한계를 극복할 수 있을 것인가?

4) 개방과 폐쇄, 주권과 인권, 국가안보와 인간안보

북한 인권문제의 경우 민주주의, 경제, 평화에 더해 한 가지 요소가 더 추가된다. 근대의 출발점에서 사회계약을 고민했을 때 개인들은 질서를 통한 인권보호를 위해 국가에게 주권의 일정 부분을 양도했다. 그것은 오랫동안 국가와 개인관계의 중심 원리로 작동해왔다. 그러나 오늘날 북한의 현실은 국가가 최소한의 인권을 보장해주는 주체였던 지점에서 거꾸로 서 있음을 인식해야 하는 지경에 이르렀다. 국가가 인권 보호자가 아니라 억압자로서 국가와 개인, 주권(sovereignty)과 인권(human rights)이 정면으로 충돌하고 있는 상태인 것이다. 지금은 둘의 충돌에 대한 사유 지점이 매우 중요하다.

즉, 국가주권, 체제주권의 수호를 명분으로 인권억압의 제1주체로 나선 국가를 대면하며, 근본 인권으로서의 생명권, 저항권, 평화권(right to peace)에 대한 사유가 필요한 상황이다. 인간안보를 국가안보가 보장해주기는커녕 국가가 인간안보(human security/human rights)의 최대 장애요소이자 저해요소일 때 과연 누구의 무엇을 우선해야 하는가, 변화의 요인, 동력, 근거는 어디에서 찾아야 하는가의 문제가 중요한 것이다. 즉, 누구의 무엇을 위한 주권인가를 반드시 물어야 하는 것이다. 결국 북한의 경우 내부 민주화를 통한 국가와 시민사회, 전체와 개인의 관계가 바로 서지 않고는 인권을 말할 수 없는 상황이다.

이상의 논의를 요약할 때 결국 북한 인권문제의 핵심은 체제문제인 동시에 북한 리더십의 의식과 대처라고 할 수 있다. 스스로 말하듯 김정일은 인민의 참상을 누구보다도 잘 알고 있다. 그가 기아와 탈북의 참상을 몰라서 경제가 아닌 군사를 택한 것은 전혀 아니라는 점이다. 북한 리더십을 평가할 때는 이 점이 중요하다. 미국과의 전쟁 위협과 대결 때문에 폐쇄와 독재를 지속한다는 것은 허구의 동원 이데올로기이거나, 적어도 부분적 요인을 전체로 환원하여 독재를 지속하는 명분에 불과한 것이다. 이른바 '먹는 문제', '고난의 행군', '기아 참상' 시기는, 미국은 클린턴 정부, 남한은 김대중 정부로서 북한의 건국 이래 최선의 구도인 최초의 온건(남한) - 온건 (미국) 대북정책 조합의 시기였다.

게다가 이때는 북미 제네바 합의(1994) 체제의 지속으로 전쟁의 위협이 가장 적었던 시기다. 그럼에도 북한의 인권상황은 나아지지 않았다. 이는 북한 인권문제를 판단하고 접근하는 중요한 전거다. 즉, 미국의 전쟁 위협 때문에 북한의 독재와 폐쇄는 불가피하며 북한 인권문제는 이러한 위협의 산물이라고 설명하는 방식은 부분적으로만 사실이거나 거의 사실이 아니라는 점이다. 따라서 미국 책임론, 또는 남한 보수정부 강경정책 책임론은 독재의 논리이거나 적어도 기아문제에 관한 한 허구이다. 북한 정부의 논리를 추수하는 북한 인권문제에 관한 외인론, 미국 책임론, 남한 책임론은 북한 지도부의 책임 회피를 넘어 문제해결을 더욱 불가능하게 만드는 논리라는 점을 인식해야 한다. 이 문제는 과거 안보 위기와 인권탄압을 연결하려 했던 유신독재의 논리를 떠올리면 쉽게 논파된다.

김정일은 실상을 정확하게 알면서도 김일성 사망 이후 일관되게 선군주의와 체제 폐쇄에 집중했으며 식량 위기를 포함한 인민 참상의 개선 주체는 외부 요소로 의탁하는 국가 전략을 선택했다. 즉, 대외 국가전략으로서 군사 부문의 '위협'과 식량·경제 부문의 '종속'을 병행한 것이다. 군사 부문에서의 주체와 자주를 위해 식량과 경제에서는 지속적인 대외 의존을 심화해 왔던 것이다. 이 점을 보면 북한 식량문제가 얼마나 철저하게 북한 국가전략의 산물에 귀속되어 있는지 알 수 있다. 주체의 포기와 종언은 물론 주체사상의 본래 출발을 전도하여 '인민 주체', '사람 중심' 노선을 완전히 이탈하고 있다. "2,000만 총폭탄", "수령 결사옹위" 표현에서 보듯[6] 북한에서 인간은 목적적 존재가 아니라 다른 목적(예컨대 체제 수호)을 위한 수단적 존재로 전락했다. 이는 주체사상의 자기 배반이라고 할 수 있다. 즉, 인간의 주체화 목적화가 아니라 수단화야말로 북한 인권문제의 궁극적 원인이자 핵심 부면이다.

3. 한국 정부와 사회의 대북정책과 북한인권
― 민주주의와 민족주의의 이중 준거, 보수와 진보의 역전

그렇다면 우리는 이제 하나의 논쟁점을 살펴봐야 한다. 즉, 진보개혁정부 10년, 대북 온건정책 10년 동안 북한인권은 어느 정도 개선되었는가? 이는 매우 중요한 질문이 아닐 수 없다. 이 질문에 답하기 전에 우리는 먼저 정부 정책과 시민사회의 인식 수준에서 남한의 체제와 남북관계를 살펴볼 필요가 있다. 이 점은 동독과 서독, 대만과 중국, 남북 베트남, 이스라엘과 팔레스타인 조합과 횡적으로 비교했을 때, 또 남한 정부 자체의 종적 비교를 통해 볼 때 적대세력과의 직접 대면 상태에서 민주주의가 얼마나 중요한 민족문제의 기축 요인으로 작용할 수 있는지를 증명해주는 사례가 아닐 수 없다. 특히 각각 '내부의' 민주주의 발전 및 '상호'관계 증진이 병행된 동독과 서독, 대만과 중국의 최근 사례에 각별히 주목할 필요가

---

[6] '체제 수호'와 '수령 옹위' 도구로서 인민이 대한 인식을 나타내는 이러한 표현들은 평양을 비롯해 북한 곳곳에서 볼 수 있다.

<표 1-2> 남한의 체제와 남북관계의 조합: 냉전시대에서 현재까지

남북관계 \ 국내	권위주의	민주주의
온건	전두환 / 노태우	김대중 / 노무현
강경	이승만 / 박정희	장면 / 김영삼 / 이명박

있다. 여기에서 중요한 점은 서독, 대만, 남한의 차이 못지않은 동독, 중국, 북한의 차이다.

요컨대 쌍방 내부의 민주화 없이 적대 상태하에서 평화 지향적·공존 지향적 온건정책은 거의 불가능하다. 즉, 민주화 이후의 상황을 요약한 <표 1-2>가 시사하듯[7] 한국의 국가 형성과 남북 적대관계를 고려할 때, 이는 민주화가 탈냉전과 만나면서 제공된 한국 사회의 새로운 현실적·이론적 가능성의 영역이자 대북과제라고 할 수 있다. 바꾸어 말하면, 남한의 민주화에 따른 봉쇄(containment)에서 관여(engagement)로의 전환을 고려할 때, 인권문제를 포함해 북한문제를 궁극적으로 해결하기 위한 남북 상호의 민주주의 발전과 평화 지향적 온건노선의 결합을 말한다. 요컨대 대북정책의 온건화를 초래한 남한의 민주화 이후 현재는 북한의 민주화와 대남·대외 온건 및 개방정책이 요구되는 시점인 것이다.

물론 남한의 경우에도 이명박 정부가 등장한 이후의 상황은 또 하나의 전환을 예고하고 있다. 즉, 북한 인권문제를 평화 공존과 접촉·접근을 통해 실용적으로 해결하려는 것이 아니라 체제 논쟁, 봉쇄·압박을 통해 이념적으로 해결하려 한다는 점에서 민주화의 전환에 이은 또 한 번의 전환에 접어든

---

[7] <표 1-2>는 국내관계와 남북관계 모두 이승만 - 박정희와 김대중 - 노무현 사이의 중간적 위치에 존재하는 김영삼·이명박 정부를 정확하게 표현하지 못한다는 한계가 있다. 그러나 일단 유형화하기 위해 국내 체제의 성격을 민주주의로, 대북정책의 기조를 강경으로 분류했음을 밝혀둔다.

것으로 보인다. 적어도 현재까지는 관여에서 다시 봉쇄로 전환한 것으로 보이기 때문이다.

따라서 중요한 문제는 냉전과 탈냉전이라는 세계적 구조 변동에 따른 변화를 넘어, 탈냉전 이후 현재까지도 지속되고 있는 남한 진보와 보수의 내부 균열과 갈등이다. 이 점은 진보와 보수를 막론하고 남한의 인권 기준은 물론 대북접근의 결정적인 한계라고 할 수 있다.

인권문제에 한정해서 볼 때, 그동안 권위주의 시기와 민주화 이후의 한국 사회의 북한 인권문제 및 남한 인권문제에 대한 이해와 접근은 크게 진보와 보수로 나누어 아래와 같이 대별할 수 있다. 보수와 진보 사이의 이러한 흑백논리와 양분법은 이론과 실천에서의 정면 충돌 및 상호 증오와 공방으로 인해 북한 인권문제를 합리적이고 궁극적으로 해결하는 데 거의 도움이 되지 않았다. 문제 인식의 전형적인 양극적 접근이자 양극화 논리였던 것이다. 남한과 북한인권에 대한 보수와 진보의 이해 및 접근을 살펴보면 <그림 1-1>, <그림 1-2>와 같다.[8]

한반도의 인권문제는 남한과 북한의 분계선을 기준으로 인권의 논리가 아니라 정치 또는 권력의 논리를 좇아 정반대가 된다. 먼저 <그림 1-1>을 참고하면 보수는 안보논리, 선(先)발전론을, 진보는 민주주의 논리, 독재타도론을 주창해왔다. 그러나 휴전선을 기준으로 보수와 진보는 안보, 경제, 민주주의의 우선순위는 물론 철학적 기반으로서의 보편론과 상황론에서도 역시 역전된 상황을 보인다. 이는 매우 중요한 문제라고 할 수 있다.

진보세력은 남한의 인권문제에 대해서는 과거 이승만, 박정희, 전두환의 상황우선 논리·안보우선 논리 — "분단과 남북 대치로 인해 먹고사는 문제부터 해결하자", "체제 유지와 안보가 우선이다" — 에 대해 보편우선 논리·민주(화)우

---

8) 박명림(2007: 197) 참조.

<그림 1-1> 한국의 보수와 진보: 남한인권 해법

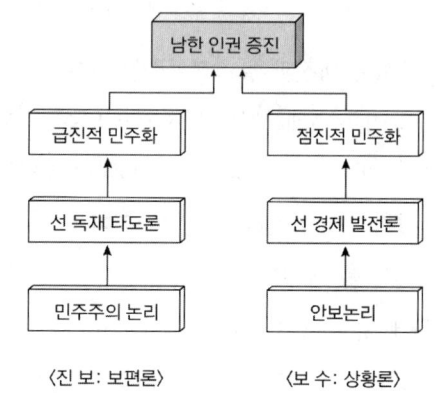

<그림 1-2> 한국의 보수와 진보: 북한인권 해법

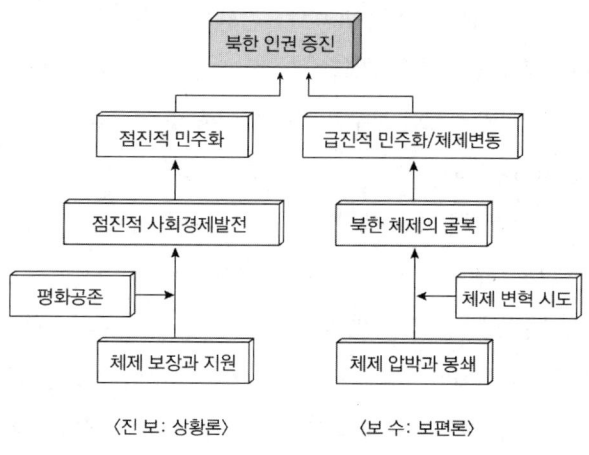

선 논리 — "인권과 민주주의 증대야말로 오히려 안보를 튼튼히 하고 경제를 살리는 길이다" — 를 통해 도전하던 것에서부터 급변하여 북한 인권문제에 대해서는 상황논리·안보논리를 통해 보편논리·민주논리를 버린 채 인권문제를 방기하고 소홀하게 접근한다. 또는 적어도 북한의 상황을 이해하고 인정하려고 한다. 남한의 민주·진보세력들에게 북한 민주화와 인권문제는 갑자기

주변적·파생적 특수 의제로 밀려나는 것이다. 왜일까? 민주화 이후로 한정하면 이를 몇 가지로 압축하여 설명할 수 있다.

첫번째는 민주적 가치와 민족적 가치의 충돌로 인한 민주화 이후 북한 인권문제 인식과 담론의 역전이다. 남한 정부와 진보개혁 세력의 인권, 민주주의, 변혁 담론이 지향하는 민주적 가치는 북한에 대한 민족주의적 인식에 차단당하면서 휴전선에서 멈추고 만다. 즉, 민족의제와 민주의제라는 양분 인식에 기반을 둔 압도적인 민족논리로 인해 민중·민주·인권의 관점이 정지되면서 더 이상 보편적인 인권적 가치의 확산과 침투에 대한 문제의식을 접는다는 점이다. 민족논리가 보편주의를 압도한, 따라서 독재의 과거 논리를 수용하며 자기를 부정한 대표적 사례가 남한 진보의 북한 인권문제 인식과 대응이라고 할 수 있다.

그들에게서 왜 남한 독재에 대한 비판의 근거·정도·접근과 유사한 북한 독재에 대한 비판은 찾아볼 수 없는가? 동시에 왜 '남한'인권을 넘는 '한반도' 인권의 개념은 부재한가? 민주주의는 왜 민족주의 사유체계를 돌파하지 못했는가? 이들 요인에 대한 분석이 필요한 시점이다. 그것이 ① 지금 말하고 있는 민족주의 사유체계에 의한 민주와 인권논리의 제압 때문인가, 아니면 ② 보수파의 비판처럼 그들의 친북노선 때문인가, 그렇지 않다면 ③ 친북노선은 아닐지라도 적어도 북한 비판은 반통일·반평화·반민족에 접근한다는 관념 때문인가, 또는 ④ 진보 자신의 해명처럼 북한인권을 개선할 현실적 수단이 부재하기 때문인가?

필자는 이 넷의 기묘한 결합이 남한 진보의 북한 인권문제에 대한 인식과 접근을 왜곡한 것으로 이해한다. 심지어 "북한 인권문제의 제기는 반대로 북한인권을 악화시킨다", "현실적 개입 수단이 없으니 제기하면 오히려 무책임한 것이다", "북한 인권문제를 제기한다면 네오콘과 뭐가 다른가?"라는 일부 진보진영의 비판은 사실과 맞서 않는다. 역사적으로 이 점은 남한

인권문제에 대한 실례에 의해서도 기각된다. 과거 박정희·전두환 시기의 미국, 일본, 유럽의 인권운동가들이 — 현재의 남한 진보세력과 담론의 주장처럼 — "현실적 수단도 없는데 박정희·전두환 체제를 화나게 하여 오히려 남한의 인권을 악화시킨다", "먹는 것이 우선이니 인권문제 제기보다는 경제원조를 우선해야 한다"는 노선을 택했다면, 현실적 수단이 없었는데도 어떻게 수십 년 동안 지속적으로 문제를 제기하고 박정희·전두환 체제를 압박하여 한국의 인권을 증진하는 데 기여할 수 있었는가? 또 남한 인권운동 세력들은 그들에게 한국 인권문제의 심각성을 알리며 어떻게 지원과 공개적인 체제 압박을 요청할 수 있었는가? 북한 인권문제에 대한 접근의 논리를 따른다면 오히려 당시에도 "남한 인권문제를 악화시키니 조용히 있어 달라"고 했어야 하지 않은가?

더욱이 남한 인권문제에 대한 미국, 유럽, 일본의 운동가들에 비하면 남한의 민주진보 세력들에게 북한 인권문제는 훨씬 더 중요하고도 심각하며 직접적인 문제가 아닌가? 문제는 미국, 유럽, 일본이 남한 인권문제에 개입하기를 강력히 요구하고 이에 감사를 표하며 당연히 여겼으면서도, 남한의 민주화 이후 세계 인권단체들이 북한 인권문제에 개입하는 것에 대해서는 지극히 비판적이라는 점이다. 일종의 이념적·민족적 자기 족쇄이자 자가당착이 아닐 수 없다. 즉, 북한 인권문제를 제기하는 국내외 인권단체들에 대한 비판과 반감은 정당한 인권논리가 아니라 민족주의에 바탕한 자기부정의 논리라는 것이다. 즉, 인권운동가들이 자주 비판하는 전형적인 이중잣대인 것이다.

두 번째는 상황논리 대 보편논리, 안보논리 대 민주(인권)논리의 문제로서 보편과 특수, 구조와 주체, 세계와 민족의 관계 설정을 말한다. 이 점은 궁극적으로 인권논의와 해법의 가장 중요한 결절요소 중 하나다. 물론 규범의 영역이 아니라 현실 영역에서 전 세계적으로 유일하고 단일한, 통일된 보편적

인권 기준을 설정하기란 무리이며 사실상 불가능하다. 그럴 때 보편주의는 달성될 수 없는 세계 통일(world unification)에 근거한 하나의 신화(myth)일지 모른다.[9] 게다가 북한을 포함해 아시아와 이슬람 국가들의 인권문제에 비판적 개입을 주도하고 있는 미국의 인권정책이 보편주의가 아니라, 정치적 목적에 따른 미국 예외주의(American Exceptionalism)에 입각하여 이중 기준의 적용을 시도하고 있다는 점은, 오늘날 인권문제 연구와 실천에서 널리 인정되고 있다.[10] 그러나 미국 예외주의를 인정한다고 해도 모든 개별 국가의 특수 상황에 대한 수용과 이해가 인권문제의 해법이 될 수 있는 것은 아니다. 그것이야말로 반인권과 친독재의 논리이기 때문이다.

민주정부 10년을 포함해 한국의 주류 진보개혁 세력의 북한인권 인식과 대처의 문제는 심각한 이중 잣대를 가졌다고 볼 수 있다. 그들은 대화, 협상, 지원이라는 실용적·포용적 북한정책을 추진하더라도 규범적·원칙적 차원의 인권문제 자체를 언급하지 않고 방기해서는 안 되었다. 그러나 남북관계 및 대북정책의 기축 의제로서의 설정 자체를 포기했던 것이다. 그러자 보수가 오히려 보편적인 인권문제를 강력하게 주창하기 시작했다. 완전히 역전된 것이다. 여기에 남남 갈등의 한 요인이 존재한다. 특별히 평화를 주장하면 인권을 방기하고(진보), 인권을 주장하면 평화를 방기하는(보수), 진보와 보수세력 모두 이렇듯 자기모순을 노정하고 있다. 민주화 이후 북한 인권문제에 대한 진보의 대처는 인권, 평화, 민주주의와 같은 진보의제를 (북한문제로 인해) 보수에게 넘겨주는 역설적 효과를 초래하고 말았다.

최근 들어 이와 같은 양분법은, 적어도 일부 시민사회 및 인권단체, 그리고 법률과 정책 수준에서는 부분적으로 극복 노력이 시작되고 있다. 또 정부

---

9) Cassese(1999: 152).
10) Ignatieff(2005: 1~26), Moravcsik(2005: 147~197), Foot(2003: 167~186).

차원에서도 ① 국가기관(국가인권위원회의 북한 인권포럼 설치)과 ② 입법 조치 (「남북관계 발전에 관한 법률」), 그리고 ③ 국제 협조(북핵실험 이후 유엔 북한인권 결의안 찬성. 2006. 11) 역시 민주개혁 정부 시절부터 '종합'을 시도하고 있는 대표적 사례들이다. 즉, 위의 두 접근법이 안고 있는 한계를 극복해보려는 노력들이 시도되고 있는 것이다. 탈북자 문제에 대한 접근 역시 진보와 보수정부의 차이를 발견하기 어려운 대표적인 사례다.

특히 2006년 북핵실험 이후 조성된 국면에서 이러한 통합적 인식과 접근 노력이 한국 사회에 확산되고 있다. 즉, 노무현 정부 말기의 정부 정책과 의회 내 정당들, 시민사회의 보수와 진보세력의 대화 노력을 포함해 위와 같은 두 대립적 시각과 접근을 넘어서려는 시도가 추진되고 있다. 여기서 중요한 문제는 다른 경제협력, 정치·대화·협상에서의 신뢰가 병행되고 있다는 점이다. 이 점에 대해서는 후술한다.

상술한 바와 같이 몇몇 통합 노력이 있었음에도 큰 틀에서 보수와 진보는 내면적으로는 여전히 과거의 담론과 관습을 관성적으로 지속하고 있다. 진보 대 보수는 물론 보수와 진보 각각의 내부에서조차 같은 문제는 반복된다. 가장 진보적이라는 민주노동당의 종북주의 논쟁 및 분당 과정에서 보듯 현실적으로 진보 내부에서조차 여전히 북한 인권문제는 극적인 대립과 충돌을 노정하는 중심 발화점이다. 민주화 이후 절차적 민주주의는 달성되었으며 사회경제 문제, 실질적 민주주의가 핵심 문제라고 하면서도, 정작 문제는 진보 담론과 이론들이 주변적이라고 주장해왔던 북한문제로 인해 분열·분당하는 최악의 상황을 연출했던 것이다. 이것을 어떻게 이해할 것인가? 이것은 "사회경제적으로는 민주개혁 세력이나 한나라당이나 누가 집권해도 차이가 없다"는, "둘 다 민주주의"라는 진보진영 일부의 이론과 주장만큼이나 잘못된 진단이자 접근이 아닐 수 없다. 바로 그 사회경제 문제가 유일한 것처럼 강조해온 운동가와 학자들을 포함해, 분열과 패배 이후 이러한 인식에 대한 내부 자성과 비판조차 진보진영 내의 이론에서는 제기되지 않고 있다. 게다가 북한 인권개선을 위한 대북 지원물자의 많은 부분이, 진보진영이 아니라, 보수진영과 보수교회에서 나오고 있다는 사실에 대해 진보는 실천의 영역에서 응답을 준비해야 할 것이다. 이에 대해 공세적 선교의 일환일 뿐이라고 치지도외하고 말 것인가?

이와 같은 비판은 이명박 정부에게도 해당된다. 이명박 정부 출범 이후 크게 안타까운 것은, 이명박 정부가 보수와 진보의 집권 경험을 모두 통과했음에도 양자로부터 실용적으로 가려 배우지 않고 북한문제에 관한 한 이념주의를 선택해 다시 과거의 보수 정책으로 회귀했다는 점이다. 주지하듯 과거 냉전시대 반공보수 정부와 세력은, 남한 인권문제에 대해서는 상황론을 들어 국가안보와 경제발전 우선을 주장하며 인권문제를 억압한 반면, 탈냉전 이후 북한 인권문제에 대해서는 갑자기 경제우선과 생존우선의 논리를 벗어나 북한 민주화나 인권문제 해결이라는 ― 부분적으로는 민주세력의 "박정희 독재타도!", "전두환 독재타도!"의 구호를 이어받은 "김정일 독재타도!"를 포함하는 ― 과거 남한 민주진보 세력의 논리와 주장을 채용했다. 극적인 반대 전환을 노정했던 것이다. 즉, 전환의 근본 요인은 친(親)인권이 아니라 반(反)북한이라는 점이다. 반북한 논리가 친인권 담론과 정치 공세로 연결된 것임을 알 수 있다. 이명박 정부의 북한인권 접근은 기본적으로 이 시각과 논리의 연장선에 위치한다. 즉, 규범, 이념, 원칙을 곧 실용·실천·실질의 영역에 확장하고 적용한 것이다.

공식적인 국가 행위이자 남북 합의로서 6·15공동선언과 10·4선언의 정신, 원칙, 기조를 수용하되 김대중·노무현 정부하에서 한반도 평화와 인권, 공동 번영을 위해 미흡했던 실용·실질·실천 영역을 보완하는 방식으로 접근했다면 ― 전임 진보정부의 정책을 실용적으로 계승했던 서독 콜(Helmut Kohl) 정부의 사례처럼[11] ― 남한의 진보와 보수, 북한, 미국을 동시에 포용하는 다층적 효과를 거두었을 것이다. 상대적으로 보수적인 대만의 마잉주(馬英九) 정부 역시 최근 집권 이후—동독 정부와의 관계 개선을 시도했던 콜 정부의 선례처럼—대삼통(大三通)으로 대표되듯 본토와의 관계 개선에 적극 나서 경제교류를 포함한 엄청난 효과를 거두고 있다. 그러나 이명박 정부는 이 쉬운 선택을 버리고 반실용적 이념주의로 선회하여, 민주정부 10년의 긍정적 성과를 가려내 창조적으로 계승하지 못하고 부정적 유산을 키우는 이중 손실에 직면했다.

지금 한국의 진보와 보수는 마치 "과거로 돌아가기" 경쟁을 하는 듯한 상황에 직면해 있다. 만약 콜, 마잉주와 같은 온건노선을 택했다면—북핵문제를 남한 단독이 아닌 6자회담에서 해결하려는 정책과 연결하여—이 둘의 사례에서 볼 수 있듯 이명박 정부는 경제협력을 포함해 대북발언과 관여를 훨씬 더 증진하는 효과를 거두었을 것이다. 그것은 인권문제의 경우에도 마찬가지다.

끝으로 남한 진보세력과 정부의 북한인권 의제 방기가 초래한 역설적 효과의 문제를 살펴보자. 무엇보다도 가장 큰 문제는 인권, 평화, 민주주의 등 근대 이래 보편적 진보의제 설정의 이니셔티브를 그 의도와는 달리 보수세력에게 넘겨주는 역설적 결과를 초래했다는 점이다. 민주화 이후에 나타난 한국 사회의 큰 특징 중 하나는 보편적 진보의제를, 북한문제에 대한 진보세력과 정부의 대응 방식으로 인해, 상당 부분 보수세력이 장악하게 되었다는 점이다. 인권문제는 결코 포기할 수 없는 진보정치의 핵심 의제라고 할 수 있다. 따라서 규범적·원칙적 비판은 최소 요소가 된다. 그 위에다가 실질적·실용적 대화, 협상, 지원을 결합했어야 했다. 그러나 진보가 규범적·원칙적 비판조차 외면하자 '반북'노선에 '인권'의제를 결합

---

11) 이 점에 대한 잘된 설명은 이동기(2008: 350~378)를 참조.

한 보수세력이 북한인권 담론을 장악해버린 것이다.

 이렇듯 '한반도 인권' 개념이 결여되어 북한 인권문제에서는 진보노선으로부터 일탈하는 동시에 남한 내부나 미국문제에 대해서는 진보노선을 주장하려니 이 극적인 불일치와 탈구(dislocation)의 크기만큼 국민의 지지가 진보세력으로부터 이탈할 수밖에 없었다. 겉으로는 드러나지 않았으나 대중이 날카롭게 인지하고 있던 이 점이 바로 김대중·노무현 정부 및 남한 진보세력의 문제였다. 독일의 동방정책은 서독 내부 문제는 물론 동독문제(독일정책)에 있어서도 진보세력이 진보의제를 장악한 상황이었다. 그래서 나중에 보수정부(콜 정부)가 집권했을 때도, '이념적인' 정치논리를 넘어 '실용적인' 정책논리로서 자기 전환을 통해 자연스럽게 계승할 수 있었다. 그러한 일관성과 예측 가능성을 통해 서독 내부, 동독 주민, 미국과 소련 모두의 신뢰를 획득할 수 있었다.

 둘째는 남남 갈등의 핵심 요인으로 작용했다는 점이다. 여기에는 국내정치적 요인으로 인한 보수세력의 정치적·이념적 공격도 한 요인이 되었다. 그러나 중심 요인은 역시 진보의 의제 제거였다. 이로써 결국 '북한 요소'를 둘러싼 갈등이 다시 '남한 내부'의 정치·경제·사회문제를 둘러싼 이념 갈등으로 증폭되어 민주개혁을 지체·역진·역전시키는 자기부정 현상으로 귀결했던 것이다. 즉, 민족문제가 내부 문제로 전화하면서 사회 통합에 부정적으로 기여한 것이다. 사회 통합이야말로 민주주의 발전의 핵심 조건이라는 점에 비추어 이는 진보정부의 자기모순이라고 할 수 있다.

 결국 남한 당국과 진보세력은 북한 인권문제를 방기해 국제사회, 국제기구, NGO 및 남한 보수세력이 주도하는 과도한 국제화와 정치화를 초래한 것이다. 적절한 비판적 개입이 오히려 문제를 남북 당국 간 문제로 인식·접근하게 하면서 주체적 해법을 가능하게 했을 것이다. 예컨대 서독 및 6자회담의 경우를 보면 알 수 있다. 결국 비판적 개입이야말로 실세 현실 대화와 문제해결 영역에서는 수많은 로드맵이나 관념보다 훨씬 중요하고 결정적임을 알려준다.

4. 법률 영역에서의 포괄적·통합적 접근 사례
— 한반도 민주주의, 한반도 인권 증진의 관점에서

1) 국가보안법 개폐와 한반도 인권, 북한인권의 문제

하나의 대표적인 사례로 민주화 이후 한반도 인권문제는, 왜 진보와 보수의 통합 접근이 필요하고 효과적인지, 이를테면 국가보안법 개폐가 초래할 다차원적·다층적·복합적 순차적 효과를 보면 금방 알 수 있다. 이는 순서의 문제인 동시에 관계의 문제다. 보수가 정말로 인권과 자유를 주장한다면 그들은 당연히 인권침해의 소지가 있는 남한의 국가보안법 폐지를 주장해야 할 것이다. 그러나 한국의 보수정부와 세력이 국가보안법을 포함해, 반인권적 법률과 억압 조치에 대한 개폐를 극력히 반대하는 데서 볼 수 있듯 인권유린과 탄압에 대한 저항과 보호에는 관심이 없다. 이는 전형적인 반인권적 인식으로서, 탈냉전 시대에도 지속되고 있는 냉전 자유주의(cold war liberalism)의 일종이라고 할 수 있다.[12]

국가보안법 개폐를 통한 남한 헌법정신과 해석의 선제적 확장이 갖는 한반도 차원의 의미는 결코 작지 않다. 특히 인권과 민주주의 문제를 중심적으로 규정하는 국가보안법의 문제는, 한반도 전후체제의 핵심 기제 중 하나로서 남한의 국내정치, 민족 분단, 북한의 존재 및 내부 정치라는 요소들이

---

12) 냉전 자유주의에 대해서는 아블라스터(Arblaster, 2007)를 참조. 이를 적용하여 한국 민주주의의 초기 제약적 출발을 설명한 연구로는 박찬표(2007)를 참조.

깊숙하게 맞물린 이슈이다. 국가보안법 문제가 북한 국내정치 및 체제문제와도 연결되어 있다는 언명은 통상의 이해와는 다른 문제의식으로서 설명이 필요한 부분이다. 요컨대 이는 북한 체제와의 경쟁을 벗어나서는 남한 체제를 상상하기 어렵다는 차원의 인식을 넘는다. 즉, 남북한 국내 냉전요소를 극복하기 위한 과정에서 남한이 먼저 냉전요소를 청산하는 것이 바로 북한 내부에 대한 청산 압력으로 작용한다는 상호 규정의 의미를 갖는다. 남한이 냉전체제를 유지하는 핵심 기제였던 국가보안법의 문제 조항을 개폐한다면 이는 다음과 같은 다층적인 의미를 갖게 될 것이다.[13]

첫째, 이는 무엇보다도 남한의 인권과 민주주의 발전을 확인하는 선택이 될 것이다. 남한은 비로소 정상국가(正常國家)로 도약해 분단 초기 치열했던 좌우 대결 때문에 등장했던 민주주의 제약요소가 대북 우위, 남북 화해, 민주 발전을 계기로 소멸되는 것이다. 결국 남북 화해와 내부 민주발전이 국가보안법 개폐의 조건이 되는 것이다. 분단이라는 특수 상황을 이유로 인간과 사회의 보편적 가치 공준을 침해할 여지가 소멸되면서 남한은 적어도 법률적으로는 분단국가를 극복하고 정상국가로 진입할 수 있을 것이다.

둘째, 통일과 민족 일체성 회복에 대한 적극적 의지의 표현이라는 점이다. 핵심 조항들이 개폐될 경우 남한의 교류협력 정책 및 대북접근과 국가보안법 해당 조항의 충돌은 사라진다. 이를 통해 분단국가 정체성을 넘어 민족 정체성을 회복·확장시키게 된다. 물론 그렇다고 하더라도 국가안보 자체를 위태롭게 하는 명백한 행위에 대한 처벌 조항은 다른 법률체계를 통해서라도 어떤 형태로든 존속하게 될 것임은 강조할 필요도 없다. 이 점은 남북분단을 넘는 국가안보의 문제 영역이다.

셋째, 시민사회의 오랜 투쟁과 요구를 수용한다는 의미는 갖는다. 즉,

---

13) 이하 국가보안법 관련 내용은 박명림(2005: 468~470)을 수정·보완한 것이다.

북한의 요구를 수용하는 것이 아니라 내부 민주주의 발전의 산물로서 시민사회의 의사를 수렴하는 결과라는 점이다. 이제 더 이상 남한 내부의 체제 변화에 대해, 사실상 체제 경쟁에서 탈락한 북한을 의식해서 진행해야 할 상황은 종식된다는 점이다. 남한 체제의 발전이 대북경쟁의 구도와 체제 내부를 동시에 변환시키는 것이다.

넷째, 국가보안법의 개폐는 이 법률의 존치를 강요했던 북한문제와 직결되어 있다. 우선 남한은 이 문제를 둘러싸고 북한이 반통일적이라고 공격하던 빌미를 더 이상 제공하지 않게 된다. 통일문제에서 수동성을 극복하는 것이다. 또한 이 개폐는 북한 편향적이었던 남한의 일부 급진 통일운동 세력의 소멸과 연결되어 있다. 즉, 국가보안법 개폐는 이념과 체제 우위에 대한 확신의 소산인 동시에 친북세력의 소멸과 연관된 것이다.[14]

다섯째, 국가보안법 개폐는 유엔과 국제사면위원회를 포함한 국제사회의 요구를 수용하여 더 이상 한국 사회가 민주주의와 인권문제에서 저발전 국가로 남아 있지 않고 선진국으로 진입하게 된다는 점이다. 보편적인 세계 인권규범을 전적으로 수용한다는 점에서 그 의미가 적지 않다.

---

14) 이 점과 관련해 한때 북한 고위층의 관심사는 전혀 다른 곳에 있었다는 점을 지적해야 할 것이다. 1990년대 중반 김일성 사망, 경제 파탄, 식량 위기로 인해 심각한 체제 위기에 직면한 북한 고위층은 필자와의 접촉에서 은연중 국가보안법의 존재로 인해 남한 주도의 통일 이후 북한 정권 참여 인사들이 처벌받을 가능성에 대비해 미리 이 법을 폐지해야 한다고 암시하곤 했다. 상당히 놀랄 만한 이러한 발언의 내면은 두 가지를 시사한다. 하나는 남한 주도의 흡수 통일에 대한 두려움의 표현인 동시에 국가보안법 폐지의 궁극적인 목적 중 하나가 어디에 있는가—남한 주도의 통일 이후 직면할 자신들의 안위문제에도 대비하겠다는 의도—를 시사한다는 점이다. 그러나 심각한 체제 위기의 극복과 2000년 남북정상회담 이후에는 더 이상 이러한 두려움을 표출하는 것을 듣지 못했다.

이 중에서 남한 내 국가보안법 개폐문제와 북한 국내문제의 상관성은 특히 주목할 필요가 있다. 즉, 국가보안법을 개폐할 경우 남한은 더 이상 국제사회로부터 이 문제에 대한 비판과 압력을 받지 않는 반면, 북한은 반민주적·반인권적 법령과 제도의 개폐에 대해 국제사회와 남한의 요구에 직면할 것이다. 남북한 국내 냉전구조를 해체하기 위한 선제적 조치로 남한이 국가보안법을 개폐함으로써 북한 내부의 반인권적·반민주적 요소에 대해 적극적인 개선 압력을 가할 수 있게 되는 것이다. 국내 냉전요소를 먼저 척결한 남한이 국제사회와 연대할 경우 북한이 받는 개선 압력의 강도는 매우 클 것이다. 이는 남한의 민주화가 북한 내부에 가하는 압력인 동시에 남북 냉전구조의 시차적 해체에 기여하는 역할을 수행하는 것이다.

실제로 이러한 선제 개혁은 조선로동당 규약 전문(前文) — "조선로동당의 당면 목적: 전국적 범위에서의 민족해방과 인민민주주의 혁명과업 완수" — 과 북한 형법의 개폐에 상당한 압력으로 작용할 것이다. 특히 인권문제와 관련해 북한 형법에서 중대한 문제 조항은 제3장 '반국가 및 반민족범죄' 부분으로서 제1절 '반국가 범죄'(59~66조), 제2절 '반민족범죄'(67~69조), 제3절 '반국가 및 반민족범죄에 대한 은닉죄, 불신고죄, 방임죄'(70~72조) 전체 14개 조항이 존재한다.[15] 남한과는 비교할 수 없을 정도로 심각한 인권문제를 안고 있는 북한이 이 조항들을 개폐해야 한다는 점은 강조할 필요도 없다.[16]

따라서 남한의 냉전적·반인권적 요소를 먼저 제거하는 것은 이 문제에 대한 보편적 문제제기를 가능하게 해주고, 이를 통해 북한의 민주주의와

---

15) 현행 북한 형법으로서 2004년 4월 29일 개정된 「조선민주주의인민공화국 형법」을 말한다.
16) 북한은 2009년 4월의 헌법 개정에서 국가의 인권 존중과 보호에 대한 내용을 헌법에 삽입했지만, 이러한 헌법 규정이 하위 법률과 실제 현실에서 적용·실현될 것이라고 보는 견해는 거의 없다.

북한 민중의 인권문제를 해결하기 위한 사전 준비로서의 의미를 갖는다. 남한 진보진영의 국가보안법 개폐 요구와 보수진영의 북한 법령 개폐 요구는, 한반도 냉전요소의 제거 관점에서 볼 때 공동으로 추구할 수 없는 요소가 아니다. 분단체제를 지탱하는 핵심 요소를 쌍방에서 제거하지 않고는 진정한 민주주의와 인권에 기반한 통일체제를 달성할 수 없기 때문이다.

이 과정에서 여야 합의를 통한 남한의 준비는 특별한 의미를 갖는다. 그것은 2005년 12월 제정된 「남북관계 발전에 관한 법률」이다. 시민사회로부터 발원한 이 법률의 제정 의미는 매우 크다.[17]

무엇보다도 대북정책에 대한 일관성을 추구할 수 있는 법률적 근거를 확보했기 때문이다. 이 법의 제정 정신을 준수할 경우 정권 교체에 따른 정치논리를 극복하고 법률에 근거하여 최소한 5년 주기의 정책 일관성을 갖도록 보장할 뿐 아니라 여야 합의를 통해 진보와 보수의 이분법을 넘는다. 이 법의 제정을 통해 법률에 바탕해 통합적 대북정책을 펼 수 있는 근거를 확보했다는 점이다. 즉, 북한문제에 관한 한 건국 이래 최초의 여야 대립, 진보와 보수의 이념 대결을 넘는 완전 합의에 근거한 법률 제정이라는 점에서 획기적인 의미를 갖는다. 이 법의 제정 정신과 합의를 고려한다면 진보와 보수 사이에 북한 인권문제에 대한 정책 통일과 합의를 끌어내지 못할 이유가 없다.

둘째, 정당과 시민단체를 포함한 국민 합의의 체계를 구축했다는 점이다. 무엇보다도 대북정책을 수립하고 집행하기에 앞서, 예산이 수반되는 기본계획은 국민의 대표 기관인 국회의 사전 검토 및 동의를 받는 절차를 밟도록 하여 의회 밖의 이념 논란의 여지를 최소화했다는 점이다.[18]

---

[17] 2005년 12월 29일에 법률 제7763호가 제정되었다. 이 법의 의미에 대한 체계적인 설명에 대해서는 통일부에서 발간한 「남북관계 발전에 관한 법률 해설자료」(2005) 및 「남북관계 발전에 관한 법률 시행령 해설자료」(2006)를 참조.

셋째, 대북지원을 포함한 정부 정책에 대한 법률적 근거를 확보하여 이념적 논란을 극복할 수 있도록 했다는 점이다. 특히 이 법의 제정 자체가 진보와 보수, 여야의 논란을 극복하여 당시 제출된 여당안(案)과 야당안의 절충과 합의를 통하여 가능했다는 점 역시 중요했다.

넷째, 적어도 법률적으로는 국가보안법 시대에서 남북관계법 시대로 전환했다고 할 정도로 획기적인 내용을 담고 있다는 점이다. 과거 남북기본합의서의 정신을 계승하는 동시에 남북관계에서 사실상 최초의 법제화·제도화를 시도한 법률이기 때문이다. 내용 역시 인도적 문제해결과 인권개선, 대북지원, 재원의 안정적 확보, 국제사회에서의 남북 공동이익을 증진시키기 위한 노력 등 중대한 진전을 담고 있다.

다섯째, 「남북관계 발전에 관한 법률」을 넘어서는, 또 다른 중요한 이분법 극복 사례로서의 의미다. 그것은 북한 이탈주민·탈북자(새터민) 문제라고 할 수 있다. 이 문제에 관한 한 포용과 인도적 지원을 포함해 보수와 진보정부 사이에 거의 아무런 차이가 없다는 점은, 우리가 장기적으로 이 사례를 북한 주민 전체에게 확대할 경우 좋은 선례가 될 수 있을 것이다. 탈북자는 2009년 말 기준으로 1만 7,984명에 달한다(<표 1-3> 참조). 노태우 정부 이래 김영삼·김대중·노무현 정부를 거치며 이명박 정부에 이르기까지 대북정책에 관한 한, 특히 인권문제와 관련해 가장 차이가 적었던 부분은 바로 탈북자 문제였다. 동시에 <표 1-3>이 보여주는 바는 대북 온건정책 및 남북정상회담 이후 탈북자가 급증했다는 점이다. 강경정책이 아니라 온건정책이 북한 내부의 균열과 약화에 결정적으로 기여하고 있음을 알 수 있다.

이명박 정부와 진보-보수 시민단체들은 모두가 이 점에서 깊은 시사를

---

18) 이 점에서 적어도 노무현 정부 후반 대북합의 및 정책 결정과 집행에 대해 보수진영이 제기한 퍼주기라는 비판은 사실과 다르다. 당시 야당인 한나라당의 동의 없는 대북지원은 원천적으로 불가능했기 때문이다.

<표 1-3> 새터민(북한 이탈주민) 현황

구분	~'89	~'93	~'98	~'01	'02	'03	'04	'05	'06	'07	'08	'09	합계
남	564	32	235	563	506	469	626	423	509	570	612	668	5,775
여	45	2	71	480	632	812	1,268	960	1,509	1,974	2,197	2,259	12,209
합계	607	34	306	1,043	1,138	1,281	1,894	1,383	2,018	2,544	2,809	2,927	17,984

자료: 통일부 인도협력국

얻을 수 있을 것이다. 이를테면 진보적 인권단체들이, 같은 소수자일지라도 동남아시아를 비롯한 다른 나라 출신의 소수자들에 대해서는 적극적 지원과 연대 의사를 표명·실천하면서도 북한 출신 소수자들(탈북자)에 대해서는 그렇지 않은 것은 이해하기 어렵다. 오히려 보수단체가 탈북자들에 대해서 훨씬 더 적극적인 관심과 후원을 기울이는 것은 남한 진보의 '소수자 옹호' 논리가 과연 민족주의 논리를 넘는 진정한 보편적 인권 지평의 관점에서 연유하는 것인지 의문을 갖게 한다. 남한 진보의 논리는 그들이 소리 높여 주장하는 통일과 북한(동포) 포용의 논리와도 전혀 일치하지 않는다. 북한 땅을 벗어나 이곳에 온 동포들은 홀대하면서 북한을 포용하자는 주장은 명백한 자기모순이다.

바꾸어 말하면, 탈북자 문제를 탈북 동포 - 귀환 - 민족문제가 아닌 보편적인 체제 이탈자 - 인권억압 피해자·정치 망명자 - 소수자(minority) 문제로 접근한다면, 남한의 진보적 인권·통일단체들은 과연 지금처럼 탈북자들을 외면하고 소홀히 할 수 있을지 반문하게 된다. 그리고도 과연 보편적 인권운동이나 인권 가치를 말할 수 있을 것인가? 이 점은 한국의 이중적 인권 기준에 대한 심각하고도 중요한 문제제기다. 나아가 탈북자들이야말로 미래 통일된 한반도 국민의 모습일지 모른다는 점에서 현재 진보적 인권·통일·평화운동 단체들이 보여주는 탈북자에 대한 상대적 홀대와 외면은, 그들이 바로 통일과 대북 인도적 지원을 소리 높여 주장하고 있다는 점에서 더욱 이해하기 어렵다. 통일과 인도주의의 현실적 대상인 '현장의' 이들을 외면하고 배척하면서 '휴전선 너머의' 북한을 향해 포용을 주장하는 것은 자기기만이기 때문이다.

2) 북한의 국제법적 지위와 남북 특수관계의 충돌에 따른 해법의 모색 문제: 인도주의적 개입의 문제를 포함하여[19]

만약 북한 인권문제가 국제적으로 인간(성)에 대한 명백하고 현존하는 범죄, 또는 평화에 대한 명백하고 현존하는 범죄(crime against peace)로 주창되거나, 내부의 정치적 격동에 직면하여 인도적 개입이 거론될 경우 이를 국제법적으로 거증할 주체와 책임의 소재문제가 발생할 수 있다. 즉, 북한 사태가 급변할 시 내부 격동(반인권 상황)에 대한 판정 주체의 문제가 제기될 것이다. 이는 국제·국내적으로 매우 미묘한 문제로서 신중하고 지혜롭게 대응하지 않으면 안 된다.

무엇보다도 법률적인 문제로는 국제법 차원의 검토가 필요함은 물론이고 국제사회와의 긴밀한 협의, 그리고 필요할 경우 국내 헌법 및 형법의 대응요소도 검토할 필요가 있다. 나아가 국제 평화유지 활동이나 인도적 개입의 주체, 형식의 문제에 대해서도 국제사회와의 협의는 물론 내부적으로도 깊은 숙고와 대책을 수립해야 할 것이다.

남한은 1947년 11월 14일과 1948년 12월 12일의 유엔 결정에 근거하여, 항상 북한에 대한 배타적 통치주권을 주장했다. 물론 한국의 현행 헌법 제3조 역시 "대한민국의 영토는 한반도와 그 부속 도서로 한다"고 하여

---

[19] 이하 내용은 박명림(2002: 564~565, 569~570, 587~588)을 요약·수정한 것이다.

북한에 대한 통치권을 주장한다. 물론 국가보안법상의 규정 역시 동일하다. 그러나 한반도 전역에 걸친 남한의 주권성과 통치성은 유엔과 국제사회에 의해 단 한 번도 인정된 적이 없으며, 한국전쟁 이후 현재에 이르기까지 심각한 한미 갈등의 요인이기도 하다. 말할 필요도 없이 북한이 유엔에 가입한 1991년 이후로 남한의 주장은 원천적으로 인정받지 못하고 있다. 남한과 북한은 동일한 유엔 회원국가로서 유엔헌장에 따라 완벽히 동등한 적용을 받기 때문이다.

그리고 무엇보다도 유엔과 미국은 유엔의 결정을 근거로 북한에 대한 남한의 통치권을 부인해왔다. 유엔의 국가형성 시점의 결정에 따르면, 남한은 단지 "유엔 임시한국위원단이 감시 및 협의 가능했던 지역에 대해 유효한 통치와 관할권을 갖는 합법 정부로 수립되었음"을 선포받은 상태였다.[20] 남한은 헌법의 영토 조항은 물론 유엔 임시한국위원단이 감시하지 못한 북한 지역에 대한 통치권을 유엔으로부터 승인받은 적이 없었다.

한국전쟁 시기 북한 점령을 통한 통일을 앞두고 미국과 한국의 격렬한 충돌 시점에 다시 이것이 문제가 되었으나 미국과 유엔의 입장은 더 강경하게 변했다. 1950년 10월 12일 유엔총회임시위원회(소총회)는 "유엔이 한반도 전역을 합법적으로, 그리고 효과적으로 통치할 수 있는 정부로서 공식 인정한 정부는 없다"고 명백하게 선언하며 통일에 따른 남한의 북한 통치권을 부인했다.[21] 결국 미국은 북한에 대한 남한의 법적 관할권을 현재까지도

---

20) 원문은 다음과 같다. Declares that there has been established a lawful government (the Government of the Republic of Korea) having effective control and jurisdiction over that part of Korea where the Temporary Commission was able to observe and consult and······.

21) 원문은 다음과 같다. "Interim Committee on Korea······ 3. Recalling that the Government of the Republic of Korea has been recognized by the United

전혀 인정하지 않고 있다. 남한은 과연 북한이 내부 격동에 직면했을 때 '민족', '동포'에 대한 우선권을 근거로 이 독립적인 유엔 회원국에 대해 우선적인 인도주의적 개입을 주장하고 국제사회의 동의를 얻을 수 있을 것인가? 그럴 수 있는 국제법적 근거와 정치적 능력을 갖고 있는가?

미국 의회조사국은 1996년 12월 6일 "북한에서 정변이 발생할 시 정부에 저항하는 세력에게 무기를 지원하는 행위도 유엔헌장 제2조 4항을 위반하는 행위다. 따라서 현재로서는 국제법을 어기지 않고 북한 지역에 발을 들여놓기 위해서는 유엔을 통한 인도주의적 개입밖에는 없는 것이다"라고 주장했다. "오직 유엔을 통한 인도주의적 개입만 가능하다"는 미국의 견해는 사실상 유엔 및 미국 정부의 공식 견해에 가깝다.[22] 이때 언급한 유엔헌장 제2조 4항은 중요한 내용을 담고 있다. "모든 회원국은 그 국제관계에 있어 다른 국가의 영토 보전이나 정치적 독립에 대하여 또는 유엔의 목적과 일치하지 아니하는 다른 어떠한 방식으로도 무력의 위협이나 무력 행사를 삼가야 한다."[23] 남한 정부가 북한 인권문제에 대한 정치적 공세를 넘어 진정으로 북한 주민의 인권을 고려한다면 장기적인 관점에서 이 문제에 대한 치밀한 국제법적·국제정치적 검토와 대책을 수립해놓아야 할 것이다. 이는 통일을

Nations as a lawful Government having effective control over that part of Korea where the United Nations Temporary Commission on Korea was able to observe and consult, and that there is consequently no government that is recognized by the United Nations as having legal and effective control of other parts of Korea······"(Chyung, 1961: 186~189).

22) ≪전략연구≫(1997: 191~192) 재인용.
23) 원문은 다음과 같다. "All Members shall refrain in their international relations from the threat or use of force against the territorial integrity or political independence of any state, or in any other manner inconsistent with the Purposes of the United Nations."(http://www.un.org/aboutun/charter/)

위해서만이 아니라 북한 주민의 인권을 위해서도 반드시 그러하다.

5. 잠정적 대안을 찾아서

정치의 핵심은 인간문제로서 광의의 인권문제라고 할 수 있다. 따라서 인권문제는 국내·국제정치의 요체를 구성한다. 그러나 북한이 북한문제를 둘러싼 국제정치 공간에서 주권의 절대화—"2,000만 총폭탄", "수령 결사옹위" 구호에서 보듯—를 외치며 국민 전체를 수단으로 삼아 국가 절대주권을 위한 '농성체제'를 고수하는 상황에서 국제인권레짐이나 보편주의와 절연된, 북한 인권문제의 과잉 정치화, 상호 폭력화, 절대화를 넘을 지혜를 찾기란 결코 쉬운 일이 아니다. 북한의 국가주권 절대주의를 국제사회의 보편적 인권 개념 및 기준에 조응하며 인권문제를 해결해야 하는 난제가 우리 앞에 놓인 과제다.

이럴 때 분리 불가능한 인권 개념과 인권 해법의 층위와 방법, 순서의 관념적·현실적 분리를 전제로 한 부분주의(partialism)를 도입한 뒤, 다시 이 부분들을 결합해 '다층적·복합적·포괄적'으로 접근하는 것이 우리의 '가능한 최선'이 될 수 있을 것이다. 일견 모순적으로 보일지 모르지만, 우리에게 지금 필요한 것은 '창조적 모순' 또는 '모순적 창조'를 향한 지향과 종합의 노력과 지혜가 아닐 수 없다. 그러한 '창조적 파괴', '단절적 혁신(disruptive innovation)'이야말로 진보와 보수를 모두 극복하는 지름길이기 때문이다.

'지원'과 '비판', '민족'과 '국제'가 동시에 필요한 연유가 여기에 있다. 필자는 이것이 보수와 진보를 넘는, 실현 가능한 북한인권 해법이라고 생각한다. 인권문제에 관한 한 지원과 비판, 관계 개선과 압박을 결합했던 서독과 동독, 미국과 중국의 관계 동학이 하나의 비교 전거가 될 수 있다. 그러나 우리의 진보는 결합이 아니라 남북관계 개선, 북한 배려를 명분으로 비판을 최대한 회피해왔다. 인권문제를 제기하면 북한이 저항할 것이라는, 남북관계를 파탄낼 것이라는, 궤도에서 튕겨 나갈 것이라는 진보의 자아 준거는, 노무현 정부 후반 유엔 인권결의안 참여가 초래한 결과에서 드러나듯 잘못된 전제였다. 노무현 정부가 2006년 인권결의안에 참여했음에도 북한은 2007년 정상회담에 응했고, 남북은 제2차 정상회담을 갖고 여러 현안에 대해 합의할 수 있었다. 여기에서 인권문제 제기가 곧 남북관계 파탄을 초래할 것이라는 진보의 오랜 주장은 오류였음이 증명된다.

반면 이 점을 숙고하더라도, 보수의 접근이 갖는 문제 역시 심각하다. 왜냐하면 포괄적 신뢰관계를 형성하지 않고서는 인권문제를 해결하기 어렵기 때문이다. 즉, 보수 역시 둘을 병행해야 한다. 신뢰관계 없이 인권문제만 제기한다면 해법은 요원하며 갈등 요인이 될 뿐이다. 따라서 보수적 접근을 택할 때 가장 중요하게 생각하는 인권문제를 해결하기 위해서라도 신뢰관계를 형성하는 것은 아주 중요하다. 여기에 역설적인 돌파 지점이 존재한다. 이명박 정부가 출범한 이후 협상·지원·대화 단절로 남북관계가 악화되어 북한 인권문제에 대해 제기하는 것이나 접근 자체가 불가능해진 것은 물론 상당 기간 아예 북한에 억류된 대한민국 국민 송환이나 총기사고 사망자 조사조차 원활하지 않았던 점은 이를 증좌하고 있다.

국제정치 영역을 말하지 않더라도, 분리된 양 주체 사이에 상호 영향을 주고받는 관계 형성이 부재하다면 일방이 타방을 변화시킬 아무런 지렛대도 갖지 못하는 자기 만족적 행위이자 이념 공세에 불과하기 때문이다. 상대를 악으로 규정하면, 그 악은 나로부터 멀리 떨어져 있을수록 더욱 커진다. 왜냐하면 멀어질수록 나의 영향이 결코 미칠 수 없기 때문이다. 물론 해결은 더욱 요원해진다. 관여라든가 평화적 공존을 통한 개입이 필요한 연유는 바로 나의 의도와 영향을 상대에게 가능한 한 크게 끼치려는 데 있다. 과정,

절차, 수단은 선택되는 순간 이미 목적을 결정하며 자주 목적 자체일 수 있다. 멀리 떨어져서 이념적·정치적 공세만 제기한다고 목적을 달성할 수는 없는 것이다.

이제 보수정부와 진보정부를 모두 통과한 시점에서 친북과 반북, 지원과 반대의 양분논리는 지양적 극복이 가능해졌다. 위의 두 접근의 대결 구도는 사실상 존재하는 문제 자체보다는 접근자의 관념적 구상과 이데올로기적 대립으로부터 연유했던 것이다. 궁극적으로 우리는 포괄적이고 통합적이며 균형적인 해법을 궁구하고 추구할 수 있을 것이다. 오늘의 북한 체제가 모두 대척관계에 놓여 있는 민주주의, 평화, 경제발전의 층위가 함께 결합된 인권 영역과 지점이 그것일 것이다.

결국 복합적 문제로서의 북한 인권문제에 대해 우리는 무엇보다도 전체 한반도 차원에서 정치(민주주의), 경제(번영, 빈곤 탈출), 안보(평화)를 결합하는 포괄적 접근 방법이나 해법의 조화(art of consort) 혹은 오케스트레이션(orchestration)을 추구해야 할 것이다. 남과 북을 분리한 동시에 다시 한반도 인권, 한반도 민주주의, 한반도 번영의 관념을 창조해낼 탈진보적·탈보수적 능력이야말로 지금 시점에서 가장 긴요한 것이다.

둘째, 이때 북한 인권문제에 대한 '민족주의적=점진적, 보수주의적=급진적'이라는 접근을 넘어 제3의 대안으로서 한반도 공화주의나 한반도 공동체주의(communitarianism)를 모색하는 것은 고려 가능한 해법일 것이다. 상술했듯 북한 인권문제에 대한 원칙적·규범적·선언적 비판 및 문제제기와 실용적·실질적·경제적 협상, 지원, 대화를 지혜롭게 병행하는 것이다. 우리는 전자를 포기해서도 후자를 방기해서도 안 되기 때문이다. 이 양자를 어떻게 지혜롭게 결합할 것이냐의 문제는, 전자의 공개성과 후자의 실용성을 결합할 남한과 북한의 의지와 능력에 달려 있다.

셋째, 역할의 문제와 관련해서는 이중의 다층 접근이 필요하다. 북한인권

개선과 개혁을 위한 제1차원은 남한, 동아시아, 국제사회(국제기구 및 NGO, 관련 국가)의 적절한 역할 분담이다. 그리고 제2차원은 남한 내부의 국가, 시장, 시민사회(교회와 학계 포함)의 역할 분담이다. 각각 나누되 전체적인 대북 차원에서는 다시 하나의 그림으로 통합되어 나타나야 한다. 두 차원의 조정 역할을 수행할 주체는 남한이어야 할 것이다. 이 두 차원의 지혜로운 조정 역할을 담당한 뒤 대북 차원의 해법에 착수해야 한다.

넷째, 동아시아 지역문제로서 북한문제를 인식할 때 동아시아 인권공동체의 건설 과정으로 북한 인권문제에 접근하는 것이다. 이를테면 동아시아 인권재판소, 동아시아 인권회의(East Asia Human Rights Convention), 동아시아 인권시민연대 건설 과정에서 이것의 한 하위 문제로서 북한 인권문제에 다자적으로 접근하는 것이다. 즉, 동아시아 인권문제의 일부이자 핵심으로서 북한 인권문제에 인식하고 접근하자는 것이다. 그렇다면 동아시아 공동체 및 인권레짐을 건설하는 과정에서 자연스럽게 다른 인권문제와 함께 제기될 동아시아 인권문제의 일부로 북한 인권문제에 접근해나갈 수 있을 것이다. 이는 서구의 오리엔탈리즘(orientalism)과 동아시아·북한의 역오리엔탈리즘(counter orientalism)을 동시에 넘으면서도 동아시아의 '지역적 보편'을 구축하기 위한 노력이 될 것이다.24)

남한의 경우 이 둘을 결합해 다자주의, 유엔, 국제사회에서는 북한 인권문제에 대해 원칙적·보편적 접근을 추구하되 남북 대면, 직접 접촉에서는 실질적·실용적 접근을 추구하는 해법을 결합해야 한다. 또 하나의 이중 접근인 것이다. 우리는 북한 정권을 통해서(through) 해결하는 방법과, 그것을 넘어서(beyond) 해결하는 방법, 그리고 북한 정권에 반하여(against) 해결하는

---

24) 필자는 이 점에 대해 추후에 좀 더 정교하고 상세한 디자인을 제출하려 구상하고 있다.

방법을 지혜롭게 결합해야 한다. 특히 마지막 방안은 인권문제 자체를 배제할 것이 아니라 공식 대면 및 접촉, 회담의제에서 과잉 정치화는 차단하되, 비공개 방법을 포함해 반드시 공식의제나 협상의제에 올려 인권과 경제지원의 교환을 포함한 단계적 해법을 추구해갈 필요가 있다. 물론 비공개 협상이 더 효과적이라는 점은 말할 필요도 없다.

이미 이산가족 문제의 경우에서 보았듯, 북한이 가장 정치적인 문제로 인식하고 있는 인권문제를 탈정치화·비정치화하는 것은 문제해결의 한 선택일 수 있을 것이다. 예컨대 핵심 인권문제를 논의하나 비공개로 협상하는 방식은 실질적 해법을 추구하면서도 문제를 탈정치화하는 한 방법이 된다. 그리고 이러한 방법이 결과적으로는 오히려 더욱 큰 정치적 효과―북한 인권문제의 해결이라는―를 성취할 수 있을지 모른다. 비공개 협상을 통해 해결 가능한 부분부터 시작해 대북 영향력과 신뢰의 증진 정도를 따라 점차 전체 북한 인권문제로 확산해가는 것이다. 즉, 인권문제 논의와 해결의 순서에서 이산가족 → 재북 국군포로 → 납북자 → 탈북자 → 일반 북한 인민의 인권문제로의 점진적·점묘적 확산과정을 거치는 가운데 대북지원과 비판을 결합하는 교환체계를 구축하는 것이다.

결국 우리는 남한에서 발원하여 한반도(남한 내부 - 북한) - 동아시아 - 국제사회라는 3차원, 또는 4차원에 걸친 복합 해법을 모색할 수밖에 없게 된다. 즉, 각각의 층위에서 평화체제와 연동된 북한 인권레짐·북한 인권거버넌스, 한반도 인권레짐·한반도 인권거버넌스, 동아시아 인권레짐·동아시아 인권거버넌스, 국제인권레짐·국제인권거버넌스를 상상하고 구성하는 문제가 북한 인권문제를 평화적·궁극적으로 해결하는 출발점일 수 있을 것이라는 점이다. 이 복합 층위 사이의 왕래를 통한 적절한 해법의 안출, 그것이 남한사회 내부의 정부와 시민사회, 진보와 보수의 토론과 합의로부터 출발한다는 점은 재언을 요하지 않는다.

참고문헌

미국 의회조사국. 1997. 「북한의 국제적 승인에 관련된 법적 분석」(1996. 12. 6). ≪전략연구≫, 제4권 2호.
박명림. 2002. 『한국 1950: 전쟁과 평화』. 나남.
_____. 2005. 「민주주의, 남북관계, 그리고 국민통합: 국내냉전과 남남갈등을 중심으로」. 양승함 편. ≪한국 사회의 주요 쟁점과 국가관리≫. 연세대학교 국가관리연구원.
_____. 2007. 「민주화 이후의 국제관계와 세계인식」. ≪역사비평≫, 제80호.
박찬표. 2007. 『한국의 국가 형성과 민주주의: 냉전 자유주의와 보수적 민주주의의 기원』. 후마니타스.
서보혁. 2007. 『북한인권: 이론·실제·정책』. 한울아카데미.
아블라스터, 앤서니(Anthony Arblaster). 2007. 『서구 자유주의의 융성과 쇠퇴』. 조기제 옮김. 나남.
이동기. 2008. 「보수주의자들의 실용주의적 통일정책: 1980년대 서독 콜 정부의 동방정책 계승」. ≪역사비평≫, 통권83호.
임순희·이금순·김수암. 2006. 『북한인권: 국제사회동향과 북한의 대응』. 통일연구원.
통일부. 2005. 『남북관계 발전에 관한 법률 해설자료』.
_____. 2006. 『남북관계 발전에 관한 법률 시행령 해설자료』.
Cassese, Antonio. 1999. "*Are Human Rights Truly Universal?*" The Belgrade Circle(ed.). *The Politics of Human Rights*. London and New York: Verso.
Chan, Joseph. 1999. "A Confucian Perspective on Human Rights for Contemporary China." Joanne R. Bauer and Daniel A. Bell(eds.). *The East Asian Challenge for Human Rights*. Cambridge Univ.
Donnelly, Jack. 1999. "Human Rights and Asian Value: A Defense of 'Western' Universalism." Joanne R. Bauer and Daniel A. Bell(eds.). *The East Asian Challenge for Human Rights*. Cambridge Univ.
Foot, Rosemary. 2003. "Bush, China and Human Rights." *Survival*, Vol. 45, No. 2.
Friedman, Edward. 1999. "Asia as a Fount of Universal Human Rights." Peter Van Ness(ed.). *Debating Human Rights*. Routledge.
Ignatieff, Michael. 2005. "Introduction: American Exceptionalism and Human Rights." Michael Ignatieff(ed.). *American Exceptionalism and Human Rights*. Princeton University Press.
Kennedy, Helena. 2000. "The Politics of Intolerance." Susan Mendus(ed.). *The Politics of Toleration in Modern Life*. Durham: Duke University Press.

Moravcsik, Andrew. 2005. "The Paradox of U.S. Human Rights Policy." Michael Ignatieff (ed.). *American Exceptionalism and Human Rights*. Princeton University Press.

Pye, Lucian. 2000. "Asian Values': From Dynamos to Dominoes?" L. Harrison and S.P. Huntington(eds.). *Culture Matters: How Values Shape Human Progress*. Basic Books.

Rawls, John. 1999. *A Theory of Justice*. Cambridge: The Belknap Press of Harvard University Press(Revised Edition).

Sen, Amartya. 1999. *Development as Freedom*. New York: Anchor Books.

Sen, Amartya and Jean Dreze. 1999. *The Amartya Sen and Jean Dreze Omnibus: Poverty and Famines; Hunger and Public Action; India: Economic Development and Social Opportunity*. New Delhi: Oxford University Press.

Tatsuo, Inoue. 1999. "Liberal Democracy and Asian Orientalism." Joanne R. Bauer and Daniel A. Bell(eds.). *The East Asian Challenge for Human Rights*. Cambridge Univ. Press.

Y.H. Chyung(ed.). 1961. *The United Nations and the Korean Question*. Seoul: The U.N. Assocation of Korea.

http://www.un.org/aboutun/charter/

제2장

인권논의의 세계적 흐름과 북한인권

김수암 통일연구원 연구위원

1. 서론

　인권은 인간이기 때문에 당연히 부여받아야 할 양도할 수 없는 권리다. 그렇지만 이러한 인권문제가 국제관계의 영역으로 들어온 것은 20세기 중반 이후의 일이다. 국제연맹규약에는 인권에 관한 조항이 없었다. 나치에 의한 유대인 학살을 경험한 국제사회는 인권문제의 중요성을 인지하기 시작했다. 그리고 유엔헌장에 인권 조항이 포함되면서 비로소 인권이 국제관계의 영역으로 들어오게 되었다. 이후 국제사회는 인권보호를 위한 각종 협약을 제정하고 유엔인권위원회 등 인권보호 및 보장을 위한 인권레짐을 구축하기 위해 지속적으로 노력하고 있다. 그렇지만 냉전시기 이데올로기 대립으로 인권문제는 국제관계의 주요 의제로 다뤄지지 못했다. 냉전이 종식되면서 인권은 국제관계의 핵심 의제로 부상하고 있다. 또한 일국의 외교정책에 인권이 주요 의제로 점차 통합되는 추세에 있다.
　국제사회의 이러한 노력의 결과 어느 국가, 조직, 개인도 인권문제를 무시할 수 없게 되었다. 그리고 인권이 보편적 가치라는 점을 부인하는 국가는 없다. 그렇지만 상위의 권위체가 없는 국가 중심의 국제관계에서 인권 개념, 해석, 실천 기준 등에 대한 합의가 도출되지 못하고 있다. 이로써 구체적으로 인권이 무엇인지 국제인권규약의 실천 차원에서 다양한 논쟁이 전개되고 있다. 특히 특정 국가에서 인권이 유린될 경우 이를 시정하고 인권을 보호하기 위해 개입하는 것이 정당한지에 대해 논의가 제기되고 있다. 탈냉전 이후 대량학살 등 인도에 반하는 범죄에 대해서는 개입이 가능하다는 주장이 제기되고 있다. 국제사회로부터 인권유린 국가라고 비판받는 국가들은 주권, 내정 불간섭 원칙, 문화 상대주의 원칙 등 다양한 대응논리로 반박하고 있다. 이와 같이 인권의 보편적 가치를 인정하면서도 논쟁이 전개되고 있는 것은 여전히 국가가 핵심 지위를 점하고 있는 국제관계의 속성 때문이다.

북한도 예외는 아니다. 1990년대 이후 경제난으로 탈북 행렬이 이어지고 이들로 인해 심각한 인권 실상이 알려지면서 북한 인권문제는 국제사회의 관심사로 부상하고 있다. 나아가 북한 인권실태를 개선하기 위해 국제사회는 다양한 조치를 취하고 있다. 이러한 국제사회의 개선 요구에 대해 북한은 세계적 차원의 인권 논쟁을 토대로 자신의 특수성을 반영하여 대응논리를 구사하고 있다. 따라서 대북 인권정책은 이러한 세계적인 논쟁과 추세, 이에 대한 북한의 인식을 바탕으로 추진되는 것이 바람직할 것이다. 먼저 국제사회에서 인권을 보장하기 위해 국제인권레짐을 형성하고 합의를 도출해나가는 과정에서 전개되고 있는 논쟁과 흐름을 살펴볼 필요가 있다. 그리고 이러한 세계적인 논쟁에 대한 북한 당국의 이해와 인식을 살펴봐야 한다. 또한 이러한 논쟁에 결합되고 있는 북한의 특수성을 분석해야 한다. 이러한 인식 아래 이 글에서는 인권문제를 둘러싸고 전개되고 있는 세계적인 논쟁과 흐름을 살펴보고자 한다. 그리고 세계적인 논쟁과 흐름에 대한 북한의 입장과 북한의 특수한 논리를 분석할 것이다.

2. 국가 중심의 국제관계와 인권

1) 주권, 내정 불간섭 원칙과 인권

　어느 국가도 인권의 보편적 가치를 부정하지 않지만 현실 국제관계에서는 인권문제를 둘러싸고 다양한 논쟁이 전개되면서 갈등의 요인으로 작용하고 있다. 인권이라는 보편적인 가치를 두고 갈등이 발생하는 요인은 국제관계의 속성에서 찾을 수 있다. 국제관계는 합리적 행위자인 국민국가가 국가이익에 따라 행동한다는 국가 중심적 현실주의 시각이 여전히 우세한 위치를 점하고 있다. 세계정부 또는 세계 시민사회의 구상에 대한 논의가 있지만 여전히 세계는 국민국가를 기본 단위로 작동되고 있다. 또한 국가들의 사회(society of nations)라는 국제주의 모델도 제시되고 있지만 국경을 초월한 인권의 보편성에 대한 합의에 도달하지 못하고 있는 실정이다.

　국가가 여전히 핵심 행위자인 현실 국제관계에서 국가가 인권 실행의 주체라는 점이 국제관계의 핵심 작동 원리인 주권의 원칙과 지속적으로 긴장관계를 형성하고 있다. 인권은 보편적 가치이기 때문에 특정 국가 내에서 자행되고 있는 인권유린에 대해 타국이나 국제기구가 관여할 수 있는지에 대해 논쟁이 있는 것이다.

　보편적 가치인 인권의 구현과 주권 원칙 사이의 논쟁은 유엔헌장에 반영되고 있다. 유엔은 헌장 제1조 3항에서 "경제적·사회적·문화적 또는 인도적 성격의 국제문제를 해결하고 또한 인종·성별·언어 또는 종교에 따른 차별 없이 모든 사람의 인권 및 기본적 자유에 대한 존중을 촉진하고 장려함에 있어 국제적 협력을 달성한다"고 규정하고 있다. 이와 같이 유엔헌장에는 회원국들이 인권을 존중해야 한다는 조항이 명문화되어 있다. 그렇지만 유엔헌장에는 인권문제와 관련하여 유엔이 특정 국가에 실효성 있는 영향력을 행사하도록 허용하는 것에 대해서는 어떠한 언급도 없다. 반면 유엔헌장에는 국제관계의 작동 원리인 주권과 내정 불간섭 원칙이 명문화되어 있다. 유엔헌장 제1장 제2조 7항에는 "현 헌장에 포함된 어떠한 것도 근본적으로 어떤 국가의 국내적 관할권 내에 있는 문제에 대해 유엔이 개입할 수 있는 권위를 부여하지 못한다"고 하여 주권적 소관 사항은 집단 개입의 대상이 아니라는 점을 천명하고 있다. 유엔헌장의 조항은 인권유린 행위가 발생하더라도 국제 평화와 안보에 위협이 되지 않는 한 유엔이 내부 국가 사회관계에 관여하지 않을 것이라는 점을 회원국들이 확신하도록 만들고 있다. 또한 유엔헌장의 내정 불간섭 원칙은 인권을 국제적으로 보호해야 한다는 보편적 의무를 국내법 관할문제로 환원하는 결과를 가져왔다(이봉철, 2000: 270). 이와 같이 유엔헌장을 비롯하여 인권 관련 국제 규범에서는 인권의 보호와 실행을 개별 국가에게 맡기고 있다. 자국 내의 인권문제로 국제적 압력을 받는 국가들은 주권 원칙을 방패막이로 삼아 인권문제는 타국 정부와 국제기구가 개입할 대상이 아니라고 주장하고 있다. 또한 이런 개입은 국제 평화와 질서를 해치는 결과를 초래한다고 주장한다.

유엔헌장과 더불어 주권의 원칙과 내정 불간섭의 원칙이 현실 국제관계에서 여전히 핵심 동력으로 작용하는 또 다른 요인은 인권 분야에서 국제 협력의 바탕이 되는 도덕적 상호 의존의 성격 문제다. 경제적 상호 의존에 따른 국제 협력은 개별 국가 내 일상생활에 비교적 직접적인 영향을 미친다. 물질적 상호 의존 상태에서는 각자가 협력의 혜택을 누리지 못하게 할 수 있는 어느 정도의 일방적인 힘을 가질 수 있다. 이와 대조적으로 인권의 바탕이 되는 도덕적 상호 의존은 타국 내 일반 시민의 일상생활에 별로 영향을 미치지 않는다. 멀리 떨어져 사는 외국인이 당하는 인권침해는 비교적 추상적이고 비실제적이다. 따라서 인권유린 국가가 내정 불간섭의 원칙을 내세우더라도 도덕적 상호 의존에 따른 국제 협력이 어려운 국내·국제정치 관계가 형성될 수밖에 없는 것이다(Donnelly, 2000: 274~275).

여전히 주권 원칙이 국제관계를 움직이는 강력한 작동 원리이지만 냉전이 종식된 이후 인권이 더 이상 국내문제가 아니며 보편적 가치로서 국제사회에 의하여 보호되어야 하며 인권보호가 주권에 우선한다는 논의가 제기되고 있다. 아난(Kofi Atta Annan) 전 유엔사무총장은 국가주권보다 개인주권이 우선한다고 강조하고 인권침해에 대해 국경을 넘어 타국에 개입할 수 있다는 입장을 피력한 바 있다. 실제로 현실 국제관계의 다양한 변화로 보편적 가치인 인권을 보호하기 위해 주권이 일정 정도 제약되고 있고 제약되어야 한다는 논의가 전개되고 있다. 이에 따라 주권은 고정불변의 절대적 원칙이고 개념인가, 현실 국제관계에서 완벽한 주권 행사가 가능한가 하는 문제가 제기될 수 있다.

국제법의 주요 기능은 주권 개념을 극복하는 것이다. 조약은 국가 사이에 서로의 의무를 수락하는 국가주권을 제약하는 계약이다. 결국 국제법이나 국제인권법은 주권에 대한 제약의 기록이라고 할 수 있다. 이러한 제약에도 국제인권법이 성안되어올 수 있었던 요인은 무엇인가? 주권국가들은 국제인권법의 실행 메커니즘이 구속력(강제력)을 갖지 않는다고 인식하고 있었고 이러한 인식에 따라 국제인권법이 정치적으로 출현할 수 있었으며 권위주의 국가조차도 국제인권규범에 어려움 없이 서명할 수 있었다(Donnelly, 2000: 62~64).

인권유린 행위의 보호막으로 주권을 활용하는 국가의 행위를 본질적으로 제약하지는 못하지만 유엔은 인권상황을 모니터링하기 위한 시스템을 발달시켜오고 있다. 1967년 경제사회이사회의 제1235절차, 1970년 경제사회이사회의 제1503절차 등은 커다란 한계가 있지만 인권유린 행위에 개입할 수 있는 메커니즘을 제공하고 있다. 또한 가입 당사국이 수용해야 한다는 짐에서 원칙석으로 취약한 제도이지만 국제인권협약에 따라 개인 통보 메커니즘이 형성되어 있다. 그리고 현재 7개 주요 국제인권협약은 전문가로 구성되는 규약위원회에 당사국들이 정기적으로 이행 보고서를 제출하도록 규정하고 있다. 또한 특별 절차에 따라 국가별·주제별 보고관들이 임명되어 인권유린 행위에 대해 조사 및 보고활동을 전개하고 있다. 끝으로 2006년 유엔인권위원회를 대체하여 신설된 유엔인권이사회에서 모든 국가에 대하여 공정성과 보편성이 보장되는 방법으로 인권에 대한 이행과 책임을 검토하는 보편적 정례검토 제도(Universal Periodic Review)를 도입했다. 실제로 유엔인권이사회 제5차 회의에서 채택된 결의 5/1(Institution-building of the United Nations Human Rights Council)에 따라 금년부터 4년 주기로 모든 유엔 회원국을 대상으로 보편적 정례검토 제도가 시행되고 있다. 이러한 보편적 정례검토 제도는 전 유엔 회원국을 대상으로 의무적으로 시행된다는 점에서 높은 단계의 모니터링 제도라고 평가할 수 있다. 현 단계에서 이러한 메커니즘은 국가가 어떻게 국제인권의무를 실행하는지를 모니터하는 데 역할이 국한되어 있다. 비록 주권 자체를 본질적으로 넘어서지는 못하지만 점차 주권에 대한 제약이 외형적이라기보다는 실질적인 양상으로 변화하기 시작하고 있다.

다음으로 국제관계 성격의 변화를 주목할 필요가 있다. 국제사회는 주권을 고정된 원칙으로 인식하고 주권의 역동성을 인정하지 않으려는 경향을 가지고 있다. 그러나 현실 국제정치에서 국경을 가로지르는 교류가 급속히 증가해 재정, 경제, 정보, 인민에 대한 국가의 통제가 약화되고 있다. 특히 인터넷을 매개체로 한 사이버 공간에서 정보통신 혁명이 급격히 진행되면서 국가주권은 신성불가침의 강도가 점차 약해지고 있다. 주권을 핵심으로 하는 국가 중심 시각은 세계화라는 국제 현실의 변화 속에서 도전받고 있다. 여전히 국가가 국제관계의 주연 행위자로서 위치를 점하고 있지만 조연 역할을 하는 국제기구, NGO, 초국가 기업 등 초국가적 행위자들의 역할이 증대되고 있다. 또한 정치·안보, 경제가 주요 이슈인 국제관계에서 환경, 인권 영역의 중요성이 증대되면서 복합적인 무대로 변화하고 있다. 이로써 전통 현실주의 국제정치이론에서 국가가 모든 것을 관장한다는 국가 중심 시각으로 설명할 수 없는 복합 이슈들을 복합 행위자가 다뤄야 하는 새로운 현상이 나타나고 있다.

특히 인권침해 국가의 행동의 자유를 제약하려는 국제인권 NGO가 수적으로 증가하고 있다. 국제인권 NGO들은 네트워크, 정보와 미디어를 주요 설득 수단으로 활용하여 억압적인 국가권력에 도전하는 초국가적 행위자로 자리 잡아가고 있다. 이와 같이 인권의 증진과 실행에 헌신하는 효과적인 초국가적 비정부기구의 출현으로 국가는 비정부기구에 의한 국제인권규범 실행 요구를 무시할 수 없게 되었다. 다른 국가의 개입에 대해서는 주권과 내정 불간섭의 원칙으로 반박할 수 있지만 NGO의 요구에 대해 국가 사이에 적용되는 주권 원칙으로 대응하기는 어렵다. 이로써 외부 세계의 책무성 요구에 보호막으로 활용되던 주권의 기능이 어느 정도 제약당하기 시작했다(이봉철, 2007: 277). 다만 현 단계에서 국제인권 NGO들의 인권 옹호활동은 주로 모니터링 성격을 지니고 있다. 즉, 주권 자체를 제약한다기보다 인권유린 국가의 인권 관행을 변화시키기 위해 활동하고 있다.

2) 주권과 양자 간 인권외교 정책

1970년대 미국을 필두로 양자관계에서 인권을 외교 의제로 채택하는 인권외교 정책이 등장했다. 이에 따라 국가 간 양자관계에서 인권문제에 대한 개입의 문제가 제기되었다. 냉전시기에는 이념적 고려에 의해 우방국의 인권유린에 대해서 묵인하는 태도를 취하는 것이 일반적인 현상이었다. 냉전시기 미국은 정치·군사적인 전략적 이해를 고려하여 동맹국과 우호관계에 있는 권위주의 국가들의 인권문제에 적극적으로 이의를 제기하지 않았다. 레이건(Ronald Reagan) 대통령 시절 외교안보보좌관을 지낸 커크패트릭(Jeane Kirkpatrick)은 가장 심각한 인권침해는 권위주의 독재정부가 아니라 전체주의적 공산주의에 의해 자행된다고 주장한 바 있다(Kirkpatrick, 1979). 그런데 탈냉전 이후 미국과 유럽연합 국가들은 양자관계에서 인권문제를 인권외교 정책의 일부분으로 통합해오고 있다. 사회주의의 위협이 소멸된 이후 서방 국가들이 적극적으로 인권문제를 제기하면서 국가 간 양자관계에서 근대 국제관계의 핵심 원칙인 주권의 원칙과 인권문제가 현실적으로 충돌하는 현상이 발생하고 있다. 그렇지만 인권유린에 대해 무역제재 등을 통하여 개입하는 경우에도 정치경제적 국가이익 때문에 유보적인 태도를 보이는 것이 일반적인 현상이다. 현재도 여전히 정치경제적 국가이익을 우선시하는 현상이 지배적이지만 미국과 서방 인권 선진국의 외교정책으로 인권의 통합 현상이 강화되는 추세다.

인권의 보편성과 주권의 원칙, 내정 불간섭의 원칙에서 강대국으로 부상하는 중국이 논쟁을 주도하고 있다. 특히 인권 논쟁에서 중국의 시각은 북한의 시각에 영향을 미치는 주요 요소로 작용한다. 소련 견제라는 공통의 전략적 이해가 소멸되면서 미국이 중국에 인권문제를 제기했고 중·미 양자관계에서 인권문제가 현안으로 부상했다. 중국은 인권문제를 제기하는 미국에 대해 주권의 원칙에 입각하여 대응하고 있다. 인권은 본질적으로 국내 관할에 속하는 사안이며, 국제법의 가장 중요한 원칙인 주권 원칙에 종속될 뿐이라는 입장을 내세우는 것이다. 따라서 인권은 국가주권에 우선할 수 없다는 태도를 확고하게 견지하고 있다. 또 인권의 실천 영역은 국내 관할권에 속한다고 주장한다. 이에 따라 '인권에 국경이 없다'는 주장을 반박하면서 주권은 인권의 전제이며 인권은 주권에 의지하여 그 실현이 보장된다고 주장한다. 국권이 없다면 국제사회의 평등한 일원이 될 수 없으므로, 근본적으로 인권을 향유할 수 없다는 것이다. 특히 덩샤오핑(鄧小平)은 "국가와 국가 간의 관계는 자국의 전략적 국가이익을 고려하는 것으로부터 출발한다"는 인식 아래 "국권이 인권에 비해 중요하다"고 주장했다(박종귀, 2001: 275~276, 291).

이와 같이 주권의 원칙에 입각하여 인권을 내정의 소관으로 규정하는 중국의 인식은 미국이 인권을 정치적으로 활용한다는 인식으로 연결되고 있다. 중국에서는 서방 국가, 특히 미국이 화평연변(和平演變)의 전략 목표를 실현하는 중요한 수단으로 인권문제를 정치화해왔다고 주장한다. 미국이 인권은 국경이 없다는 논리, 주권에 대한 인권 우선론 등을 제기하면서 미국의 인권관과 의식구조를 다른 나라에 강요하고 있다는 것이다. 특히 세계 패권 경쟁에서 새로운 전략으로 인권문제를 활용하고 있다고 주장한다. 미국이 자신의 국가이익을 추구하기 위해 인권문제를 국제관계의 영역으로 끌어들여 세계적으로 미국의 인권 관념과 인권 기준으로 양자관계와 국제문제를 처리하려는 세계화의 수단에 불과하다는 것이다(박종귀, 2001: 278~281).

중국은 미국이 중국 등 전 세계 국가의 인권실태를 기술하는 각국 인권보고서를 해마다 발간하는 것에 대응해 미국인권기록(Human Rights Record of the United States)을 발표해오고 있다. 동 보고서에서는 개인의 생명과 안전, 법 집행·사법기관에 의한 인권침해, 정치적 권리 및 자유, 경제적·사회적·문화적 권리, 인종차별, 여성 및 아동의 권리, 타국에서 미국의 인권침해 등 7개 부문으로 대별하여 미국의 인권침해 실태를 기술하고 있다. 이를 통해 미국이 다른 국가에 인권문제를 제기하고 있지만 오히려 미국이야말로 심각한 인권유린 국가라는 점을 부각시키고 있다. 즉, 미국의 도덕적 부당성을 부각시키는 방향으로 적극 대응하고 있다(김수암, 2006: 160).

3) 인도주의적 개입과 주권

제2차 세계대전 중 나치의 유대인 대학살 이후 국제사회는 집단 학살, 고문, 대대적 인권유린을 금지하는 인권문화를 발전시켜왔다. 그런데 탈냉전으로 다양한 형태의 분쟁이 발생하면서 세계 도처에서는 고통을 당하는 시민들이 증가하게 되었다. 대량학살은 더 이상 주권의 특권적인 소관 사안이 아니라는 인식이 점차 확산되고 있다. 그 결과 탈냉전 이후 인도주의적 개입(humanitarian intervention)이 국제정치의 주요 이슈로 부상하고 있다. 국가 중심 시각에서 볼 때 현실 국제정치에서 인권과 국가주권이 대립되는 대표적인 이슈가 인도주의적 개입 문제다.

국가 이외에 상위의 권위체가 부재한 상황에서 인도주의적 개입은 다양한 논쟁을 야기하고 있다. 인도주의적 개입의 대상이 되는 인권유린을 누가 어떻게 규정할 것인가, 누가 개입의 정당성에 대한 권위를 부여할 것인지가 논란의 핵심 대상이 되고 있다. 현 단계에서 인도주의적 개입의 정당성은 유엔이 부여한다는 데 공감대가 형성되고 있다. 유엔헌장은 주권의 원칙과 내정 불간섭의 원칙을 명시적으로 규정하고 있지만 예외 규정을 두고 있다. 유엔헌장 제7장에서 안전보장이사회는 평화에 대한 위협, 평화의 파괴 또는 침략 행위의 존재를 결정하고, 국제 평화와 안전을 유지하거나 이를 회복하기 위하여 개입을 예외적으로 허용하는 규정을 두고 있다. 1990년대에 집단 학살 및 대량학살이라는 반인도적인 범죄가 발생하면서 유엔헌장 제7장의 강제개입 조항을 확대해석하여 군사개입이 정당하다는 인식이 확산되고 있다.

유엔헌장 제7장에 따라 인도주의적 개입이 정당화되고 있지만 평화에 대한 위협을 어떻게 정의할 것인지가 핵심 쟁점으로 대두되고 있다. 현실적으로 대등한 국가가 병렬해 있는 국제정치의 속성을 감안할 때 모든 국가가 수용할 수 있는 인도주의적 개입을 정의한다는 것이 수월한 문제는 아니다. 여전히 사례별로 접근하는 데다 일반적 독트린을 정립할 수 있는 단계는 아니다. 인도주의적 사안을 규정하는 문제를 놓고 국가 간에 견해가 대립될 수 있다는 것이 인도주의적 개입에 내포된 국제정치적 함의의 본질이다. 개입 동기의 이기적 성격과 선택적 개입의 문제가 논란으로 제기되고 있는 것이다. '인도주의'는 인류애라는 보편적 인식을 기반으로 하므로 사심이 없어야 한다. 그런데 국가 중심 시각이 우세한 현재의 국제관계에서 각 국가는 자국의 이익이 무엇인지를 두고 스스로의 판단에 따라 행동할 것이고 국익이 걸려 있는 경우에만 개입할 것이다. 이로써 과연 인류애, 동정심 또는 동료의식에 의해 인도주의적 개입이 결정되는 것인지에 반론이 제기되고 있다. 국가들이 이기적 이익 추구를 숨기는 구실로 인도주의적 동기를 내세울 수 있고 인도주의 문제가 지정학적이고 전략적인 고려에 의해 좌우될 가능성도 있다. 또한 남용의 문제가 야기될 가능성도 있다. 그리고 국가들이 인도주의 개입의 원칙을 선택적으로 적용하기 때문에 정책의 비일관성이 초래된다(Hoffmann, 1996: 28~31; Wheeler, 1997: 9~10, 14).

유엔이 인도주의적 개입의 정당성을 부여한다고 하더라도 실질적으로 유엔을 주도하는 강대국의 전략적 이해에 좌우될 수 있다는 비판이 제기되고 있다. 현실적으로 강대국들이 자국의 전략적 이익에 보탬이 되지 않는 약소국의 국내문제에 개입하는 데 주저할 경우 유엔이 인도주의적 개입을 주도하는 데는 한계가 있다. 결국 미국과 같은 강대국이 주도하지 않을 경우 유엔의 개입 실행력은 약화될 수밖에 없다. 또한 인도적 문제에 대해 유엔안전보장이사회가 적극적인 역할을 하는 데는 구조적으로 한계가 있다. 냉전 종식 후 유엔안전보장이사회의 이념적 색채는 사라지고 있으나 여전히 중국과 러시아는 서방 세계가 영향력을 확대하는 장으로 유엔안전보장이사회를 이용하는 것에 대해 경계하고 있다. 유고의 사태에서 보듯이 유엔안전보장이사회 상임이사국인 중국과 러시아가 반대하자 미국과 나토동맹은 지역적 접근 방식을 선택했다(최의철, 2000: 14~15).

개별적 혹은 집단적 인도주의 개입 권한이 어떤 원칙에 의해 지배되어야 하는가에 대한 합의가 부재한 상황에서 강대국들이 자신의 문화에 근거를 둔 도덕적 가치를 국제사회의 약소국들에게 강제로 이식할 수 있다는 비판이 제기되고 있다. 현실 국제관계의 권력 정치적 속성으로 인해 인도주의적 개입은 강자가 인도주의라는 가면을 쓰고 약자에게 간섭하는 수단이라는 비판이 제기되는 것이다(김수암, 2000: 264).

국가 중심의 국제관계에서 자국민을 보호해야 할 의무가 있는 국가가 인도주의 개입 과정에서 자국민의 희생을 감수할 것인지의 문제도 제기된다. 국가 중심 시각에 따를 경우 국가는 자국민의 안전을 배타적으로 책임져야 한다. 인도주의적 개입 시 자국민의 인적 피해가 발생할 경우 국내정치적 부담의 문제가 제기될 수 있다. 국가 지도자들이 공통의 인류애를 위하여 무력을 수반하는 인도주의적 개입을 실행에 옮길 때 자국 병사가 위험에 빠지는 것을 감수할 의지가 있어야 한다. 그렇지만 개입하는 국가는 피개입 국가의 주민보다는 자국 병사를 보호하는 데 우선순위를 두는 현상이 생긴다. 이로써 인도주의적 개입 과정에서 자국민의 희생이 가시화될 때 개입 활동에 제약 요인으로 작용한다.

인도주의적 개입이 성공적인가라는 기준에도 반론이 있을 수 있다. 단기적 관점에서 성공 여부는 대량학살의 종결, 전쟁 지역에 묶인 민간인에 대한 인도적 구호품의 전달 등 인간적 위기를 얼마나 즉각적으로 완화시켰는가를 통해 평가할 수 있다. 장기적 관점에서 성공 여부는 개입이 분쟁 해결과 작동 가능한 정치체제의 복원을 촉진함으로써 인간적 위기를 얼마나 근원적으로 해결하는가에 초점을 둔다. 인도주의적 개입은 장기적인 임무를 요하는 것인데, 일시적 개입과 철수가 효과적이냐의 문제가 제기될 수 있다.

인도주의적 개입이 그 나름대로의 역할을 하고 있지만 너무 늦거나 일시적이고 피상적이어서 장기적인 문제를 해결하지는 못한다는 한계가 있다(Parekh, 1997: 7; 김수암, 2000: 266).

3. 인권의 보편성과 상대성 논쟁

1) 인권의 보편성과 문화 상대주의

국제사회는 보편적 가치인 인권을 현실 국제정치에서 구현하기 위해 국제인권규범을 만들어오고 있다. 유엔 세계인권선언 서문에는 모든 사람과 국가가 성취하여야 할 '공통 기준(common standard)'으로서 세계인권선언을 선포한다고 규정한다. 그리고 1993년 비엔나 선언과 행동 강령에서 모든 인권은 '보편적'이며 불가분리이고, 상호 의존적이며, 상호 연계되어 있다고 선언하고 있다. 특히 첫 문단에서 모든 인권과 기본적 자유의 보편적 본질(universal nature)은 의문의 여지가 없다고 규정하고 있다. 이와 같이 유엔 차원에서 인권은 선택적·상대적이 아니라 보편적이라는 데 공감대가 형성되고 있다.

그렇지만 상위의 권위체가 없는 국제관계에서 인권 개념, 구속력 있는 실행 시스템에 대한 합의가 이뤄지지 못하고 논쟁이 전개되고 있다. 실천 차원에서 보편성과 상대성에 대한 논쟁이 끊임없이 전개되고 있는 것이다. 무엇이 인권을 상대적으로 만드는가? 무엇에 대해 상대적인가? 가장 강력한 상대성에 대한 주장은 문화다. 문화 상대주의는 주권의 원칙과 결합되어 국제적으로 승인된 인권에 대한 해석과 실천 기준을 마련하는 과정에서 갈등 요인으로 작용한다. 문화 상대주의는 다양한 문화 간의 합의 기반을 확대해 인권 개념의 편차를 해소하기 위한 필요성을 제기한다는 긍정적인 측면이 있다. 반면 인권침해를 정당화하는 명분으로 악용되는 부정적인 측면도 있다.

문화 상대주의에 따르면 인간의 가치는 상이한 문화 시각에 따라 매우 다르다. 이러한 상대주의를 인권의 증진, 보호, 해석에 적용할 경우 서로 다른 문화권에 속한 민족과 개인은 인간의 기본적 권리에 대해서도 다르게 이해한다는 주장으로 연결될 수 있다. 문화 상대주의 시각에 따르면 인권은 보편적이라기보다 상대적이다. 특히 문화 상대주의는 현대 인권이론이 내포하고 있는 서구 중심주의를 비판하고 문화와 가치의 다양성에 기반을 둔 인권의 다원주의를 주장한다(이원웅, 1998: 185). 이와 같이 인권의 보편성과 문화 상대주의 논쟁은, 인권은 원래 서구에서 태동된 개념이라는 서구 중심적 사고를 중심으로 전개되고 있다. 세계인권선언이 채택되었음에도 이슬람 근본주의를 중심으로 인권은 서구문명의 산물일 뿐이며 지나친 개인주의라는 특수성을 함유하고 있다는 비판이 제기되었다. 다른 세계의 문명적 특수성을 배제하는 서구식 인권 개념은 보편적 개념이 아니라 특수한 개념이라는 반론인 것이다.

인권을 국제법적으로 성문화하는 과정에서도 인권에 대한 상대적 시각이 반영되고 있다. 각자가 처한 정치·경제·문화적 입장에 따라 인권을 바라보는 시각이 다르다. 첫째, 제1세대 인권은 '서구적 접근법'으로 시민적·정치적 권리와 사유재산권을 강조하는 시각이다. 둘째, 제2세대 인권은 '사회주의적 접근법'으로 경제적·사회적·문화적 권리를 강조하는 시각이다. 셋째, 제3세대 인권은 '개발도상국의 접근법'으로 자결권과 발전권을 강조하는 시각이다. 특히 권리의 주체라는 측면에서 제2, 3세대 인권은 집단 지향적 성향을 보이는 반면, 제1세대 인권은 개인주의 성향에 기반을 둔다.

그런데 세계인권선언의 법적 구속력을 뒷받침하기 위한 국제인권규약을 입안하는 과정에서 자본주의 진영과 사회주의 진영이 인권에 대한 인식의 차이를 좁히지 못했다. 이로써 하나의 국제인권규약을 만들지 못한 채 각자의 시각을 반영하여 시민적·정치적 권리에 관한 국제규약과 경제적·사회적·문화적 권리에 관한 국제규약이라는 별도의 규약이 제정되었다. 인권의 보편적 가치를 국제인권규범으로 성안하는 과정에서 이러한 시각 차이가 그대로 투영되면서 갈등 요인이 되고 있다. 나아가 제3세대 인권을 제1, 2세대 인권과 달리 인권으로 인정할 수 있는지 여부에 대해 여전히 논쟁이 진행 중으로 아직 국제인권규범으로 제정되지 못한 상황이다.

2) 아시아적 가치와 인권의 보편성

1990년대 들어 동아시아 일부 국가에서 제기되고 있는 '아시아적 가치'를 필두로 인권의 보편성에 대한 논쟁이 고조되었다. 아시아적 가치론에 입각한 보편성 비판은 고도의 경제성장에 대한 자신감에서 연유한다. 또한 인권을 보는 데서 서구의 개인주의와는 다른 문화적 전통에 대한 자의식이 증가한 것도 한 요인이다(한상진, 1996: 153).

싱가포르, 말레이시아를 비롯한 동아시아의 권위주의적 국가들은 서구에서 주장하는 인권의 보편주의(universalism)에 문제를 제기하면서 동아시아의 인권은 아시아 그 나름대로의 정치, 사회, 문화, 경제문제를 포괄하는 상대주의(relativism) 입장에서 재해석되어야 한다고 주장하기 시작했다. 이러한 논쟁이 전개되는 과정에서 중국이 중요한 역할을 수행하고 있다. 중국 역시 인권침해를 이유로 미국을 비롯한 서방 진영의 비판을 받자 종래의 사회주의 이념에 따라 인권을 부르주아 이데올로기라고 비판하던 태도에서 벗어나 점차 중국의 고유한 전통을 내세워 반격함으로써 아시아적 가치 논쟁에 합류했다(강정인, 2003: 229~230).

아시아적 가치론은 '질서 정연하고 건강한 사회를 창출하는 데 아시아의 유교 문화적 공동체주의가 서구의 개인주의보다 훨씬 우월하다'는 주장이다. 아시아적 가치론자들은 개인주의에 뿌리박은 서구 사회의 퇴화 현상—극단적 개인주의·이기주의, 마약·폭력·범죄의 확산 등—과 공동체와 질서를 중시하는 아시아의 질서 정연하고 건강한 사회를 대비하여 접근하고 있다. 이에 따라 동아시아 국가들은 무질서와 혼란과 이기주의를 조장하는 서구의 자유민주주의 모델이 아니라 유교의 기본 가치인 조화를 바탕으로 하는 동아시아 고유의 모델을 따라야 한다고 주장한다(전제국, 1999: 195~196; 함재봉, 1996: 109).

이상에서 보듯이 아시아적 가치론자들은 개인의 자유보다 질서와 조화를 강조한다. 자율적인 개인을 주체로 하는 서구식 인권과는 달리 아시아적 가치는 집단 내 조화를 중시한다. 인간은 개인으로 존재하지만 집단의 성원으로서 개인성과 사회성은 인간다운 삶의 불가피한 양 측면이라는 주장이다. 인권을 개인의 권리로 한정하면 사회성이 훼손되고 공동체의 연대와 협력을 통해 성취되는 다른 차원의 인권을 무시하는 결과를 낳는 것이다. 따라서 개인성과 사회성을 조화시키는 방향으로 인권 개념을 모색해야 한다고 주장한다. 개인의 자유권 확대는 사회적 무질서를 초래할 가능성이 높고 이러한 사회적 무질서가 인권유린의 근본 요인으로 작용한다는 인식이다. 이에 따라 아시아적 가치론자들은 서구 사회의 높은 범죄율과 마약문제 등이야말로 가장 심각한 인권유린이라고 규정한다(한상진, 1996: 13~14; 이승환, 1999).

아시아적 가치론에 입각한 인권 인식은 국가의 역할과 밀접한 연관을 갖고 정립되고 있다. 아시아적 가치론자들에게는 범죄로부터 보호받을 수 있는 권리야말로 가장 중요한 인권의 하나이며 이러한 인권을 보호하는 것이야말로 국가와 정부가 존재하는 이유다. 바람직한 사회란 개인의 자유보다 질서와 안정, 집단 내 조화를 중시하는 강력한 국가와 정부가 존재하는 사회다. 강력한 경찰력과 군대, 사법제도 등은 기본적인 사회질서와 기강을 유지함으로써 국민에게 안정된 삶을 제공하고, 범죄 등의 사회불안 요소로부터 자유로울 수 있는 권리를 보호해주는 기제로 인식되고 있다(함재봉, 1999: 197, 208).

또한 아시아적 가치론자들은 권리보다는 의무를 중시하는 인권 인식을 표출하고 있다. 인권 개념에서는 사회적 의무를 수행하는지 여부와 상관없이 일정한 권리를 갖는 것이 중요하다. 그런데 동아시아의 개인적·정치적 윤리학에서는 개인의 권리보다는 '의무'를 중시하고 있다. 개인의 권리보다는 공동체 내에서 지켜야 하는 가치와 덕목을 최우선으로 상정하고 추구한다. 유교사상에서는 절대적인 인권, 공동체보다 우선하는 권리, (사회 전체의 이익을 위해서) 침해할 수 없는 신성불가침의 개인 영역이란 없다는 것이다. '서구'의 권리와 그러한 권리의 행사는 전통적인 의무 중심의 가치나 실천들과 갈등을 일으키는 파괴적인 개인주의라고 비판하고 있다(Donnelly, 1996: 34, 39).

아시아적 가치에서 인권을 규정하는 인식은 단순히 논쟁 차원을 넘어 유엔회의에서 공식적으로 표명되기도 했다. 비엔나 국제인권회의에 앞서 준비 단계로 1993년 3월 29일에서 4월 2일까지 타이 방콕에서 개최된 유엔 아시아 지역 인권회의에서 49개 아시아 국가(북한도 참석)는 방콕선언(Bangkok Declaration on Human Rights)을 채택했다. 이 선언은 인권은 '본질적으로 보편적'이지만 국가와 지역적 특성, 다양한 문화적·역사적·종교적 배경의 맥락 속에서 고려되어야 한다고 규정함으로써 문화 상대주의적 시각을 강하게 표출하고 있다. 그리고 정치적 권리 이외에도 경제·사회·문화적 권리 역시 존중되어야 하며, 특히 발전권은 인권의 보편적이고 핵심적인 부분이라고 천명했다(김수암, 2006: 162).

아시아적 가치론자들에 의한 인권 인식은 여러 가지 비판에 직면하고 있다. 무엇보다도 아시아적 가치론자들에 의한 인권의 보편성에 대한 비판은 정치적 권위주의를 합리화하려는 명분에 불과하다는 반론이다. 서구에서는 이들의 인권의식이 자국민을 억압하고 민주화를 지연시키며 권위주의체제를 유지하기 위한 수단이라고 비판한다. 아시아의 특수한 '문화 전통'이라는 개념은 자국 내 시민들의 인권에 대한 반발을 호도하기 위해 내세우는 '선전용 구호'에 불과하다는 것이다. 아시아적 가치가 개인주의 대 공동체라는 구도 아래 질서와 안정을 중시하는 '합의 추구(consensus seeking)'를 지향한다고 하지만 '합의 강요(consensus imposing)'가 더 적절하다는 반론도 제기되고 있다. 합의 추구는 모든 시민이 합의에 도달하기 위해 자신의 견해를 표현할 수 있는 언론자유가 필수 요소인데, 그렇지 못한 것이 현실이라는 것이다(Neier, 1993: 42~43).

또 인권이 '서구 중심적'이라는 비판에 대하여 인권 사상과 실천의 '서구적' 기원은 단순한 역사적 사실일 뿐이며, 인권이 유럽에서 최초로 출현한 것은 서구의 가치나 식견이 우월해서가 아니라 바로 그곳에서 근대국가와 자본주의가 출현했기 때문이라는 반론이다. 국제적으로 승인된 인권의 적용 가능성 혹은 적용 불가능성의 여부는 기원이 어딘가라는 문제와는 무관하다는 것이다(Donnelly, 1996: 35).

이렇게 전통의 결함, 근대적인 장점을 보지 못하는 문제에 대해 반론이 제기되고 있다. 전통적인 관습은 근대적인 조건에서도 여전히 타당하다는 가정에는 정치적 순박함이 깃들어 있다. 예를 들어 사회 이동이나 인구 변화가 거의 없었던 농촌 사회에서 발달한 관습이 근대적인 도시 생활에 얼마나 타당할 것인가라는 문제가 제기될 수 있다. 특히 문화의 유동적 본성을 간과한다는 비판이 제기된다. 한 나라의 문화 전통은 객관적 상황의 변화에 대한 주체적 대응의 요구에 따라 그 내용과 형식이 변화할 수 있다. 모든 문화 전통은 유사성과 차별성, 계속성과 가변성의 양면성을 공유한다는 점을 주목해야 한다.

4. 개발(발전)과 인권

경제발전과 인권과의 상관성에 대한 다양한 논쟁이 전개되고 있다. 상술했듯이 사회주의권과 개발도상국들은 제3세대 인권으로서 발전권이 핵심 인권이라는 입장을 견지하고 있다. 1986년 유엔은 발전권 선언을 채택했다. 동 선언 제1조에서 발전권은 모든 인간과 인민이 경제·사회·문화·정치적 발전에 참여, 기여, 향유하도록 부여받은 양도할 수 없는 권리라고 규정하고 있다. 유엔인권고등판무관실 홈페이지에서는 발전권은 국가 자원에 대한 완전한 주권, 자결, 발전에 대한 참여, 기회의 평등을 포함한다고 기술하고 있다. 그리고 1993년 비엔나 선언과 행동 강령에서는 민주주의, 발전과 인권 존중, 기본적 자유는 상호 의존적이고 상호 강화하는 것이라는 점을 인정하고 있다.

이상에서 보듯이 유엔 차원에서 발전권 문제가 논의되고 있지만 여전히 발전권을 권리로 볼 것인지에 대해서는 논란이 지속되고 있다. 동아시아 지역에서도 아시아적 가치의 연장선상에서 발전과 인권의 상관성 문제가 제기되고 있다. 아시아적 가치론자들은 시민적·정치적 권리를 보장하기 이전에 경제성장이 선행되어야 한다고 주장한다. 아시아 개발독재국의 정치지도자들은 '국가의 경제성장을 위해서라면 개인의 자유와 인권은 유보될 수 있다'는 태도를 보였다. 아시아적 가치론자들은 급속한 경제발전을 달성하기 위해서는 국제적으로 승인된 개인의 자유와 권리를 부정하지는 않지만 사회집단 전체의 권리를 위해 개인의 자유와 권리가 유보되어야 한다고 주장한다. 그리고 대중은 동남아시아 정부들에게 '인권'이나 '민주주의'보다는 바람직한 정부(good government)를 원한다고 주장한다. 여기서 바람직한 정부란 자국민의 의식주 문제를 해결하며 공동체의 안녕과 질서를 유지하는 정부를 의미한다. 이를 위해 정치 지도자들의 합의 구축(consensus-building)이나 신뢰에 기반을 두는 바람직한 정부를 실현해야 한다는 것이다(Kim, 1997: 1121; 함재봉, 1999: 197, 208).

개발과 인권의 상관관계에 대한 아시아적 가치론자들의 주장에는 다양한 비판이 제기되고 있다. 경제발전을 위해 자유를 유보해야 한다는 아시아적 가치론자들의 주장은 아시아 문화에 뿌리를 두고 있기보다는 문화적 권리와 인권 모두를 유린하는 보편적인 발전 지상주의라는 비판이다. 자유의 흥정(the liberty trade-off)은 모든 형태의 개발독재의 버팀줄에 불과하다는 것이다. 도널리는 인권탄압은 정치 안정이나 경제발전이라는 명분 아래 권력과 정치적 이해에 기반을 둔 전략적 선택일 뿐이라고 반론을 제기한다.[1]

다음으로 권리를 보장하는 국가는 경제발전에 성공할 수 없는가, 부유해지고 강력해지기 위해 억압이 필요한 것인가라는 반론이 제기될 수 있다. 먼저 시민적·정치적 권리를 부정함으로써 치르게 될 경제적 대가도 고려해야 한다. 발전을 위해 시민적·정치적·경제적·사회적·문화적 권리를 희생하는 것은 '바람직한 정부' 형태가 아니다. 이런 체제가 오래 지속된 곳에서는 거의 예외 없이 부정부패의 만연, 정부의 책임성 결여, 정책 형성의 투명성 부족, 부의 집중화 및 빈부 격차의 심화와 같은 부작용이 발견된다. 이와 같이 시민적·정치적 권리를 부정함으로써 치르게 될 경제적 대가의 문제도 발생하며, 타락이나 독단의 가능성이 있다. 오히려 인권억압적 권위주의 정부가 경제성장에 성공한 어떤 내적 이유도 발견되지 않는다. 나아가 대부

---

[1] 자유의 흥정이란 시민적·정치적 권리가 정부에 여러 가지 비능률을 도입하기 때문에 급속한 경제발전을 추구하는 국가는 이러한 권리들을 침해하지 않을 수 없다는 논리다(Donnelly, 1996: 36).

분의 아시아 국가에서는 권위주의가 경제적 실패로 귀결되고 있다(한상진, 1996: 16; Donnelly, 1996: 36~38).

개발과 인권에 대한 국제사회의 논의는 아시아 가치와 다른 차원에서 새롭게 전개되고 있다. 1990년대 들어 인권과 개발(development)은 상호 강화(mutually reinforcing) 작용을 한다는 인식이 확산되고 있다. 특히 빈곤 퇴치와 인권의 상관성에 주목하는 논의가 활성화되고 있다. 빈곤 퇴치는 경제발전 전략만으로 되는 것이 아니라 인권의 개선이 병행되어야 하는 것이다. 즉, 인권적 관점에서 빈곤 퇴치 문제에 접근하는 인식과 논의가 확산되고 있다. 빈곤은 개인의 문제가 아니며 차별, 착취, 남용과 같은 불평등이라는 관점에서 주목해야 한다는 것이다. 빈곤은 단순히 경제적인 차원의 저소득만을 의미하지 않으며 보건이나 교육에 대한 접근 부족, 취약성, 소외(voicelessness)와 무기력 등을 모두 포함한다. 따라서 성장 중심적(growth-centered development) 개발로 빈곤을 퇴치할 수 없다. 빈곤을 퇴치하기 위해서는 건강, 교육, 주거, 영양 등에 대한 빈민의 접근성이 증대되어야 한다. 빈곤 퇴치를 위한 발전 계획이 다뤄야 할 문제는 소득 빈곤만이 아니라 더 넓은 의미의 능력 박탈의 문제다(Sen, 2001).

특히 인권과 개발의 조화라는 시각에서 인권을 개발 과정에 통합해야 한다는 '권리에 기반을 둔 접근(rights-based approach)'이 새롭게 제시되고 있다. '권리에 기반을 둔 접근'은 '인간 개발'의 관점에서 국제인권체계의 규범, 원칙, 기준, 목표를 개발 과정에 통합시키는 접근 방식이다. 국제기구들이 인권을 개선하기 위해 중요시하는 가치는 참여 및 비차별, 국가 및 지역 단위 주인의식, 책무성과 투명성, 참여 및 권능강화(empowerment) 등이다. '권리에 기반을 둔 접근'에 따르면 사업의 대상을 단순한 수혜자나 참여자로 보지 않고 권리 보유자(rights-holders)로 인식한다. 개발지원에서 중요한 사안은 수원국가의 책무성(accountability)을 강화하는 것이다. 단순히 인권 관행을 지원 프로그램에 적용시킬 필요뿐만 아니라 개발지원 과정에서 정책결정 과정과 정책결과 향유에 대한 동등한 참여, 책임, 투명성의 보장을 강조한다. 즉, 개발지원 과정에서 빈곤층과 소외계층의 참여와 권능강화가 핵심 요소로 설정되어야 한다(Uvin, 2004; 김수암·이금순, 2008).

5. 인권 논쟁과 북한

보편적 가치인 인권에 대한 북한의 입장은 세계적 차원의 일반적 논쟁을 바탕으로 정립되었지만 북한의 특수성이 결부되는 특징을 보인다. 북한의 경우 사회주의 일반 원칙과 세계적 차원의 논쟁, 특히 아시아 가치 논쟁과 일맥상통하면서도 주체사상, 우리식 사회주의, 선군정치가 결합되는 특수한 입장으로 정립되고 있다.

'공세'에 대한 자신의 '대응'논리를 정당화하기 위해 북한도 국제정치의 핵심 원리로 작동하고 있는 주권의 원칙을 적극 활용하고 있다. 북한은 인권문제가 주권의 소관 사항이라는 입장을 확고하게 견지하고 있다. 인권의 보편성을 보장하기 위해 국경을 넘어선 개입이 허용되어야 한다는 주장은 '인권보호'라는 명분 아래 약소국가의 내정에 간섭하려는 불순한 정치적 목적에 불과하다고 비판한다. 이러한 상황에서 주권은 모든 국가와 민족의 '생명선'이며 주권이 없는 인권은 상상조차 할 수 없기 때문에 오히려 주권의 원칙이 강화되어야 한다는 논리를 펴고 있다.[2]

세계적인 논쟁과 마찬가지로 북한도 주권의 원칙에 입각하여 논리를

---

2) Statement by The Delegation of The Democratic People's Republic of Korea to the Fifty-Sixth Session of the Commission on Human Rights, 29 March, 2000.

전개하고 있지만 북한의 경우는 체제안보의 관점이 더욱 강하게 투영되는 특징을 보인다. 북한은 국제사회의 인권개선 요구를 사회주의를 와해시키기 위한 '인권 공세'로 규정하고 있다. 이에 따라 북한은 제국주의 세력이 인권을 명분으로 북한 체제를 전복하고 정권을 교체하려 한다고 생각한다. 경직된 체제안보 관점에서 인권을 곧 국권으로 연결시키는 것이다. 이런 논리의 바탕에는 자주권을 상실하면 인권 자체가 존재할 수 없다는 시각이 깔려 있다. 나아가 최근 북한의 문헌에서는 선군정치의 연장선상에서 인권은 곧 국권이라는 논리를 펼치고 있다. 인권은 강력한 국력을 전제로 할 때 보장될 수 있기 때문에 총대를 기반으로 하는 선군정치가 인권을 보장하는 최상의 정치방식이라고 주장한다. 즉, '선군은 인권 옹호의 선결이며 믿음직한 담보', '선군정치는 곧 인권옹호 정치'라는 것이다. 이는 선군정치 아래 수령과 우리식 사회주의를 결사 옹위할 때 인권이 보장된다는 특수 논리로 발전되고 있다(김수암, 2007: 69~75).

북한은 체제안보와 주권 원칙에 따른 국권 수호의 논리로서 인권개선 압력에 대응하고 있기 때문에 인도적 개입에 대해서도 부정적인 태도를 보인다. 인도주의적 개입은 신성불가침인 주권을 침해하는 행위라고 비판한다. 또한 일부 국가가 노골적인 정치적·전략적 목적을 추구하기 위해 수많은 군대를 동원함으로써 시민의 인권을 보호·증진하기보다는 오히려 무고한 시민을 살해하는 등 인권을 유린하는 결과를 초래한다는 것이다. 따라서 인도주의적 개입은 예외 없이 유엔헌장과 국제법 위반이며, 인권유린 행위라고 주장하고 있다(김수암, 2001: 354~356).

북한도 유엔의 회원국이면서 4개 국제인권협약의 가입 당사자이기 때문에 국제적으로 승인된 국제인권규범을 수용하고 있다. 그렇지만 북한은 문화 상대주의 시각에 입각하여 문화적·역사적 차이로 인해 모든 국가에 보편적으로 적용할 수 있는 인권 기준은 없다는 논리에 따라 '우리식 인권론'

을 정립하여 국제사회의 인권개선 요구에 대응하고 있다. "인민이 좋아하고 그들의 요구와 리익에 부합되는 것"이 북한의 실정에 부합하는 '우리식 인권 기준'이라는 논리다. 인권이 보편적 가치라는 것을 부인하지는 않지만 '인권 기준'이라는 관점에서 볼 때 국제사회에서 보편적으로 통용될 수 있는 인권 기준은 없으므로 "우리에게는 우리식의 올바른 인권 기준이 있다"고 주장하는 것이다.

북한은 국가와 민족마다 역사, 풍습, 경제, 문화발전 수준과 생활방식 등 조건이 다른 상황에서 특정 국가와 집단의 '문명'과 '기준'이 보편적으로 통용될 수 없다고 주장한다. 따라서 서방 국가들이 수용하도록 강요하는 인권 기준은 북한의 실정에 맞지 않는 '서방식' 인권 기준이라고 비판한다. 북한은 서방 세계가 그들의 인권 기준을 전 세계에 전파하려는 것은 그들의 '가치관'과 생활방식이 지배하는 세계를 만들어 세계를 지배하려는 목적 때문이라고 주장한다(김수암, 2007: 78~80). 즉, 문화 제국주의 관점에서 인권 문제를 바라보고 있다.

아시아적 가치론자들이 개인의 권리보다 사회의 조화와 질서를 중시하고 있듯이 북한도 이러한 입장을 취하고 있다. 그러나 인권 개념은 좀 더 경직된 편이다. "조선민주주의인민공화국에서 공민의 권리와 의무는 '하나는 전체를 위하여, 전체는 하나를 위하여'라는 집단주의 원칙에 기초한다"(제63조)는 사회주의 헌법 규정에서 보듯이 극단적인 집단주의 원칙으로 강화되고 있다. 그리고 북한에서 집단주의 원칙은 사회주의 대가정론이라는 가부장적 사고와 결부된다는 점에서 아시아적 가치론, 사회주의 일반의 인식과 차별화되는 특징이 발견된다. 북한도 아시아적 가치론자들과 같이 집단과 조화를 중시하지만 수령과 연결되는 독특한 인식으로 변질되고 있다.

그리고 아시아적 가치론자들이 주장하듯이 북한도 집단주의적 사회가 와해될 때 그 사회의 주민들이 실업, 빈궁, 범죄와 사회악의 희생이 되어 인권이 유린된다며 범죄와 사회악을 인권유린으로 인식하는 태도를 취하고 있다. 특히 중국의 미국인권 기록과 마찬가지로 미국 내에서 발생하고 있는 범죄와 사회악을 인권의 범주에 넣고 미국의 인권상황을 비판하고 있다(김수암, 2001: 345~346).

또 북한은 권리보다 의무를 중시하는 입장을 취하고 있다. 북한 당국은 개인보다 국가가 우위에 있음을 강조하고, 시민의 권리보다 의무를 우선시한다. 따라서 개인의 권리보다 국가에 대한 의무가 우선하며 모든 권리는 이에 상응하는 의무가 있다는 것이다. 북한은 사회주의권, 다른 개발도상국과 마찬가지로 제1세대 인권인 자유권 대신 제3세대 인권인 자결권과 발전권을 강조하는 입장을 취하고 있다(서재진 외, 2003: 11~13).

6. 결론

인권은 인간이라는 그 자체만으로도 향유하는, 양도할 수 없는 권리로서 보편적 가치를 지니고 있다. 특히 냉전 종식 이후 이념적 고려가 사라지면서 인권이 국제관계의 주요 의제로 부상하고 있다. 지구상에서 인권의 보편적 가치를 공개적으로 부정하는 국가는 없다. 그러나 세계 도처에서 인권유린 현상이 발생하는 것이 엄연한 현실이다. 대부분의 인권유린 국가들은 국제사회의 인권개선 요구에 여전히 주권의 원칙, 내정 불간섭의 원칙을 보호막으로 내세우고 있다. 그런데 점차 보편적 가치인 인권을 구현하기 위해 국경을 넘어 인권유린 행위에 개입해야 한다는 인식이 확산되는 추세다. 또한 미국 등 서방 국가들은 외교정책에 인권 의제를 통합시키는 방향으로 인권정책을 추진해나가고 있다.

그렇지만 여전히 상위의 권위체 없이 대등한 지위를 갖는 국민국가가 핵심 행위자를 구성하는 국제관계의 특성 때문에 인권유린 국가에 대해 효과적으로 개입할 수 있는 인권레짐을 형성하는 것이 용이하지 않다. 양자 관계에서 인권을 외교정책에 통합하는 추세가 강화되고 있지만 여전히 국가들은 도덕적 가치를 구현하기 위해 자국의 정치경제적 이익을 희생하는 데 주저하고 있다. 이러한 제약 요인에도 주권의 약화 현상이 확대되고 있다. 주권은 고정불변의 개념이 아니며, 주권국가들은 변화하는 국제관계 현실에 의해 주권을 행사하는 데 제약을 받고 있다. 국가 이외에 국제인권 NGO 등 초국가적 행위자들이 인권 영역에서 중요한 활동을 수행하고 있다. 국제인권 NGO의 활동에 대해 주권의 원칙과 문화 상대주의를 적용하여 대응하기는 어렵다. 또한 모니터링 제도 중심이지만 유엔은 회원국가의 인권이행 상황을 점검하는 제도를 만들어나가고 있다.

따라서 현실 국제관계에서 주권의 원칙과 인권을 구현하기 위한 개입이라는 이분법적 사고로 인권문제에 접근하는 것은 바람직하지 않다. 인권을 구현하기 위한 다양한 제도가 형성되어가고 있고 어느 정도 국가주권이 약화되는 현실 국제관계의 변화를 고려할 때 국가주의 관점에서 인권문제를 바라보는 것은 현실의 적절한 평가라고 할 수 없다. 도널리가 구분하듯이 인권 분야에서 약한 국제주의 모델이 적용될 수 있을 정도로 현상의 변화가 지속적으로 진행되고 있다.

문화 상대주의 관점에서 인권의 서구 중심적 속성을 비판하는 논의가 제기되고 있다. 문화 상대주의는 다양한 문화 간의 합의기반 확대를 통해 인권 개념의 편차를 해소하려 한다는 점에서 긍정적인 측면이 있다. 그렇지만 인권침해를 호도하는 명분으로 이러한 상대성 논리가 악용되는 부정적 측면은 지양되어야 할 것이다. 도덕적 상대주의는 정도의 문제라는 점에서 보편성 대 문화 상대주의라는 극단적인 이분법을 지양해야 한다. 또한 인권의 보편성을 문화적 동질화와 동일시해서는 안 된다. 문화적으로 인권 개념에 대해 각국의 인식이 상이하다는 것이 엄연한 현실이라는 점에서 인권 개념, 해석, 실천 방도의 편차를 좁히려는 국제사회의 노력이 확대되어야 한다.

주권의 원칙과 인권 가치의 구현, 인권의 보편성 대 상대성이라는 세계적인 논쟁의 관점에서 평가할 때 북한은 이분법적 시각으로 보편성 문제에 접근하고 있다. 특히 주권의 원칙은 우리식 사회주의, 수령 옹위라는 극단적인 체제 방어의 논리, 국권 수호의 논리로 변질됨으로써 인권적 관점에서 인권보호를 위한 내적 관행을 만들어나갈 여지가 사라지고 있다. 북한은 문화 상대주의 시각에서 보편성을 비판하지만 인권을 유린하는 체제를 은폐하는 명분으로 악용하는 측면이 강하다. 우리식과 서방식이라는 극단적인 이분법적 시각을 취하고 있기 때문에 인권 개념의 편차를 극복할 수 있는 대화의 여지 또한 사라지고 있다. 따라서 북한은 인권 영역에서 점차 국제주의 모델 요소가 확대되고 있는 세계적 흐름에 역행해서는 국제사회의 정당한 일원으로 동참할 수 없다는 사실을 직시할 필요가 있다.

참고문헌

강정인. 2003. 「세계화·정보화와 동아문명의 문화 정체성: 서구 중심주의와 아시아적 가치」. ≪한국정치외교사논총≫, 제24집 2호, 229~230쪽.
김수암. 2000. 「탈냉전기 인권과 국제정치적 함의: 국가 중심 시각에 대한 비판적 검토」. ≪통일정책연구≫, 제9권 1호, 264쪽.
_____. 2001. 「국제사회의 인권논의에 대한 북한의 인식과 대응」. ≪통일정책연구≫, 제10권 2호, 354~356쪽.
_____. 2006. 「문화 상대주의, 주권 원칙과 북한인권」. 『세계정치5: 세계정치와 동아시아의 안보구상』. 인간사랑.
_____. 2007. 『민주주의와 인권에 대한 북한의 인식과 대응』. 통일연구원.
김수암·이금순. 2008. 「북한인권: 개방과 삶의 질 향상」. 통일연구원 주최 심포지엄 <이명박 정부의 대북정책 비전 및 추진방향>(2008. 7. 18).
도널리, 잭(Jack Donnelly). 1996. 「인권 개념의 보편성과 아시아적 가치」. ≪사상≫, 겨울호, 34, 39쪽.
_____. 2000. 『인권과 국제정치』. 박정원 옮김. 오름.
박종귀. 2001. 『중미인권분쟁』. 새로운사람들.
서재진 외. 2003. 『북한인권백서 2003』. 통일연구원.
센, 아마르티아(Amartya Sen). 2001. 『자유로서의 발전』. 박우희 옮김. 세종연구원.
이봉철. 2000. 『현대인권사상』. 아카넷.
이승환. 1999. 「문화는 숙명이다 ― 쟈카리아 / 리콴유와의 대담」. 『아시아적 가치』. 전통과 현대.
이원웅. 1998. 「동아시아의 민주화와 인권」. 이상우 편저. 『21세기 동아시아와 한국 1: 부상하는 새 지역질서』. 오름.
전제국. 1999. 「'아시아적 가치' 관련 동서논쟁의 재조명」. ≪한국과 국제정치≫, 15권 1호, 195~196쪽.
최의철. 2000. 『냉전 종식 후 국제정치와 인권』. 통일연구원.
한상진. 1996a. 「서구 인권담론과 동아시아 문화: 동서양 대화의 추구」. 153쪽.
_____. 1996b. 「인권논의에서 왜 동아시아가 중요한가」. ≪사상≫, 겨울호, 13~14쪽.
함재봉. 1996. 「유교 전통과 인권사상」. ≪사상≫, 겨울호, 109쪽.
_____. 1999. 「아시아적 가치 논쟁의 정치학과 인식론」. ≪아시아적 가치≫, 197, 208쪽.
Hoffmann, Stanley. 1996. *The Ethics and Politics of Humanitarian Intervention*. Notre Dame: University of Notre Dame Press.
Kim Yung-Myung, "Asian Style Democracy: A Critique from East Asia." *Asian Survey*,

Vol. 37, No. 12, p. 1121.
Kirkpatrick, Jeane J. 1979. "Dictartorship and Double Standards." *Commentary 68*, November.
Neier, Aryeh. 1993. "Asia's Unacceptable Standard." *Foreign Policy 92*, pp. 42~43.
Uvin, Peter. 2004. *Human Rights and Development*. Bloomfield, CT: Kumarin Press.
Parekh, Bhikhu. 1997. "The Dilemmas of Humanitarian Intervention: Introduction." *International Political Science Review*, Vol. 18, No. 1, p. 7.
Wheeler, Nicholas J. 1997. "Agency, Humanitarianism and Intervention." *International Political Science Review*, Vol. 18, No. 1, pp. 9~10, 14.

제2부
인권개선 정책의 국제 사례

제3장 서독의 대동독 인권정책 | 김학성

제4장 중국에서 인권규범의 확산과 한계 | 이남주

제3장

서독의 대동독 인권정책

김학성 충남대학교 평화안보대학원 교수

1. 문제제기

　우리 정부의 과거 대북정책에서 북한 인권문제는 그리 중요한 비중을 차지하지 못했다. 그 이유는 시기별로 조금씩 차이가 있다. 냉전시기에는 자유진영과 공산진영의 인권에 대한 개념 차이가 서로 대립하고 있었을 뿐만 아니라 우리 사회 내부에 인권문제가 엄연히 상존하고 있는 상황에서 북한 인권문제를 진지하게 제기할 수 있는 충분한 명분을 갖추지 못했다. 1980년대 후반 우리 사회의 민주화를 통해 인권개선에 진전이 이뤄졌으나, 1990년대 초 탈냉전의 들뜬 분위기 속에서 남북 당국 간 대화의 확대 및 심화에 주력하는 가운데 북한 인권문제에까지 주목할 여력이 없었다.
　과거의 갈등과 대립을 극복하고 화해를 통해 남북관계의 개선을 모색하는 단계에서 북한 인권문제는 더더욱 외면받았다. 인권문제로 북한 정권을 자극하지 않으려고 했기 때문이다. 햇볕정책의 추진에서 보듯이 과거 남한의 권위주의 정부에 맞서 민주화와 인권을 외쳤던 민주세력조차도 북한 인권문제에 침묵했다는 것은 아이러니가 아닐 수 없다. 햇볕정책이 남북관계의 급격한 개선이라는 성과를 거둔 것은 높이 평가할 만하다. 그러나 그 결과가 북한 정권을 유지하는 데 도움을 주었을 뿐, 북한 주민의 인권개선에 제대로 기여하지 못했다는 국내외의 비판에 직면했다. 햇볕정책의 벤치마킹 대상이었던 독일의 '신동방정책' 역시 초창기에 부분적으로 유사한 비판을 받았다. 신동방정책을 즐겨 인용했으며, 특히 정책 비판이 제기될 때마다 독일 사례를 방어논리로 제시하곤 했던 햇볕정책론자들은 사전에 그러한 비판 가능성을 염두에 둔 적절한 대안을 모색하지는 못했다.

신동방정책은 독일의 분단을 자유 지향적 토대 위에 평화적 방법으로 극복하는 것을 목표로 했으며, 이러한 목표가 성취되지 못하는 동안에는 독일인들이 분단의 결과를 인내할 수 있도록 만들려는 의지의 산물이었다. 분단의 결과를 인내한다는 것은 양 주민들의 자유로운 왕래와 동독 주민의 인간다운 삶의 보장이라는, 동독의 인권개선을 의미했다. 신동방정책을 주도했던 브란트(W. Brandt) 총리는 "동독 정권을 인정함으로써 결국은 동독 주민에 대한 정권적 인권탄압을 방조할 수밖에 없다"라는 비판을 받기도 했지만, 명분과 실리의 양면에서 동독 주민의 인권개선에 주력한 것은 부정할 수 없다. 예컨대 1970년 동·서독 정상(총리)회담이 처음으로 두 차례 연이어 개최되었을 때, 브란트 총리는 동독의 인권개선문제를 공개적으로 제기했다. 이처럼 명분에 그치지 않고 내독관계 발전 과정에서 서독은 동독에 다양한 형태의 경제적 혜택을 제공하면서 동·서독 주민의 왕래와 같은 인도적 사안의 개선은 물론이고 동독 주민의 인권개선을 '조용히' 요구했고, 제한적이나마 적지 않은 성과를 거두었다. 정권이 보수적 기민련(CDU)에게 넘어간 이후에도 서독 정부의 대동독 인권정책과 관계개선정책에는 큰 변화가 없었다.

햇볕정책도 분단의 평화적 관리를 통해 통일 여건을 조성하는 것을 목표로 삼았다. 지난 10년 동안 남북관계 개선과 대북 인도적 지원을 통해 북한 주민의 굶주림 해소에 일정 부분 기여했고, 이산가족 상봉의 정례화와 제한적이나마 남북 주민 간 상호 방문의 물꼬를 텄다는 점에서 신동방정책과 유사한 성과를 거두었다고 평가할 수 있다. 그러나 정부가 북한인권에 관해 어떠한 공개적인 문제제기도 하지 않았으며, 더구나 유엔인권위원회의 북한 인권 개선 요구와 관련한 표결에 기권한 행위는 과거 브란트 정부의 신동방정책과는 분명하게 다르다. 또한 북한 주민의 인권상황은 두말할 것도 없고, 국군포로와 납북자문제도 별 진전을 보이지 못했다. 이는 국내 보수세력의 반대 논리를 강화시킴으로써 햇볕정책의 추진력을 반감하는 결과를 낳기도 했다.

그런데 이렇듯 햇볕정책과 신동방정책을 단순 비교하여 햇볕정책을 평가하는 것이 과연 바람직한지의 문제가 제기될 수 있다. 단순 비교평가는 마치 햇볕정책론자들이 서독 사례의 외형만을 편의적으로 인용하여 정책적 정당성을 찾으려 했던 것과 유사한 오류를 범하는 일이 될 수 있다. 독일과 한반도는 분단 구조가 유사하지만 분단의 국·내외적 환경과 조건이 다르기 때문에 비교나 정책적 시사점 모색은 매우 조심스럽게 이뤄져야 한다. 이미 역사가 되어버린 독일 사례는 우리에게 하나의 모델이 될 수는 있겠지만, 형식적인 모방의 대상은 결코 아니다. 독일 사례는 독일 분단과 통일의 국내외적 환경에 대한 충분한 이해를 전제로 해야 비로소 창의적으로 활용될 수 있다.

이명박 정부의 출범과 더불어 북한 인권문제는 새롭게 주목을 받고 있다. 새 정부가 북한인권을 개선하기 위해 단호한 의지를 표명한 것은 이전의 정부가 엄두를 내지 못했던 새로운 것임에 분명하다. 그러나 북핵문제의 선(先)해결과 연계된 일종의 대북 무시(benign neglect)정책이 추진되면서 남북 당국 간 대화가 중단되고 대북 인도적 지원마저 북한이 거부하는 상황이 전개됨에 따라 북한 인권문제는 물론이고 인도적 사안을 실천할 수 있는 수단이 사라졌다.

북한 인권문제와 관련하여 햇볕정책과 이명박 정부의 대북정책은 상대의 강점이 자신의 약점으로 작용하고 있다. 이러한 현상은 북한 인권문제에 대한 우리 사회 내부의 견해 차이가 반영된 결과이기도 하다. 실제로 북한 인권문제를 둘러싼 논란을 바라보면, 판단 기준에 대한 합의가 없을 뿐만 아니라 당연한 귀결로서 구체적 정책의 내용과 범위에 대한 논의가 제대로 이뤄지지 못하는 실정이다. 이 점에서 동독인권개선의 명분과 실리 양면을 추구했던 독일 사례는 우리에게 여러 가지 시사점을 제공한다. 특히 독일 사례는 북한 인권문제에 대한 판단 기준을 확립하는 데 도움을 줄 수 있으며, 좀 더 구체적으로 대북 인권정책의 대상, 내용, 범위 등을 설정하는 데 생각거리를 던져준다.

이 글은 서독 정부의 대동독 인권정책에 초점을 맞추고 있다. 그렇지만 정책은 사회의 요구를 반영하는 것이기 때문에 서독의 정책을 정확하게 이해하기 위해서는 동독의 인권문제에 대한 사회적 담론과 실천 노력을 포괄적으로나마 먼저 살펴볼 필요가 있다.

2. 동독 인권문제에 대한 서독 사회의 담론과 실천

1) 서독 사회의 담론구조 변화: 인권과 분단문제의 연계

서독의 인권의식은 태생적으로 반민족주의적 배경을 가졌다. 서독은 패전국으로서 나치(Nazi)의 과오를 반성하는 것에서부터 출발했기 때문이다. 따라서 서독 사회와 정부는 인권문제에 대해 남다른 의미를 부여하지 않을 수 없었다. 가치뿐만 아니라 정치적으로나 사회적 맥락에서 인권이 특별하게 부각되었다. 2차 세계대전 후 제정된 서독 헌법(기본법) 제1조가 '인간

존엄의 보호'를 규정한 인권 조항이라는 사실은 인권에 관한 서독의 입장을 단적으로 보여준다. 이에 비해 분단문제는 인권의식과 상이한 출발점을 가졌다. 비록 패전이 원인이기도 했으나, 분단은 냉전의 결정체라는 점에서 그러하다. 실제로 분단 초기 서독 사회는 동독 지역의 인권에 별로 주목하지 않았다. 그럴 여력이 없기도 했지만, 동독에 인권문제를 제기함으로써 순수한 인권의식이 (탈나치화를 통해 극복하고자 했던) 민족문제와 뒤섞여 오염될 가능성을 우려했기 때문이다. 이후 동서 진영의 대결 구도가 안정적 질서로 자리 잡는 가운데 서독 사회에서는 정치적 맥락에서 동독 인권문제에 대한 관심이 서서히 증대되었다.

분단 초기 서독 국민에게 동독은 기본적으로 민족보다는 이데올로기의 차원과 소련 점령의 종식이라는 맥락에서 더욱 큰 주목의 대상이었다. 통일에 대한 열망이 없었던 것은 아니지만 냉전의 국제정세 속에서 통일보다는 소련과 동독의 공산화 시도를 저지하는 것과 서독만이라도 주권을 찾는 것이 더욱 우선적으로 받아들여졌다. 소련과 동독의 통일공세를 묵살하고 미국 주도의 서유럽 진영에 철저하게 통합됨으로써 분단을 기정사실화했던 초대총리 아데나워(K. Adenauer)는 바로 그러한 배경에서 '서방정책(West-politik)'에 우선권을 두었다. 서독 정부 수립 당시 동독을 포함하여 전쟁 이전 독일 영토였던 지역(동유럽 지역)에서 쫓겨난 실향민이 서독 전 인구의 약 5분의 1 정도를 차지했던 상황에서 반공주의의 확산은 자연스러운 현상이었다(Ash, 1993: 50 참조). 또한 1960년대 중반까지 서독 사회는 동독을 국가로 인정하지 않았기 때문에 '독일민주공화국(DDR)'이라는 공식 명칭보다 '소련점령지역(SBZ)'이라고 불렀다는 사실에서 동독에 대한 서독의 인식 태도는 분명하게 드러난다.

2차 세계대전 이후 서독의 인권의식은 탈나치화를 기반으로 서방정책 추진 과정에서 확립되고 성장했다. 서방정책은 애초에 현실 정치적 목적을 가진 것이었다.[1] 서방정책의 일환으로 아데나워는 국내적으로 자유민주주의 정치체제를 확립하기 위해 애썼다. 자유민주주의는 비단 반공주의적 맥락에서뿐만 아니라 나치즘을 배태했던 독일의 전통적인 절대 관료국가(Obrigkeitsstaat)적 정치문화를 청산하기 위해서 반드시 필요했다. 1차 세계대전 이후 수립된 바이마르 공화국에서 자유민주주의가 실험되기도 했지만, 독일은 전통적 정치문화를 결국 극복하지 못하고 나치 정권의 탄생을 경험해야 했다. 따라서 2차 세계대전 직후 대다수 서독의 지식인도 자유민주주의를 바탕으로 민주적 시민문화를 정착시키는 것을 (독일인의 손을 벗어나 있는) 통일문제보다 더욱 급한 과제로 여겼다(Parkes, 1993: 452). 이에 따라 서독에서는 초기부터 국가가 주도하는 민주주의 정치 교육이 강력하게 추진되었다.

1950년대 민주적 시민문화가 정착되는 과정에서 서독 사회는 동독 지역의 인권문제를 당시 반공과 동의어로 간주되던 자유의 시각에서 바라보는 경향을 띠었다. 4대 전승국의 점령 시기부터 이어진 동독 주민의 탈출, 1953년 6월 동독 노동자 봉기, 1950년대 말 베를린 봉쇄 등 일련의 인권억압 사태에 대해 서독은 궁극적인 해결책을 소련으로부터 동독을 돌려받는 것에서 찾았다. 실제로 1955년 서독의 나토(NATO) 가입과 재무장 허용을 통해 서독의 주권이 회복되자 아데나워 총리는 이전과 달리 통일문제에 적극적인 태도를 보이기 시작했다. 서독 정부는 통일문제를 소련과 해결해야 할 사안

---

[1] 반공주의자인 아데나워는 당시 4대 전승국이 독일 민족의 의사와 상관없이 독일 민족의 운명을 결정할 가능성에 대해 매우 두려워했다. 따라서 점령통치를 조속히 종식시켜 주권을 회복하는 것이 급선무였으며, 이를 위한 대안으로 미국 중심의 서유럽체제로 통합되는 것을 강력하게 추진했다. 아데나워는, 비록 통일을 잠정적으로 희생해야 하지만, 이 대안이야말로 전후 독일의 경제재건을 비롯하여 자유와 평화 그리고 장기적으로 통일을 달성시킬 수 있는 기반을 만드는 유일한 길이라고 확신했다(Lamborn, 1991: 315; Joffe, 1989: 83).

으로 간주하고 소련과 국교를 정상화하는 한편, 서방의 지원을 받아 소련을 정치적·경제적으로 압박함으로써 소련의 양보를 얻어내는 소위 '강자의 정책(Politik der Stärke)'을 추진했다.2)

그러나 1961년 8월 베를린 장벽의 구축과 이에 대해 미국 및 서방 동맹국들이 보여준 온건한 대응은 '강자의 정책'이 비현실적이라는 점을 보여주었다. 당시 핵전쟁의 위험성을 인식한 서방 동맹국들은 아데나워의 기대와 달리 유럽 지역의 현상 유지를 바탕으로 하는 긴장 완화를 희망하고 있었기 때문이다. 이러한 현실은 분단 및 통일에 대한 서독 사회의 인식에 일대 전환을 초래했다. 무엇보다 독일인들은 조속한 시일 내에 통일이 불가능하다는 현실을 깨닫게 되었다. 이를 계기로 여태껏 정치계와 학계에 국한되었던 '독일정책(분단과 통일에 관한 정책)'에 대한 논의가 사회로 확산되기 시작했다. 당시 사회적 논의의 중심 주제는 1960년대의 철학자 야스퍼스(K. Jaspers)가 제기한 '선자유, 후통일' 논제로 모아졌다. 야스퍼스는 당시 국내외적 상황에서 통일은 환상이며, 정치가들은 단지 선거를 위해 통일문제를 이용하고 있을 뿐이라고 비판했다. 그는 일단 통일 요구를 접어두고 먼저 서독에서부터 인권의 현실적 기반인 '진정한 자유'를 확립할 것을 요구했다. 그리고 이를 바탕으로 민족자결권을 조용하고 단호하게 주장해나감으로써 동독 주민의 자유와 인권을 점진적으로 개선하는 토대로 삼는 것이 가장 바람직한 현실 대안이라고 주장했다(Jaspers, 1990: 37). 야스퍼스가 말하는

---

2) 여기에는 세 가지 가정이 전제되어 있었다. 첫째, '독일 문제(분단과 통일문제)'는 냉전구도 속에서 미국과 소련에 의해 결정될 것이며, 양 대국의 세력 균형은 미국의 우세로 판가름날 것이라는 가정이다. 둘째, 미국을 비롯한 서방 동맹국들은 소련에 대항하는 서독의 통일정책을 진심으로 지원할 것이라는 가정이다. 셋째, 소련은 미국과의 세력 대결 속에서 힘의 법칙을 따를 수밖에 없을 것이라는 가정이다(Hanrieder, 1989: 8; Krell, 1990: 28).

진정한 자유는 더 이상 반공과 동의어에 머물지 않고 서구 시민민주주의의 보편적 가치를 포괄하는 것을 의미했다.

새로운 분단 인식은 당시 서독의 영향력 있는 언론인 및 지식인을 중심으로 확산되었으며, 마침내 분단 상황을 인내할 수 있는 여건을 조성하는 것이 우선이라는 여론이 서독 사회에 형성되기 시작했다(Hacker, 1992: 278~341 참조). 이와 더불어 아데나워의 정책노선과 다른 새로운 독일정책의 필요성이 제기되었다. 즉, 새로운 독일정책은 동독 정권으로 하여금 동독 내부의 자유화를 용인하도록 만드는 것을 당면 목표로 삼아야 한다는 것이다.[3] 당시 베를린 시장이었던 사민당(SPD)의 브란트가 자신의 참모였던 바(E. Bahr)를 시켜 발표했던 소위 '접근을 통한 변화'는 그러한 배경 아래 지지 기반을 확대해나갔다. 1966년 서독의 양대 정당, 즉 보수의 기민련과 진보의 사민당이 대연정을 구성하면서 실제로 독일정책의 변화가 모색되었고, 1969년 사민당의 집권을 계기로 동·서독 관계의 정상화를 위한 전기가 마련되었다.

브란트 정부는 대결보다 긴장 완화, 그리고 통일보다 동독의 자유화에 초점을 맞춘 신동방정책 및 독일정책을 추진했으며, 1972년 '동·서독 기본조약' 체결과 1973년 동·서독의 유엔 동시 가입을 통해 동독을 국가로 사실상 인정했다. 이에 대해 보수야당은 새로운 독일정책이 동독의 자유화에 결코 기여할 수 없을 것이라고 주장하면서 연방헌법재판소에 기본조약의 위헌소청을 제기했다. 동독 정권을 인정하는 것은 곧 동독 주민의 자유와 인권억압을 용인하는 결과를 낳을 것이라는 우려 때문이었다. 이러한 우려는 브란트에게도 딜레마로 다가왔다. 그렇지만 동·서독이 대화하지 않는

---

3) 이 주장은 "동독의 자유화를 위한 열쇠는 서독에 있다"라는 말로 함축된다 (Bender, 1964: 108).

한, 서독이 실제로 동독 주민의 자유와 인권을 진작시킬 수 있는 수단을 전혀 가질 수 없는 현실도 주목하지 않을 수 없었다. 브란트는, 동·서독 관계 정상화가 체제 안정에 대한 동독 정권의 자신감 확대는 물론이고 향후 내독관계의 제도적 발전을 통해 동독 주민의 자유와 인권억압을 점진적으로 완화시킬 것이라는 확신을 가졌다.

새로운 독일정책을 둘러싼 보수와 진보세력 간 갈등이 동독 주민의 자유와 인권문제를 중심으로 모아지면서 동독 인권문제에 영향을 줄 수 있는 몇 가지 성과가 도출되었다. 첫째, 브란트 정부는 기본조약 협상 과정에서 유엔헌장의 정신에 입각해 인권의 중요성을 강조했으며, 결과적으로 기본조약 제2조에 '인권의 보호'를 명문화할 수 있었다. 또한 기본조약을 실천하기 위한 후속 협상에서 동독 주민의 자유와 인권개선에 기여할 수 있는 제도를 정착시키기 위해 노력했다. 둘째, 기본조약의 위헌소청에 대해 연방헌법재판소는 인권의 중요성을 재확인했다. 즉, 재판소는 연방정부의 기본법에 입각한 정치적 행위에 대해 위헌 여부를 판결할 수 없기 때문에 소청을 기각하지만, 기본조약의 해석과 실천은 철저하게 서독 기본법에 적합하게 이뤄져야 한다는 점을 분명히 밝혔다. 특히 당시 동·서독 국경선에서 벌어지고 있는 동독의 행태 — 예컨대 장벽과 철조망 구축, 지뢰 및 중화기 설치, 탈출자에 대한 총격 명령 — 는 인권을 중시하는 기본법과 합치하지 않음을 지적했다 (Zeitler, 1976: 191~193). 셋째, 보수세력은 동독이 가입한 국제인권협정들, 즉 유엔국제인권협약과 '헬싱키 선언'을 근거로 대동독 인권개선 요구를 강하게 밀어붙일 수 있었다. 국제사회의 일원이 된 이상 동독 정권은 국제여론에 민감했기 때문에 과거와 달리 인권개선 요구를 모른 척할 수만은 없게 되었다.

1970년대 발전했던 내독관계의 속도와 비교하면 동독 주민의 인권개선은 분명히 더디기만 했다. 이와 관련하여 서독 사회의 보수와 진보세력 사이에는 갈등이 끊이지 않았고, 때때로 논쟁이 야기되기도 했다. 기본적으로 보수세력은 서독의 기본법을 잣대로 동독의 자유와 인권문제를 바라보았으며, 문제를 해결하기 위해서 동독 체제를 근본적으로 변화시켜야 한다는 입장을 취했다. 사민당도 긴장 완화를 위해 자유와 인권을 희생시킬 수 없다는 근본적인 문제의식에는 동의하지만, 서독의 기준으로 동독의 자유와 인권문제에 접근하는 것은 비현실적이라고 판단했다. 대신에 인권문제에 대한 상호 대화를 지속함으로써 동독의 자유화와 인권개선의 길을 점진적으로 모색해야 한다는 생각을 유지했다(Wiemer, 1986: 958). 이처럼 보수와 진보 세력 사이에 인권문제에 대한 원론적 시각 차이는 크지 않았으며, 다만 방법론의 측면에서 입장 차이가 두드러졌다.

보수와 진보의 의견이 달랐지만 방법론적으로 동독인권개선의 가시적 성과를 얻기 위해서는 내독관계의 유지와 확대 이외에 다른 대안은 없었다. 이는 1982년 다시 정권을 잡은 보수정당이 그들이 비판했던 브란트의 신동방정책 및 독일정책적 근간을 이어받았다는 사실에서 단적으로 입증된다. 결국 1970년대 동독 인권문제를 둘러싸고 보수와 진보세력 사이에 두드러졌던 방법론적 차이조차도 1980년대에 들어와서는 현저히 좁혀지게 되었다.

2) 서독 인권단체의 활동과 구조적 한계

동독 인권문제로 간주될 수 있는 구체적 사안과 관련하여 이미 4대 전승국의 점령통치 시기부터 서독 민간단체들은 주목하고 있었으며, 부분적으로 문제를 해결하기 위한 실천 노력이 있었다. 특히 동독 주민의 탈출 지원, 탈출자의 정착 지원, 동독 정권의 인권침해 및 정치적 박해에 대한 법률적 구조 모색 같은 활동이 대표적이다. 그러나 이들 단체는 순수한 의미의 인권단체라기보다 종교단체, 반공단체 그리고 법조인의 자발직 보임과 같은 성격을 띠었으며, 주로 1950년대 서베를린을 중심으로 활동을 전개했다. 1960년대에 들어와 동독 탈출자나 이주자에 대한 정부 차원의 제도가 점진적으로 완비되면서 이들의 역할은 현저히 줄어들었다.

냉전시기 서독의 인권단체 활동은 국제적으로 명성이 높았다. 특히 1960년대 후반에는 회원 수와 예산 등 규모 면에서 미국을 능가했으며, 1970년대에 이르러 세계에서 가장 큰 규모를 자랑했다(Wildenthal, 2004: 1). 서독의 대표적 인권단체로는 '독일인권연맹(Deutsche Liga für Menschenrechte)', '국제사면위원회(Amnesty International) 독일 지부', '인도주의연합(Humanistische Union)' 등을 들 수 있다. '국제사면위원회'와 '인도주의연합'은 1961년 창립되어 정치 이념을 초월한 국제인권운동을 주도해오고 있다. 이와 달리 독일인권연맹은 패전 직후부터 점령 지역의 곳곳에서 활동하기 시작한 인권단체였다. 사실 이 단체의 기원은 1차 세계대전 이전으로 거슬러 올라간다. 설립 초기부터 연맹은 정치 이념을 초월한 순수 인권문제를 다루었고 반나치 운동에 가장 적극적이었기 때문에 나치가 집권한 직후 지도부는 나치의 탄압을 피해 국외로 망명할 수밖에 없었다.

전후 독일인권연맹의 재건 과정은 패전과 점령통치의 혼돈 속에서 혼선을 겪었다. 전쟁이 종식되었음에도 기존 연맹의 지도부가 귀국을 거부하는 가운데 지역의 곳곳에서 연맹의 구회원들이 자발적으로 연맹을 재건하는 데 관심을 보인 반면, 과거와 아무런 인연이 없었던 새로운 인물들이 연맹 재건에 뛰어들면서 논쟁과 분열이 반복되었기 때문이다. 논쟁과 분열은 크게 세 가지 문제를 중심으로 전개되었다(Wildenthal, 2004: 5~19).

첫째, 연맹의 활동노선에 관한 것이었다. 2차 세계대전 이전 원래 연맹의 노선은 특정 정파를 지지하거나 민족주의를 지양하고 세계정부를 지향했으며, 단지 인권문제를 공론화함으로써 인권에 관한 여론을 조성하는 데 주력했던 반면, 재정이 소요되는 인도적 지원 활동과는 거리를 두었다. 인도적 지원이나 자선사업은 연맹이 재정 지원자에게 종속될 위험성을 내포했기 때문이다. 이에 비해 종전 직후 기존 연맹과 아무런 인연도 없으면서 가장 활발하게 재건운동을 주도했던 디에쯔(H. Dietz)라는 인물은 민족주의 및 반공주의적 지향성과 자선 활동을 통해 연맹의 세력을 넓히는 전략을 추진했다. 즉, 동유럽으로부터 추방된 독일인의 귀환권 요구, 소련으로부터 독일의 전쟁포로 석방 촉구, 추방 독일인과 전쟁포로를 위한 자선사업을 실시했다. 심지어 재정을 확충하기 위한 사업까지 추진했고, 청소년들의 펜팔을 통해 후원운동을 전개했다. 그러나 디에쯔는 1947년경 나치의 동조자였다는 의혹과 자신의 이익을 추구하기 위해 연맹 활동을 활용했다는 의심을 받으면서 지도적 지위를 상실하게 되었다.

둘째, 동독 지역의 인권문제에 대한 연맹의 입장을 둘러싼 견해 차이였다. 연맹의 재건 과정은 지역 곳곳의 지부가 먼저 결성되는 방식으로 이뤄졌다. 이 과정에서 베를린이 소련군정을 거부하여 지부를 결성하는 데 어려움을 겪는 우여곡절 끝에 1948년 서베를린 지역에 지부가 만들어졌다. 동·서독 정부 수립 이후 연맹은 서독을 중심으로 보편적 인권선언과 유엔선언을 기반으로 인권 활동을 전개했으며, 우선적으로 과거 나치의 범죄를 객관적으로 집대성하는 작업에 매진했다. 그렇지만 분단의 현실을 외면할 수는 없었다. 1949년 11월 전국 연맹재건 총회에서 동독 지역의 인권상황에 대한 대응 방식을 둘러싸고 격렬한 토론이 벌어졌다. 상당수의 회원들은 동독 지역의 집단수용소, 강제노역 등을 나치즘과 비교했으며, 동독 지역의 정치범을 나치의 정치적 희생자와 동일시했다. 이에 반해 국제주의자들은 서방 진영에도 인권문제가 전혀 없지 않기 때문에 소련 진영에 대한 비판이 쉽지 않았다는 주장을 내세웠다. 물론 진정한 평화 및 인권운동은 서방 세계에서 가능하다는 인식은 공유했다. 이들은 과거 청산 없이는 반공도 없다는 점을 강조했다. 문제는 소수의 독일인만이 그러한 자격을 갖추었을 뿐이라는 사실이었다. 결국 동독 지역의 인권침해에 대한 대응 방식 논쟁은 새로운 회원을 확보하기 위한 기회를 제공함과 동시에 연맹 분열의 씨앗이 되었다.

셋째, 1961년 마침내 연맹을 분열에 이르게 했던 동독 탈출자 지원 여부를 둘러싼 갈등이다. 연맹은 1949년 동독 탈출자 담당 부서를 마련했다. 1953년 동독 노동자 봉기를 전후하여 엄청난 수의 탈출자가 서베를린으로 몰려오는 상황에서 담당 부서 책임자였던 괴쯔 부부(Afred & Annelisese Goetze)는 탈출자에 대한 인도적 지원 차원에서 숙소를 건립하고, 서베를린 시 당국, 노조, 상공회의소 등으로부터 재정지원을 받았다. 그러나 이들 부부는 과거 나치 친위대와 연관이 있고, 동독 정보국(Stasi)과 프랑스 첩보기관에 연루되었다는 것뿐만 아니라 공금 횡령의 의혹을 받았다. 이들은 연맹 본부의 감사를 받았지만, 일부 연맹 지도부의 비호 아래 면죄부를 받았다. 그럼에도 의혹이 완전히 해소되지 못했고, 오히려 연맹 지도부의 분열이 발생했다. 더욱이 1959년에는 연맹에 위장 침투하여 고위직에 올랐던 동독 정보국의 요원이 검거되었다. 이러한 일련의 사건을 겪으면서 연맹은 두 쪽으로 분열되었다. 뮌헨을 기반으로 하는 파벌은 독일인권연맹의 이름을 고수하며 반공노선과 민족노선을 고집했으나, 베를린을 기반으로 하는 국제파벌은 국제연맹으로 명칭을 변경하고 이데올로기적 당파성을 초월하는 활동을 전개했으며, 특히 나치의 만행에 대한 반성과 탈나치 교육에 집중했다. 독일연맹은 1960년대 국제적 긴장 완화와 내독관계의 변화 분위기 속에서 그 역할이 축소되었다. 국제연맹도 그 세력이 확대되지는 않았으나 대중의 도덕적 지지를 받았다. 이후 국제연맹은 정치인, 지식인, 대학 사회와 긴밀한 유대관계를 형성하여 과거 반성과 국제인권에 주안점을 두었다.

독일인권연맹이 분열되던 시점에 탄생한 국제사면위원회와 인도주의연합은 정치 이데올로기를 초월한 인권단체였다. 인도주의연합은 냉전적 대결 구도를 비난하고 다원주의와 열린 사회의 필요성을 강조했다. 이 맥락에서 인도주의연합은 동독의 인권침해에 대해 어떠한 비난도 하지 않았으며, 대신 국제적 차원의 인권문제에 집중했다. 이에 비해 국제사면위원회는 동독에서 일어나고 있는 심각한 인권침해를 무시할 수는 없었다. 국제사면위원회가 처음 주목한 것은 동독의 정치범과 이들에 대한 고문이었으며, 1970년대에는 이에 더하여 서독 이주 신청자와 공화국 탈출자 그리고 군복무 거부자의 구금 및 억압과 같은 인권침해에 주목했다.

국제사면위원회의 활동은 통상 인권상황에 관한 적절하고 신뢰할 수 있는 정보를 얻는 것에서 출발한다. 이를 토대로 인권침해 사안을 채택하고 문제를 해결하기 위한 활동이 본격적으로 시작된다. 1960년대 동독의 폐쇄성 탓에 국제사면위원회는 동독의 인권상황에 대한 정보를 확보하는 데 어려움을 겪었다. 따라서 이 시기 국제사면위원회가 채택했던 사안은 매우 미미했으며, 총 10여 건 정도에 지나지 않았다. 1970년대 동·서독 관계가 정상화되고 동독이 국제사회의 일원이 되면서 다양한 경로를 통해 동독 내부의 정보가 외부로 유출되자 연평균 100여 건의 사안이 채택되었다. 런던의 국제사무국 통계에 따르면, 1989년 동독 체제가 붕괴될 때까지 총 2,107건의 사안이 채택되었다. 그러나 런던사무국의 통계가 때때로 불규칙적으로 집계되었다는 점을 감안하면, 2,000~3,000건 정도가 실제로 채택되었을 것으로 추산된다(Mihr, 2002: 75~76).

이처럼 건수가 적지 않았음에도 동독에 대한 국제사면위원회의 활동은 매우 제한적이었다. 먼저 정보확보 과정에서부터 매우 조심스러웠다. 정치적 논란에 휩싸일 가능성이 있거나 사실을 입증하기 어려운 사안일 경우 더욱 그러했다. 예를 들면, 서독의 잘쯔기터(Salzgitter) 중앙기록보관소(Zentrale Erfassungsstelle)[4]의 자료는 거의 참고하지 않았으며, 특히 고문과 관련된 사안의 경우 과장되거나 허위 보고가 적지 않았기 때문에 조심스럽게 접근했다. 동·서독 국경에서의 총격 사건에 대해서도 국제사면위원회는 분명한 입장을 밝히지 않았다. 철조망에는 이에 대한 경고가 있다는 것이 그 이유였으나, 궁극적으로 위원회의 정치적 독립성을 훼손할 가능성을 우려했기 때문이다. 나아가 동독의 감옥을 방문하거나 정부 대표를 방문하여 인권침해를 조사하고 항의하는 것은 애초부터 불가능했다. 따라서 국제사면위원회는 외부로부터 온 수많은 편지와 항의 서신을 이용해 동독 지도부에 정치범 석방을 요구하고 인권침해 상태를 문의하는 방법을 사용했다. 평균적으로 약 30여 개 국가별 지부(section)가 동독의 인권침해를 관리했다는 점을 염두에 두면, 동독 정부에 배달된 항의편지는 매우 많았을 것이다. 이러한 방식이 과연 어느 정도 성과를 거두었는지를 평가하기는 어렵다. 다만 동독 정권이 국제적 이미지를 관리하는 차원에서 인권침해 공개를 두려워했다는 점을 감안하면, 어느 정도의 영향력이 있었을 것으로 추측할 뿐이다.

이러한 한계 외에 더욱 근본적인 구조적 한계는 국제사면위원회의 '자국 활동(Work On Own Country, WOOC)' 원칙에 기인한다. 즉, 지부는 자국의 인권문제에 직접적으로 개입하지 않는다는 원칙 때문이다. 국제사면위원회는 동독과 서독을 하나의 나라로 간주했기 때문에 서독 지부는 동독 정치범의 인권개선을 위해 효율적으로 행동하기가 어려웠다. 서독 지부는 그 원칙을 매우 창의적으로 해석하려 했으나 어떠한 시도도 본부에 의해 좌절되었다. 이러한 탓에 동독 인권문제에 대한 국제사면위원회의 활동은 동·서독 어디에서도 널리 알려지기 어려웠다. 심지어 동독에서 국제사면위원회는 친동독 정권 조직으로 오해받기도 했다.[5] 어쨌든 국제사면위원회의 서독

---

4) 잘쯔기터 중앙기록보관소에 관해서는 125쪽 이하 참조.
5) 특히 1970년대와 1980년대 동독 정치범의 대다수가 서독으로 이주하길 원했다는 점에서 국제사면위원회 구성원 중 적지 않은 사람들이 이를 진정한 정치적 사안으로 간주하지 않으려 했다는 점도 오해를 가중시켰다(Mihr, 2002: 242).

지부는 동독 인권침해와 관련하여 여러 요구를 받았지만, 분단이라는 특수한 상황이 부여한 구조적 제약 탓에 적절히 대응하기가 애초부터 어려웠다.

이처럼 두 개의 대표적인 인권단체는 동독의 인권상황을 결코 도외시하지 않았지만, 적극적인 역할을 하기에는 여러 가지 한계를 가지고 있었다. 그럼에도 나치의 과오 청산을 비롯한 국제적 인권개선 노력은 서독의 대동독 인권정책이 국제적 신뢰를 확보하는 것은 물론이고 동독 정권을 압박할 수 있는 기반을 확보하는 데 직·간접적으로 기여했다. 정치 이념을 초월한 보편적인 가치를 추구했던 이들 인권단체의 노선은 서독의 인권의식 수준을 고양시켰을 뿐만 아니라 국제사회가 그것의 진정성을 인정하도록 만들었기 때문에 더욱 그러했다.

3. 동독 인권침해에 관한 서독의 판단 기준과 내용

냉전시기 동서 진영의 체제 대결 속에서 인권문제는 정치적 공방의 주요 수단으로 활용되었다. 또한 양 진영의 인권 개념 차이 탓에 1948년 유엔에서 세계인권선언이 채택되었음에도 1966년에야 국제인권협약이 채택되고 1976년 비로소 발효될 수 있었다. 그것도 양 진영의 이해관계를 절충하여 두 개의 협약— '경제적·사회적·문화적 권리에 관한 국제협약(ICESR: A협약)'과 '시민적·정치적 권리에 관한 국제협약(ICCPR: B협약)' — 이 공존하는 형식으로 이뤄졌다. 동서 진영 간의 이러한 갈등 구조는 동·서독에도 그대로 적용되었다.

동독과 같은 사회주의체제는 개인의 자유 내지 인간의 존엄성보다 이를 실현하기 위한 전제 조건인 사회적 기본권을 더욱 중시했다. 즉, 공산당 일당 독재, 사회적 소유권, 중앙계획 경제구조 같은 사회주의적 정치, 경제, 사회질서를 수용할 때 비로소 개인의 자유나 인간 존엄성이 보상될 수 있다는 것이다. 이러한 논리는 시민권 및 정치권을 무자비하게 억압했던 동독 정권 수립 초기를 거쳐 1960년대 체제 공고화 시기의 헌법 개정(1968년)을 통하여 좀 더 세련되게 다듬어졌다. 이에 따르면 사회주의체제에 반대하거나 의문을 제기하는 집회, 결사, 의사표현은 언제든지 규제될 수 있으며, 인권침해로 간주되지 않았다. 동독 정권은 국제적으로 인정을 받은 1970년대 초반 이래로 다양한 법 규정과 체제 이념의 차이를 내세워 자국의 인권실태에 대한 서방의 비난을 수세적으로 방어했다. 즉, 국제인권협약에 허용된 유보 조건들을 내세우거나 내정 불간섭 원칙을 들어 서독의 인권침해 비난을 회피하고자 했다(Weißhuhn, 2000: 252~255 참조). 또한 동독에서는 사회적 기본권이 실현되고 있으며, 현실적으로 부족한 개인적 권리 보장의 문제는 점차 개선될 것이므로 완벽성에 기초한 서방의 요구를 수용할 수 없다는 태도를 보이기도 했다(Ammer, 1985: 948~949). 나아가 서독이 제기한 인권문제에 대해서는 역으로 서독의 실업문제를 겨냥해 '노동의 권리' 또는 부의 불균등 분배에 따른 평등권 문제를 제기함으로써 비판을 희석시키려고 했다(Wiemer, 1986: 957).

그러나 동독은 정부 수립 초기 바이마르 헌법 정신을 지향한다고 표방했으며, 실제로 동독 헌법 제19조는 '인간의 존엄성과 자유에 대한 존중과 보장'을 규정했다. 더구나 1973년 서독보다 먼저 국제인권협약에 가입했으며, 1975년 '유럽안보협력회의(CSCE)'의 창설을 의미하는 '헬싱키 최종 의정서'에 서명함으로써 의정서의 '바스켓III'에 명기된 인권 및 거주·이전 등의 기본적 자유권을 보장해야 할 의무를 가지게 되었다. 따라서 서방 및 서독이 강조하는 시민적 기본권을 전혀 무시할 수 없었다. 이러한 현실 아래 서독 정부와 사회는 단순히 개념 차이만을 부각시킬 수 있는 논쟁을 최소화하는 한편, 동독 정권에 대한 도덕적 압력의 실효성을 높이기 위해 자유민주주의 체제의 잣대보다는 주로 유엔의 국제인권협약이나 헬싱키 최종 의정서와 같은 국제 규범을 기준으로 동독의 인권문제를 제기했다.[6] 이러한 입장에서 동독의 대표적 인권억압 사례를 기본권을 중심으로 정리하면 다음과 같다.

1) 사상, 양심, 종교의 자유 제한

국제인권협약의 시민적·정치적 권리에 관한 국제협약(이하 B협약) 제18조에는 국가안보 및 공공질서 유지를 위한 예외적 경우를 제외하고 모든 사람이 자신의 종교와 세계관에 따라 의사표현 및 행동을 할 권리를 가진다고 명시되어 있다. 동독 정권은 항상 이를 준수하고 있다고 주장했다. 다만 교회에 대해서는 사회주의국가의 주권, 헌법 및 질서를 존중할 것을 요구했다. 실제로 동독 정권은 종교단체에 직접적인 탄압을 자제했다. 그 대신 개인적인 신앙고백 또는 교회의 보호 아래 반체제 활동을 벌이는 인사들을 대상으로 종교의 자유를 침해했다. 구체적 예로서 개신교의 신앙을 공개적으로 고백하는 부모를 가진 자녀들은 고등교육기관에 진학하는 데 불이익을 당했으며, 신앙이 깊은 사람은 교사로 임용되기 어려웠다.

동독 지역은 개신교의 발생지로서 오랜 종교적 전통을 유지했기 때문에 동독 정권은 교회에 매우 조심스러운 태도를 유지할 수밖에 없었다. 또한 국제적 여론 때문에 교회를 박해하는 일은 어려웠다. 따라서 동독 정권과 교회는 어느 정도 협조와 타협을 통해 상호 공존의 길을 모색하고자 했다. 제한적이나마 자율성을 확보한 교회는 평화운동과 환경보호운동 단체의 활동의 보호막 역할을 해주었다. 그러나 체제 저항적 인사 개개인 모두를 동독 정권의 인권침해로부터 보호해주는 것은 불가능했다.

---

6) 이하의 내용은 아메(Ammer, 1983: 949~957)의 내용을 정리한 것이다.

2) 의사표현의 자유 제한

B협약 제19조 2항은 정보의 자유로운 취득과 전파 그리고 의사표현의 자유를 보장하고 있다. 동독 헌법도 의사표현의 자유를 보장한다고 명시(제21조 1항)했다. 그러나 이는 헌법의 기본 원칙, 즉 당의 영도적 역할, 개인과 국가이익의 일치, 동독과 소련의 동맹관계를 전제 조건으로 하는 것으로서 실제로는 국제인권협약에 규정된 의사표현의 자유를 제한했다.

(1) 형법 및 여타 법적 제재

1980년대 초 국제사면위원회의 동독인권실태 보고에 따르면,[7] 매년 약 200명씩 발생하는 정치범 중 약 50%가량이 체제를 비판하는 발언으로 수감되었다. 의사표현의 자유를 침해하는 동독의 법적 조치들을 살펴보면, 동·서독 간 평화운동의 연대를 위한 집회 개최에 대해서 형법의 '국가 반역적 정보·자료 유출' 또는 '불법적 외부인사 접촉' 조항을, 반체제 지식인들의 체제 비판에 대해서는 형법의 '간첩죄'를, 그리고 공산주의 이념의 새로운 분파를 형성하거나 다른 이념을 유포한 경우에는 '반국가적 선동죄'를 각각 적용했다.

(2) 의사표현 자유의 방해 수단

의사표현의 자유 제한으로 가장 직접적인 피해를 받은 이들은 특히 작가들이었다. 동독 정권은 체제 비판적인 작품에 대해서는 사전검열을 실시해 출판을 금지했다. 그러나 국제 여론의 압력 탓에 반체제 내지 저항 작가들을 철저하게 제재하기는 어려웠다. 특히 동독 작가들의 작품이 서독에서 출판

---

[7] 국제사면위원회 독일 지부의 홈페이지는 1970년 초 이후 동독의 인권에 관한 연차보고서를 공개하고 있다. http://www2.amnesty.de(검색일: 2008. 5. 20)

되는 것을 막지는 못했다.

3) 법 규정 및 법적 보호 미비

B협약 제14조는 재판의 공개, 변호인의 선임, 그리고 변호 업무에 대한 피고인의 알 권리를 규정하고 있다. 그러나 정치적 동기에 의한 구금과 형사처벌이 빈번했던 동독에서는 그와 같은 권리가 준수되지 않은 사례가 많았다. 정치범의 경우 심문 과정에서 피의자에 대한 변호인의 접견이 금지되거나 방해받았으며, 비밀경찰의 심문조서 내용이 사실과 다를지라도 피의자는 서명을 강요당했다. 그리고 기소문이나 법적 근거들이 피고인에게 문서로 전달되지 않고 단지 구두로 전달되는 경우도 적지 않았다. 재판이 시작되더라도 공개재판은 형식적이거나 선발된 당 간부 또는 비밀경찰 요원들만이 방청객으로 허용되는 사례가 비일비재했다.

4) 고문, 비인간적 가혹 행위 및 형벌의 자행

B협약 제7조는 고문, 비인간적인 가혹 행위 및 처벌을 무조건 금지하고 있다. 동독은 유엔인권위원회에 대한 보고서에서 가혹 행위나 고문이 동독의 법적·도덕적 기준에 합치되지 않는 것으로서 결코 이뤄지지 않는다고 주장했다. 실제로 동독 행형시설 내의 육체적 고문 및 가혹 행위는 일상적으로 발생하지는 않았으며, 국제적 기준에서 보더라도 심각한 수준은 아니었다. 가끔 가혹 행위에 대한 사례가 보고되기도 했지만, 더 큰 문제는 행형시설이 너무나 열악하기 때문에 서방의 기준에서는 수감생활 자체가 인권침해의 소지를 다분히 안고 있다는 것이다. 고문이나 가혹 행위는 주로 판결 이전의 체포 및 구금 단계에서 발생했다. 특히 정치범들은 비밀경찰에 의해 육체적·

정신적 가혹 행위를 당했으며, 경우에 따라 가족과 친지들을 구속하겠다는 위협 속에서 허위 자백을 강요당했다.

5) 동·서독 간 자유 왕래 및 거주·이전의 자유 제한

B협약 제12조는 국경을 넘는 거주·이전과 자유 왕래에 대한 권리를 명시하고 있다. 다만 국가안보, 공공질서 유지, 국민건강, 공공윤리를 위해서는 이 권리가 제한될 수 있다는 유보 조건을 달고 있다. 동독은 1983년 유엔인권위원회에 제출한 정기보고서에서 거주·이전의 자유권을 기본적으로 보장하고 있으며, 단지 유보 조건들에 상응하여 예외적으로 그 권리를 제한하고 있을 따름이라고 주장했다. 그렇지만 동독 정권이 자행했던 다음과 같은 일들은 B협약 제12조를 명백히 위반하는 것이었다.

(1) 국경 봉쇄 및 차단

동독 정권은 동·서독 국경선에 중화기와 지뢰를 설치하고 국경수비대에게 서독으로 탈출하는 자들을 사살하라고 명령을 내렸다.[8] 동독에서는 탈출 행위가 불법으로 간주되었으며, 특히 1982년에 제정된 국경법을 근거로 총격 사용은 국가안보 및 질서유지를 위해 불가피한 행위로 인정되었다. 1980년대 초반 재집권한 서독의 기민련 정부가 동독에 엄청난 차관을 제공하자 동독 정권은 이에 대한 대가로 국경선에서 자동화기를 철수했지만, 총격 사용은 지속되었다.

---

[8] 이 명령은 1961년 10월 1일 당시 동독 국방장관이었던 호프만(Heinz Hoffmann)이 처음으로 내렸던 것으로 알려져 있다(Sauer & Plumeyer, 1991: 16, 49).

(2) 정치적 형사처벌

'공화국 탈출을 시도한 범죄자'들은 동독 형법 제213조에 의거하여 5~8년 동안 옥살이를 해야 했다. 이들의 숫자는 매년 수백 명에 이르렀으며, 대개 정치범으로 분류되었다. 또한 서독 이주를 신청하는 동독 주민도 박해의 대상이 되었다. 탈출을 도운 자나 알고도 신고하지 않은 자 역시 '반국가적 인신매매죄' 혹은 '불고지죄'로 형사적 책임을 짊어졌다.

공식적 이주 신청자에 대한 박해는 대개 의사표현의 자유 제한과 밀접한 연관성을 가졌다. 이주 신청 자체는 물론이고, 신청이 거부되었을 경우의 이의 제기가 형사적 처벌 대상이었기 때문이다. 예컨대 이주를 위해 서방의 인권단체나 언론기관과 접촉하고 자신의 신상명세 등 문서를 전달한 경우, '국가 반역적 정보 및 자료 유출죄', '불법적인 외부인사 접촉죄' 또는 심지어 '간첩죄'가 적용되었으며, 이주 신청 기각으로 공공기관을 비난하거나 다른 공공기관에 이의를 제기한 경우에는 '반국가적 선동죄'와 '공공기관 비방 중상죄' 등으로 처벌되었다.

(3) 거주·이전을 방해하는 기타 제재

이주 신청자들은 형사처벌을 받지 않더라도 여러 방법으로 제재를 받았다. 즉, 이주 신청서 접수는 물론이고 아예 신청서 양식 교부도 거부당하는 경우가 비일비재했으며, 이주 신청이 받아들여진 경우에도 국가기관의 회유와 협박을 받아야 했다. 협박으로는 직장에서의 해고 또는 자녀들의 상급학교 진학거부 위협 등을 들 수 있다. 또한 이주 신청자들은 일상적 생활에서 통제를 받았다. 동베를린 지역의 체류 금지, 주거 장소의 신고, 직장 변경 및 특정인과의 교류 금지, 동구권을 포함한 모든 외국 여행을 제한하는 특별증명서의 소지 의무 등이다. 특별증명서 소지자는 1984년도 기준으로 약 6만 명에 달했다.

(4) 가족 상봉의 거부 또는 지연

서독으로 탈출한 자, 공식 이주자들은 가족 상봉을 위한 동독 여행이 쉽지 않았다. 1972년과 1982년 두 차례에 걸쳐 동독 당국은 각각 이전의 불법 탈출자들의 동독 국적을 말소하는 법을 제정·공포함으로써 이들의 동독 형사법적 책임을 면해주었지만(Bundesministerium für innerdeutsche Beziehungen, 1973: 125; 1986: 118 참조) 기본적으로 이들의 동독 입국은 사실상 매우 어려웠다. 또한 동독의 정치범 혹은 서독으로 추방된 자들은 자녀 양육권을 박탈당했으며, 이들 자녀들은 강제 입양되는 경우도 다반사였다.

(5) 서독 방문 제한 및 인적 접촉 제한

동독 정권은 동독 주민의 서독 방문을 가능한 억제시킨 것은 물론이고 상호 방문 시 주민 간 접촉을 제한하기 위해 갖은 방법을 동원했다. 예컨대 긴급한 가사 사유로 서독 친척을 방문하려는 주민을 회유하여 여행을 포기하게 하거나, 다수의 동독 주민을 '비밀 소지자'로 분류하여 여행을 금지시켰다. 심지어 교원, 공공기관의 세탁 및 식당 종업원도 비밀 소지자로 분류되었다. 그리고 동독 주민들이 단체로 서독을 방문할 때에는 비밀경찰요원이 항상 동행·감시하여 동·서독 주민 간의 자유로운 접촉을 방해했다.

(6) 추방 및 재입국 거부

동독의 정치범들은 1960년대 초반부터 동·서독 간 석방거래(Freikauf)를 통해 서독으로 추방되었으며,[9] 1970년대 중반부터는 동독의 평화운동 등 반체제 인사들도 본인의 의사에 반하여 서독으로 강제 이주당했다. 동독 기관은 반체제 인사들에게 이주 신청서를 내도록 강요했으며, 이를 거부할

---

9) 정치범 석방거래에 대해서는 레링거(Rehlinger, 1991)를 참조.

경우 형사처벌의 위협을 가했다. 이처럼 추방당한 정치범과 반체제 인사는 물론이고, 탈출자나 공식적 이주자들도 동독을 재방문하는 것이 원칙적으로 불허되었다. 이와 같은 반체제에 대한 철저한 탄압과 추방으로 동독에서는 다른 동유럽 국가와 달리 조직적인 반체제 활동이 거의 불가능했다. 동독에서 반체제 조직은 소련의 개혁정책이 시작된 이후인 1987년에 들어와 비로소 탄생한다.

4. 서독 정부의 대동독 인권정책 사례

분단의 전 시기에 걸쳐 위에서 정리된 동독의 인권침해 사안이 서독의 노력으로 온전히 개선될 가능성은 전무했다고 해도 과언이 아니다. 분단 초기 서독 정부와 사회는 비난 공세와 압박을 비롯하여 다각적인 방법으로 동독 인권문제를 해결하기 위해 노력했지만, 동·서독 관계 정상화 이전에 그 성과는 매우 미미할 수밖에 없었다. 1970년대 긴장 완화 덕분으로 동독 인권문제에 대한 서독의 개입 여지가 확대될 수 있었던 것은 부인할 수 없다. 그러나 서독 개입의 영향력이나 성과에 대한 평가는 예나 지금이나 적지 않게 엇갈리고 있다.

브란트의 신동방정책 및 독일정책은 일방적 비난이나 압박보다는 정치적·경제적 수단을 활용하는 '조용한 교섭'을 통해 동독의 인권침해를 개선하는 방식을 선호했다. 조용한 교섭이란 동독과 서독의 대화 과정에서 인권문제를 포괄적인 의제로 삼아서 실질적 성과를 거두지 못하고 정치적 홍보 수준에 그치는 접근 방식을 지양하고, 구체적 사안에 대해 경제적 대가를 비롯하여 동독 정권이 수용할 수 있는 방식으로 문제해결을 시도하는 것이었다. 그렇지만 인권이라는 원칙의 문제에 대해서 서독 정부가 결코 눈 감은 적은 없었으며, 원론적 차원에서는 항상 동독의 인권개선을 역설했다. 물론 조용한 교섭의 이면에 보수세력의 자유 및 인권개선을 촉구하는 목소리와 국제인권회의에서 동독의 인권실태를 향한 비판들이 간접적으로 동독 정권에 압력으로 작용했던 것도 무시할 수는 없다. 제한적으로나마 그러한 방식은 동독 정권이 인권개선의 가시적 조치들을 취하게 만들었다. 그 배경에는 동독 정권의 실리 계산이 있었으며, 이는 크게 세 가지로 요약될 수 있다. 첫째, 동독 정권은 자신의 국제적 위상을 제고함으로써 국제사회에서 명실상부한 일원으로 인정받을 수 있기를 원했기 때문이다. 둘째, 서독으로부터 경제적 이익을 보장받을 수 있었기 때문이다. 동독은 비단 내독교역뿐만 아니라 비상업적 차원에서도 서독으로부터 경화를 획득할 수 있었다.[10] 서독과의 우편 및 전화 통화료, 통과 도로 및 철로 사용료, 방문객의 비자 신청비, 서베를린의 폐기물 처리비, 국경 지역의 환경보호 관련 비용 등은 고정된 비상업적인 이익의 대표적 예다. 더욱이 동독은 서독의 요구에 선택적으로 응함으로써 대가성이 강한 서독의 차관도 보장받을 수 있었다. 셋째, 서독 및 서방 세계의 국가 인정을 통해 과거보다 훨씬 자신감을 가지고 내독관계에 응할 수 있게 된 동독 정권은 서독을 방문하는 동독 주민에 대한 통제를 완화함으로써 체제에 대한 주민들의 불만을 부분적으로 해소하려고 했기 때문이다. 이는 일종의 사회적 통풍효과를 노린 것이라고 말할 수 있다.

---

[10] 통일 전에 동독은 총 대외교역에서 차지하는 내독교역의 비중이 평균 7~8%라고 공식 발표했지만 실제로는 훨씬 높았으며, 1980년대 후반에는 평균 약 20%에 육박했던 것으로 통일 후에 밝혀졌다. 또한 일부 경제학자들은 동독 붕괴 당시 약 680억 달러에 이르렀던 총 외채 규모와 경제체제의 비효율성을 근거로 들어, 서독의 경제지원이 없었다면 통일이 되기 10년 전에 동독 경제는 벌써 파산했을 것이라고 말한다(Gumpel, 1995: 1).

그러나 냉전이 지속되는 한, 동독 정권의 자유와 인권억압 문제를 해결하기 위해 서독 정부가 개입할 수 있는 여지는 매우 제한될 수밖에 없었다. 내독관계가 본격적인 발전 궤도에 올라섰던 1970년대 후반, 동독의 저명한 반체제 인사들은 내독관계 정상화 이후에도 동독의 인권상황이 결코 개선되지 못했다는 사실을 서독 사회에 폭로하기도 했다.[11] 이러한 한계를 인정하더라도 서독의 대동독 인권정책이 아무런 의미가 없었다고 말할 수는 없다. 독일 통일의 과정에서 보듯이 중·장기적으로, 또 누구도 의도하거나 예상하지 못했던 방식으로 동독 체제에 직·간접적인 영향력을 발휘했고 변화를 촉진시켰기 때문이다. 이를 고려하여 서독 정부가 실천했던 '조용한 교섭'의 방법과 수단 그리고 그것의 성과들을 주요 개별 사안을 중심으로 정리해볼 것이다.

1) 동독 정치범의 석방거래

1963년부터 동·서독 당국은 동독 정치범의 석방거래를 비밀리에 추진했다(Rehlinger, 1991: 9~67).[12] 점령통치 시기부터 서독 지역의 민간단체들은 소련의 점령 당국에 의해 전범 혹은 반사회주의적 행위로 재판을 받은 동독 지역의 정치범들을 석방시키기 위해 노력했다. 서독 정부는 1955년

---

[11] 루돌프 바로(Rudolf Bahro)의 『대안: 현존 사회주의 비판을 위해』(1977)와 주간지인 ≪슈피겔(Der Spiegel)≫에 발표된 로베르트 하베만(Robert Havemann)의 동독 실상 고발문서 「연방 민주공산주의자들의 공표(Manifest)」는 서독 사회에 커다란 반향을 일으켰으며 사민당 정부를 곤욕스럽게 만들었다(Hacker, 1992: 297).

[12] 레링거(Ludwig A. Rehlinger)는 서독 측 최일선에서 초기 정치범 석방거래를 담당했던 인물로 1963년 전후의 모든 협상 및 거래에서 주도적 역할을 했다.

전독문제성(내독성의 전신으로 1969년 개칭) 산하에 '사법보호국'을 창설하여 본격적인 활동을 벌였다. 이 부서는 동독 변호사와 연계하여 동독 형사법정에서 이뤄지는 재판 과정은 물론이고 사면 신청에 이르기까지 정치적 박해를 받는 정치범의 법률적 구조에 주력했다. 이 과정에서 1962년 동독 정권이 물질적 대가를 조건으로 정치범의 석방 용의를 서독 측에 타진해옴에 따라 본격적인 동독 정치범 석방거래가 이뤄지게 되었다. 서독 당국에서는 전독문제성의 장관과 몇몇 담당자만이 거래에 참여했으며, 동독 측에서는 검찰청과 비밀경찰의 연계 속에 검찰총장이었던 쉬트라이트(J. Streit)가 책임자였으나 직접 나서지 않고 대리인을 내세워 모든 협상이 진척되었다. 동·서베를린에서 변호사 자격을 동시에 인정받은 포겔(W. Vogel)[13]이 그 대리인으로 활약했으며, 그의 역할은 1989년 통일 때까지 지속되었다.

정치범 석방거래는 정부의 공식 차원이 아닌 변호사를 통한 거래였기 때문에 양국 간의 정치적 관계에 큰 영향을 받지 않을 수 있었다. 1963년 말 거래 조건에 대한 어려운 협상 끝에 동독 정치범 8명이 베를린을 통해 서독으로 넘어왔으며, 첫 거래에서는 동독 측의 요구에 따라 34만 DM이 현금으로 지불되었다. 그러나 이후 계속되는 대규모의 정치범 석방에 대한 대가를 비밀리에 조성하여 전달하기가 불가능했기 때문에 양측은 새로운 지불 방법을 모색했고, 대안으로 서독 개신교가 동독 개신교단에 원조하는 통로를 이용하기로 합의를 보았다. 교회 사업으로 위장된 정치범 석방거래는 1964년과 1965년에는 상당액의 현금과 동시에 일부 열대과실들로 지불되었으나, 이후에는 주로 석유를 비롯한 천연자원과 일부 서독 공산품이 대가로 제공되었다.[14] 석방거래가 시작된 이래 통일이 실현되기까지 그러한

---

[13] 포겔은 1970년 최초의 동·서독 정상회담을 성사시키는 과정의 배후에서도 중요한 역할을 담당했으며, 1989년 제3국을 통한 동독 주민의 대규모 망명문제를 교섭하는 과정에서도 동독 측의 법적 대리인으로서 커다란 활약을 보였다.

방식으로 정치범 총 3만 3,000여 명이 서독으로 넘어왔다. 한 가지 특기할 것은 정치범 석방거래는 동독의 위신을 고려하지 않으면 지속되기 어려웠던 만큼 비밀리에 추진되었고, 서독 언론도 뒤늦게나마 이에 대한 정보를 얻었으나 비밀을 유지하기 위한 필요성에 공감했기 때문에 인도적 차원에서 보도를 자제했다는 사실이다.

2) 이산가족의 재결합

독일에서 이산가족문제는 1961년 베를린 장벽의 구축으로 크게 부각되었다. 베를린 장벽 때문에 가족을 남겨둔 채 서베를린 혹은 서독으로 일자리를 찾아왔던 많은 동독 주민이 가족과 생이별하게 되었기 때문이다. 따라서 서독 정부는 이산가족의 재결합 차원에서 동독 주민의 서독 이주[15]에 지대한 관심을 쏟았다. 동독에 가족을 남겨둔 채 서독으로 넘어온 자들은 먼저 적십자사를 통하여 남은 가족의 서독 이주를 시도했지만 결국 실패하고 말았다. 동독 당국이 노동 능력 또는 전문 지식을 갖춘 이들의 동독 귀환을 촉구하며, 잔류 가족의 이주를 거부했기 때문이다. 이러한 상황에서 서독 당국이 취한 대응은 크게 두 가지였다.

---

14) 개신교를 통한 동·서독 간의 물품 이전은 크게 A형 사업과 B형 사업으로 구분되며, B형 사업이 정치범 석방거래 대가를 위장한 것이다. 1960년대 말부터는 여기에 이산가족의 재회를 위한 대가도 포함되었다(Volze, 1991: 62~66).
15) 이산가족의 재결합 문제는 동독 정권의 일반적 이주정책과는 성격이 다르다. 동독은 1962년 7월부터 노동력이 없는 연금 수혜자의 서독 이주를 선별적으로 허용하기 시작했다. 그 결과 매년 1만여 명에서 3만여 명이 서독으로 이주할 수 있게 되었다. 이러한 정책에는 서독으로 탈출하려는 동독 주민의 욕구를 진정시키려는 동독 정권의 의도가 숨어 있었다(Ammer, 1989: 1207; Wendt, 1991: 390).

첫째, 정부가 직접 나서지 않고 서베를린 시 당국이 동독 정부와 협상을 추진하여 제한된 기간이나마 베를린 지역에 국한된 이산가족의 방문을 가능케 하는 '통과사증협정(Passierscheinabkommen)'을 체결했다. 1963년 12월 제1차 통과사증협정 이후 1966년 3월까지 총 4회에 걸쳐 체결된 통과사증협정으로 서베를린 주민은 허용된 기간 내 하루 동안 공휴일을 이용해 동베를린을 방문할 수 있었고, 긴급한 가사문제의 경우에는 그 기간 중 언제라도 동베를린의 가족을 방문할 수 있게 되었다. 여기서 주목할 것은 기민련 정부의 정파 이익을 뛰어넘은 정치적 결단이다. 통과사증협정은 당시 서베를린 시장이었던 브란트의 주도하에 이뤄졌지만, 당시 기민련이 이끌던 서독 정부는 인도적 사안의 필요성을 인식함으로써 동독에 대한 경제적 원조 가능성을 언급하는 등 서베를린 시 당국의 결정을 지원했다.16) 둘째, 서독 정부가 나서서 정치범 석방거래선을 활용하여 남겨진 가족, 특히 자녀들의 서독 이주를 은밀하게 추진했다. 그 결과 1964년 어떠한 물질적 대가 없이 2,000여 명의 아이들이 서독으로 이주할 수 있었다(Rehlinger, 1991: 69~70). 이러한 동독 정권의 호의는 당시 서독이 동독에 시행한 경제적 혜택 보장과 직·간접적으로 연관되어 있다. 당시 동·서독 간에는 장기 융자와 관련한 협상이 진행 중이었고, 1965년 4월 서독은 처음으로 동독 회사에 장기 융자를 제공했다.

1965년부터는 정치범 석방거래로 동독에 남겨진 가족의 서독 이주도 협상의 대상이 되었다. 헤어진 부부는 물론이고, 약혼관계에 있는 자, 그리고

---

16) 당시 사민당을 주축으로 하는 서베를린 시 당국과 연방정부의 입장은 통과사증협정이 인도주의적 차원에서 불가피하다는 것이었으나, 당시 서독의 기민련 우파와 기사련은 통과사증협정이 동독의 국제법적 지위를 증진시키는 데 기여하며, 또 동독의 의도가 관철될 수 있다는 점에서 반대 의사를 분명히 했다. (Bundesministerium für innerdeutsche Beziehungen, 1985: 977).

부모 중 한 명에게 남겨진 아이들의 추가 이주에 대한 협상이 진전되면서 1965년부터 1970년까지 약 2,700여 명이 서독으로 이주할 수 있게 되었다. 이 시기 동독 정권은 부부가 각각 동·서독에 떨어져 살게 됨으로써 부모 중 어느 한 편과 함께 동독에 남은 약 800~1,000명의 아이들에게 생계비를 지원할 것을 서독 측에 요구했다. 그러나 당시 동·서독 간에 일반적 외환거래가 불가능했기 때문에 이 요구는 실현되지 못하다가, 1969년 초 특별 협상을 통해 약 500만 DM에 이르는 생계비가 동독 측에 지불되었다. 이 과정에서 약 250명의 아이들이 추가로 이주할 수 있었다(Bundesministerium für innerdeutsche Beziehungen, 1985: 638). 이러한 방식으로 통일에 이르기까지 이산가족 약 25만 명이 재결합할 수 있었다.

3) 동독 주민의 거주·이전 및 여행의 자유 확대

(1) 탈출한 동독 주민에 대한 지원

1949년 동·서독 정부의 수립 이후에도 양 지역 주민 간에 상호 방문은 가능했다. 점령 시기에 각 지역의 점령군 행정 당국이 발부했던 '점령지역 간 여행증명서' 제도가 정부 수립 이후에도 지속되었기 때문이다. 서독 정부는 민족의 동질성을 유지하기 위해 양 지역 주민들의 상호 방문을 적극 권장하고 활성화시키려 노력한 데 반해, 동독 당국은 상호 통행을 다양한 형태로 통제했다. 통제의 주원인은 주민의 탈출이었다. 1950년대 동독 주민의 탈출은 노동력 감소를 우려할 정도로 대규모였다. 동독 주민의 여행 통제는 1953년 6월 동독 노동자 봉기를 계기로 약간 완화되었다. 이에 따라 1954년에서 1957년까지 매년 동독 주민 약 250만 명이 서독을 방문할 수 있었다. 그렇지만 이들은 대개 노동력이 없는 연금 수혜자들이었으며, 모두 동독 주민에게 여행이 허용된 것은 아니었다. 따라서 동독 주민의 탈출은 계속되었고, 동독 정권은 다시금 여행 통제를 강화했다. 베를린 장벽을 구축한 것도 주민들의 탈출을 막기 위한 방편이었다.

동독 주민의 탈출에 대한 서독의 입장은 크게 두 측면에서 뚜렷이 드러난다. 첫째, 서독 당국은 동독 주민의 탈출을 돕는 서독 주민의 행위를 위법으로 간주하지 않았다(통일원, 1993: 286~290). 특히 베를린 장벽 설치 이후 인도적 차원에서 서베를린 주민들은 위험을 무릅쓰고 동베를린 주민의 탈출을 무상으로 지원해왔다. 1970년대 초 통과교통협정이 체결된 이후에도 동·서독 통행로를 이용한 탈출이 이뤄졌다. 이 과정에서 동독 주민이 탈출 지원의 대가로 서독 주민 혹은 단체들에게 돈을 지불하는 계약 행위가 빈번히 발생했다. 동독 당국은 이를 인신매매라고 비난하며, 협정을 악용하는 서독 주민 혹은 단체의 활동을 중단시키라고 서독 정부에 요청했다. 서독 정부는 기본법에 보장된 거주·이전의 자유를 보장하는 관점에서 탈출 지원을 불법으로 간주하지 않았다. 또한 연방대법원도 통과교통협정은 개인의 권리·의무가 아닌 양독 간 국가관계를 규정한 것이기 때문에 탈출 지원이 법적 금지사항이 될 수 없다고 판결했다.

둘째, 서독 정부는 국적법을 근거로 동독으로부터 탈출·이주한 주민이 서독 시민권을 향유할 수 있는 기반을 제공함으로써 동독 주민이 지속적으로 탈출과 이주를 결심하는 데 적지 않은 영향을 미쳤다. 동독 주민의 탈출 및 이주 사유는 정치적 자유, 경제적 풍요, 일상생활의 억압으로부터의 해방 등으로 다양했지만, 만약 서독 사회에 정착하여 안정된 삶을 향유할 수 있다는 미래에 대한 확신이 없었다면, 탈출 및 이주에 대한 열망이 그렇게 높지 않았을 것이기 때문이다. 1950년 제정된 서독의 '긴급수용법'은 그와 관련한 대표적인 법적 제도다. 이 법은 애초 탈출자를 지원한다는 차원에만 머문 것이 아니라, 양 독일 간의 정치적 문제와 전후 서독의 사회경제적 어려움을 감안하여 동독으로부터 탈출자가 지나치게 유입되는 것을 적절하게 규제하는 데 있었다. 물론 법 규정의 적용 대상이 아닌 탈출자들이 동독으로 추방된 것은 아니다. 이들은 정부의 보호를 받는 대신 사회구호단체들로부터 보호를 받았다. 베를린 장벽 설치와 더불어 분단이 극복될 가능성이 요원해지면서 서독 정부는 1961년 긴급수용법을 개정하여 탈출자들의 불법 체류를 더 이상 문제시하지 않았다. 또한 시행령이 개정되어 수용 절차도 선별적 허가 방식에서 단순한 신고 및 기록 방식으로 바뀌었다. 따라서 탈출·이주자들은 서독 기본법이 정한 모든 시민권을 향유할 수 있었다(통일원, 1994: 286~292 참조).

(2) 동독 주민의 서독 여행 확대

기본조약이 체결되기 이전에 서독의 거주·이전 및 여행 자유화 요구에 대한 동독 정권의 소극적이지만 긍정적인 대응 — 연금 수혜자의 친지방문 허용 및 공식적 이주 허가, 통과사증협정 등 — 이 주로 서독의 동독 불인정 정책을 극복하기 위한 의도에서 비롯된 것이라면, 기본조약 체결 이후의 대응은 좀 더 복잡한 원인을 갖는다. 동독 정권은 가능한 한 동·서독 주민들의 접촉을 억제하는 소위 '차단정책'에 역점을 두었지만, '헬싱키 최종 의정서'에 명시된 인적 접촉, 가족 만남, 여행의 자유 등을 위배한다는 국제적 비난을 모면하는 동시에 서독으로부터 포괄적인 경제적 이익을 확보하기 위해 불가피하게 과거보다 진전된 조치를 취했다.

1970년대 동·서독 간에 체결된 통행조약과 기본조약은 동독 주민의 서독 방문에 긍정적인 파급효과를 미쳤다. 이전과 마찬가지로 서독 방문은 대부분 연금 수혜자들만이 누릴 수 있었다. 그러나 방문 기간이 대폭 확대됨으로써 이들은 1년에 총 30일 한도 내에서 한 번 혹은 여러 번 서독을 방문할 수 있게 되었다. 한 가지 새로운 변화는 1972년부터 동독 당국이 일반 주민도 긴급한 가사문제로 서독을 방문할 수 있게 허용했다는 것이다(Bundesministerium für innerdeutsche Beziehungen, 1986: 125).

    1980년대 초 국제적 신냉전으로 동독 주민의 서독 방문은 감소했다. 그러나 1983년에 들어오면서 신냉전 분위기가 호전되고, 또 서독 정부의 대동독 차관이 약속되자 동독 정권은 인적 교류에 대한 직·간접적 규제를 완화했다. 1984년부터 일반 동독 주민이 서독의 친지를 방문할 수 있게 되었으며, 방문 가능한 일수도 연간 총 30일에서 60일로 연장되었다. 여기서 특기할 사항은, 대개 긴급한 가사 사안이 주류를 이루기는 했지만, 1986년부터 연금 수혜자가 아닌 동독 주민의 서독 방문이 이전에 비해 급격히 증가(약 5배)하기 시작했다는 것이다. 1987년 이후 그 수는 더욱 증가하여 매년 120만여 명에 이르렀으며, 이를 포함하여 1987년 서독을 방문한 동독 주민의 수는 총 380만여 명에 달했다(Süß, 1989: 296). 여기에는 비단 긴급한 가사 사안 이외에도 청소년 교류의 확대, 도시 간 자매결연, 문화협정체결 등이 적지 않게 기여했다. 그러나 이러한 규제 완화에도 연금 수혜자를 제외한 동독 주민의 서독 방문은 1년에 1회로 제한되었다.

    동독 당국이 동독 주민의 서독 방문에 규제를 완화한 것은 내독관계의 진전이라는 차원일 뿐만 아니라 동독 주민의 서독 이주라는 열망의 부산물이기도 하다. 서독 이주를 희망하는 주민 수가 증가하면서 1984년에는 약 3만 5,000명이 서독 이주를 허가받았다. 그러나 이 숫자는 수십만 명에 달하는 신청자에 비하면 미미했으며, 허가를 받지 못한 자들 중 몇몇이 동독 주재 미국 대사관과 서독 상주대표부에 난입하는 사태도 발생했다. 대부분 연금 수혜자들에게 이주 허가가 발급되었던 전례와 달리 1984년 이주자들의 4분의 3은 18세에서 39세에 달하는 노동인구였으며, 그중에서도 3분의 1은 고졸 이상의 학력이었다(Plock, 1993: 73). 이주 신청자가 쇄도하자 다시금 1950년대의 인구 및 노동력 감소라는 망령에 사로잡힌 동독 정권은 1987년까지 이주 허가를 재차 규제하기 시작했다. 그 대신 동독 주민의 서독 방문 허가를 확대함으로써 이주를 억제하려는 정책을 채택했다. 그러나 동독 정권이 개혁을 완고히 거부하는 한, 그러한 조치만으로 동독 주민의 불만이 근본적으로 해소될 수는 없었다. 특히 소련 개혁정치의 여파가 1987년경부터 반체제 세력의 조직화로 나타나는 가운데 동독 정권의 반체제 조직 탄압과 이주 허가 통제는 1989년 여름 동독 주민의 제3국을 경유한 대규모 탈출과 나아가 평화시위를 유발했고, 종국에는 동독 체제의 붕괴와 독일 통일로 이어졌다.

4) 동독 정권의 인권침해에 대한 감시

동·서독 정부의 분리 수립 직후부터 서독에서는 동독 정권의 인권침해 및 정치적 박해를 서방 세계에 고발하고, 동시에 인권침해에 대한 법률적 구조의 가능성을 모색하려는 민간단체가 결성되었다. '자유 법조인들의 조사위원회(UFJ)'라고 명명된 이 단체는 서베를린을 중심으로 활동했다(Sauer and Plumeyer, 1991: 31~33). 이들의 활동은 동독 정권으로부터는 간첩 행위로 비난받았으며, 또 동독을 실체로 인정하려는 좌파 정치인들로부터도 환영받지 못했다. 순수하게 민간 차원에서 운영된 이 단체의 활동은 1961년 베를린 장벽이 구축된 직후 당국 차원의 기구 설립으로 더욱 보강될 수 있었다.

1961년 10월 개최된 서독 및 서베를린의 법률장관 회의에서 함부르크 시의 기민련 지역당수였던 블루멘펠트(E. Blumenfeld)가 제안하고 당시 서베를린 시장이었던 브란트가 동의함으로써 '동독 정권의 인권침해에 관한 중앙기록보관소'의 설치가 결정되었다. 이에 따라 중앙기록보관소는 같은 해 11월 동독과 가장 긴 국경선을 맞대고 있는 니더작센 주의 주법무성의 관할 아래 잘쯔기터 시에 설치되었다. 설치 초기 주요 업무는 국경선에서 발생하는 폭력 행위에 국한되었으나, 점차 업무의 영역을 넓혔다. 1960년 말부터는 ① 거주·이전의 자유 또는 인간의 존엄성을 무시한 채 정권의 목적을 달성하기 위해 명시적 내지 묵시적으로 이뤄진 모든 형태의 살인 및 상해, ② 인간의 기본권과 합치하지 않는 형벌로서 정치적 이유에서 행해지는 폭력적 판결, ③ 수사 및 기소 과정 또는 수감 중에 자행된 인권침해 등의 부당 행위로서 동독의 정치 폭력적 체제 특성을 여실히 드러낸 모든 사안, ④ 형법 제220조(살인), 제234조(납치), 제241조(정치적 혐의)에 적용되는 형사사건 등을 조사·기록하는 것으로 확대되었다(Sauer & Plumeyer, 1991: 23~28).

중앙기록보관소의 조사는 크게 여섯 가지 수단을 활용하여 이뤄졌다. ① 연방국경수비대의 현황보고서, ② 동독 언론매체의 분석, ③ 피해자나 증인들의 개인적 증언 심사, ④ 주 및 연방정부 당국의 조회 요구와 정보의 분석 및 심사, ⑤ 석방거래된 정치범 및 이주자들의 임시 거주지인 기센(Gießen) 소재 연방수용소에서의 정보 수집, ⑥ 동독 인민군으로서 귀순한 자들의 설문조사 등이다(Sauer & Plumeyer, 1991: 34~39).

중앙기록보관소의 활동 역시 동독 정권으로부터 많은 비난을 받았으며, 또한 동독을 인정해야 한다는 사민당 좌파들로부터도 곱지 않은 시선을 받았지만 통일에 이르기까지 총 4만 3,000여 건이 넘는 인권침해 사례와 8만여 명의 관계자 이름을 기록하는 성과를 남겼다. 더구나 1969년 민간단체였던 '조사위원회'가 내독성 산하의 '전독일연구소(das Gesamtdeutsche Institut)'로 편입된 후, 중앙기록보관소는 동독의 인권을 감시하는 중추기관이 되었다. 비록 1970년대 이후 내독관계의 발전으로 이 기관의 활동이 여론에 크게 부각되지는 않았지만, 존재 자체가 동독 정권에 대한 압력으로 작용했으며, 나아가 그 기록들은 통일 이후에 인권과 관련된 과거 청산 자료로 활용될 수 있었다.

5. 시사점

서론에서 언급했듯이 독일 사례는 우리의 문제해결에 필요한 여러 가지 영감과 상상력을 자극하는 데 유용하게 활용될 수 있다. 이 맥락에서 서독의 대동독 인권정책에 대한 개괄적 검토는 의미 있는 대북 인권정책을 수립하고 추진하기 위해 우리가 숙고해야 할 것들을 보여주기에 충분하다.

먼저 생각해볼 것은 인권문제와 분단 현실의 상관관계를 어떻게 이해하고 규정할 것인지에 관한 것이다. 서독과 달리 우리의 정치·사회문화에서 인권의식은 1980년대 후반 민주화와 더불어 비로소 확산될 수 있었다. 물론 이전에도 사회 곳곳에서 인권 및 사회운동단체들이 활동했으나 안보와 경제발전이라는 국가 목표는 인권의식의 사회적 확장을 억제했다. 특히 안보가 반공주의와 직결된 것이라는 점을 고려하면, 우리 사회에서 인권과 분단은 밀접한 상관관계를 맺고 있다고 말할 수 있다. 즉, 냉전시기 분단은 반공주의를 우선시함으로써 보편적 인권의 가치를 상대적으로 억압하는 주요인으로 작용했다.

민주화 이후 지난 20여 년 동안 인권의식이 사회적으로 점차 확산된 것은 분명한 사실이다. 그럼에도 우리 사회의 인권의식은 아직도 반공주의적 안보의 관성력을 쉽게 극복하지 못하고 있다. 국가보안법의 존립은 상징적인 예다. 세계가 탈냉전 시기에 접어들었음에도 한반도에는 냉전적 대결 구도가 완전히 사라지지 않았고, 북한의 대량살상무기 개발은 북한의 도발에 대한 경각심을 지속시키고 있으며, 이에 따라 안보 우위의 현실이 지속되고 있다. 다만 지난 10여 년 동안 남북관계의 발전과 세계화의 큰 흐름 속에서 보수와 진보 그리고 세대 간의 가치 갈등이 대두되면서 우리 사회는 가치 변화의 소용돌이에 휩싸여 있다. 세계화의 보편적 흐름을 보면 인권의 비중이 더욱 증대될 것으로 예상된다.

사실 가치의 측면에서 보면 인권과 북한의 위협 및 방어는 별개다. 그렇지만 우리의 역사에서 양자가 처음부터 서로 얽인 현실을 무시할 수는 없다. 과거 서독도 마찬가지였다. 서독 사회는 과거의 잘못에 대한 반성을 바탕으로 인권문제를 분단문제로부터 독립시킬 수 있었으며, 그러한 노력이 축적되어 서독 사회의 인권의식의 진정성을 확보할 수 있었다. 이에 비해 우리 사회에서는 인권의식이 분단 현실을 극복하지 못하고 있기 때문에 우리 내부로부터도 인권의식의 수준 평가가 그리 높지 못하다. 이러한 상황에서 북한의 인권개선을 요구하는 우리의 목소리가 북한을 포함하여 전 지구상에서 얼마나 큰 반향을 일으킬 수 있을지 의문이다. 따라서 인권문제에 대한 우리 정부나 사회의 관심이 북한을 넘어 우리 사회 전반의 인권 수준을 고양시키는 것은 물론 국제인권문제로 확대될 필요가 있다.

분단 현실을 극복하지 못한 우리 사회의 인권의식은 북한 인권문제에 대한 이해 수준에 그대로 반영되고 있다. 민주화에 편승해 인권의식이 급성장했음에도 그 이전부터 강조되었던 이산가족문제를 제외하면, 인권의 관점으로 북한을 바라보는 시선은 그리 오래되지 않았다. 북한 인권문제는 1990년대 중반 북한의 식량난 악화를 계기로 비로소 우리 사회의 주목을 받기 시작했다.

북한 식량난을 계기로 정부와 민간 차원에서 대북지원이 활성화되었다. 이 가운데 진보적인 대북지원단체들은 기초적 생존을 위한 경제생활조차 힘든 북한 주민의 경제적 기본권에 집중한 반면, 자유적 기본권에 대해서는 침묵했다. 과거 민주화는 물론이고 국가보안법 철폐와 같은 국내의 자유권에 개선을 요구하는 반면, 북한 주민의 자유적 기본권에 침묵하는 것은 모순이 아닐 수 없다. 민주세력을 자부하는 김대중 정부와 노무현 정부 역시 남북관계 발전에 우선권을 두면서 북한 정권을 자극할 수 있는 북한 인권문제는 애써 외면했다. 유엔인권위원회의 북한인권 개선 요구에 대한 표결에서 우리 정부가 수차례 기권한 것은 대표적인 사례다. 이러한 상황에서 북한 주민의 자유적 기본권을 증진하기 위한 프로그램은 거의 실천되지 못했다. 일부 보수세력은 북한의 자유를 외쳤으나, 구체적인 실천 계획이 없었을 뿐만 아니라 햇볕정책이 추진되는 동안 실질적인 힘을 얻을 수 없었다. 북한 인권문제는 오히려 미국의 보수세력을 중심으로 국제문제화되었다. 이에 편승하여 우리의 보수세력도 북한 인권문제에 대해 목소리를 높였으나, 대부분 국내 인권상황에 대해 반성적인 태도가 전제되지 않았던 탓에 자기모순을 노정했다.

이처럼 우리 사회에서 북한 인권문제는 순수한 인권의 차원보다 정치적 맥락에서 인식되고 활용됨으로써 문제의식의 진정성은 물론이고 인권정책 자체에 대한 의구심이 제기될 수밖에 없다. 따라서 우리 정부와 사회는 향후 대북 인권정책의 방향과 틀을 바로잡아야 할 과제를 안고 있다. 이를 위해 일차적으로 필요한 것은 북한 인권문제를 어떻게 구체적으로 규정할 것인지의 문제다. 독일 사례는 이에 대해 중요한 시사점을 던져준다. 즉, 체제 비교의 틀을 벗어나지 못함으로써 정치적 공방이 발생할 수 있는 여지를 최소화하는 방식이 필요하다는 것이다. 과거 서독이 자국의 체제가치 대신 국제 규범을 내세워 동독의 인권문제를 규정하고 구체적 사안에 대한 개선을 촉구했듯이 우리도 북한 인권문제를 국제적 기준에 입각하여 사안별로 문제를 제기하는 것이 바람직하다. 북한은 이미 1981년 국제인권협약에 가입했기 때문에 이러한 접근은 충분히 가능하다.

다만 이 경우에 독일 사례와 상응하지 않는 두 가지 문제가 제기될 수 있다. 첫째, 동독의 경우에는 사례를 찾기 힘든 북한 주민의 경제적 기본권 보장에 대한 문제다. 북한이 만성적 식량난에 시달리고 있기 때문에 경제적 기본권의 보장은 도외시될 수 없다. 근래 대북지원은 개발지원 방식으로 변화하고 있다. 단순한 식량 및 기초 생필품 지원과 달리 개발지원이 성공하기 위해서는 체제 효율성이 전제되어야 한다. 현재 북한의 정치 및 경제체제 아래서 개발지원의 성과는 제한적일 수밖에 없다. 따라서 경제적 기본권에 대한 관심 역시 중·장기적으로 보면 실질적으로 자유적 기본권과 수렴하게 된다. 이러한 사실을 염두에 두면, 북한 주민의 경제적 기본권과 자유적 기본권을 모두 문제해결의 대상으로 삼는 것이 필요하다. 둘째는 국제적 규범을 적용해도 떳떳할 만큼 우리의 인권상황에 자신을 가질 수 있는지의 문제다. 실천과 가치의 양면을 내포하는 인권문제의 경우, 실질적 문제해결 과정은 문제제기의 정당성, 특히 윤리적 측면에 크게 좌우되기 때문에 문제를 제기하는 입장에서는 끊임없는 자기반성이 요구된다. 그렇다면 우리 사회는 현 상황의 인권 지향적 변화를 위해 비판적이고 반성적인 태도를 꾸준히 견지해야 할 것이다.

　북한 인권문제를 규정할 수 있다면, 대북 인권정책을 어떻게 수립하고 추진할 것인지, 그리고 성과를 극대화하기 위한 전략은 무엇인지에 대한 고민이 뒤따른다. 독일 사례에서 보듯이 서독이 다양한 노력을 기울였지만 동독 인권문제는 서독이 의도했던 것처럼 개선될 수 없었다. 동·서독 관계에 비해 훨씬 열악한 남북관계를 감안하면, 과거 서독 정부가 거두었던 정도의 성과를 기대하기도 어려운 상황이다. 더구나 이명박 정부 출범 이후 남북 당국 간 대화가 단절되었을 뿐만 아니라 천안함 침몰 사건으로 남북관계 전반에 먹구름이 덮친 상황에서 아무리 북한 인권문제를 잘 규정하고 문제제기를 훌륭하게 하더라도 실질적 개선을 위한 수단이 없다면, 대북 인권정책은 명분에 그칠 것이다.

　현재의 상황에서는 우선 현실적인 대북정책의 기조를 확립하는 것이 급선무로 보인다. 여기서 유의할 것은 대북 인권정책을 대북 정책기조의 하위 개념으로 파악하지 말아야 한다는 점이다. 과거 서독 정부는 통일을 잠정적으로 포기하고 분단관리정책을 추진하면서 "독일 국민이 분단 상황을 인내할 수 있으며, 동독 주민의 인간다운 삶을 보장하는" 것을 명분으로 내세웠다는 사실에 주목할 필요가 있다. 이러한 명분은 자유와 인권의 개념이 분단 관리를 위한 평화 개념과 조화를 이뤄야 함을 보여주는 것이다.

1970년대 남북대화가 시작된 이래 우리의 대북정책에는 북한의 변화를 촉진하기 위한 평화적 개입(engagement) 의지가 그 비중을 키워왔으며, 세계적으로 냉전이 종식된 이후 그 추세는 더욱 증대했다. 비록 우리 사회 내부에는 평화적 개입의 방법론을 두고 여러 논란이 제기되었지만, 기본적 추세가 부인될 수는 없다. 대북 평화적 개입은 자유주의 원칙이 침범되지 않는 범위 내에서 장기적인 이익을 위해 북한과 상호 호혜적인 타협을 모색하며, 현실주의적 신중함을 참고하여 경제협력과 상호 의존을 확대하는 것을 의미한다. 무엇보다 자유주의 원칙을 북한에 무력으로 강요하기 어려운 현실을 고려해야 하기 때문이다. 패권국가인 미국조차 북한에 무력과 강압적 개입 대신 평화적 개입을 선택했다는 점은 그러한 사실을 여실히 입증한다.

이러한 정책 기조는 제한적이나마 북한 인권문제를 개선하기 위한 평화적 수단을 확보해줄 수 있는 거의 유일한 길이라고 해도 과언이 아니다. 어쨌든 북한 체제가 근본적으로 변화하기 전에 우리의 노력으로 인권문제를 온전히 해결하기 어려운 현실을 염두에 두면, 중·장기적 관점에서 명분과 실리를 모두 겨냥하는 대북 인권정책을 추진해야 할 것이다. 예컨대 명분의 차원에서는 국제 규범에 걸맞게 북한 인권문제를 원론적으로 제기해야 할 것이며, 또 북한 인권문제는 대북 인도적 지원에 대한 적극적 태도와 병행하여 제기되어야 한다. 실리의 차원에서는 정치적 현실을 감안하여 신중하고 유연하게 추진되어야 할 것이다. 특히 대북 인권정책이 진정으로 북한 주민의 인간다운 삶에 도움이 될 수 있어야 하며, 단지 정치적 홍보용으로 비춰지지 말아야 한다. 그리고 남북관계의 현황에 비추어 한동안 '조용한 해결' 방식이 필요할 것이다.

참고문헌

김학성. 1995. 『서독의 분단질서관리 외교정책 연구』. 민족통일연구원.

_____. 1996. 『동·서독 인적 교류 실태 연구』. 민족통일연구원.

통일원. 1993. 『동·서독 교류 협력 사례집』. 통일원.

_____. 1994. 『인권 관련 법규 및 동·서독 사례 연구』. 통일원.

Ammer, Thomas. 1985. "Menschenrechtsverletzungen in der DDR." *Deutschland Archiv*, Nr. 9.

Ash, Timothy G. 1993. *Im Namen Europas: Deutschland und der geteilte Kontinent*. Ulm: Hanser Verlag.

Bender, Peter. 1964. *Offensive Entspannung: Möglichkeiten für Deutschland*. Köln: Kiepenheuer & Witsch.

Bundesministerium für innerdeutsche Beziehungen. 1973. *Die Entwicklung der Beziehungen zwischen der Bundesrepublik Deutschland und der Deutschen Demokratischen Republik*. Bonn: Gesamtdeutsches Institut.

_____. 1985. *DDR Handbuch*. Köln: Verlag Wissenschaft und Politik.

_____. 1986. *Innerdeutsche Beziehungen: Die Entwicklung der Beziehungen zwischen der Bundesrepublik Deutschland und der Deutschen Demokratischen Republik*, 1980~1986. Bonn: Gesamtdeutsches Institut.

Gumpel, Werner. 1995. "Economic Unification Experiences of Germany and Its Implications for the Korean Peninsula." *paper prepared for the 20th Korean-German Conference*. co-organized by IEWS(Yonsei Univ.) & IESESE(Munich Univ.).

Hacker, Jens. 1992. *Deutsche Irrtümer: Schönfärber und Helfershelfer der SED-Diktatur im Westen*. Frankfurt a.M.: Ullstein.

Hanrieder, Wolfram F. Germany. 1989. *America, Europe: Forty Years of German Foreign Policy*. New Haven: Yale Univ. Press.

Jaspers, Karl. 1990. *Freiheit und Wiedervereinigung*. 2. Auflage. München: Piper Verlag.

Joffe, Josef. 1989. "The Foreign Policy of the Federal Republic of Germany." *Foreign Policy in World Politics: States and Regions*. R.C. Macridis. Englewood Cliffs(ed.). N.J.: Prentice Hall.

Krell, Gert. 1990. "Die Ostpolitik der Bundesrepublik Deutschland und die deutsche Frage." *Aus Politik und Zeitgeschichte*. Heft B29 (1990).

Lamborn, Alan C. 1991. *The Price of Power: Risk and Foreign Policy in Britain, France, and Germany*. Boston: Unwin Hyman.

Mihr, Anja. 2002. *Amnesty International in der DDR. Der Einsatz für Menschenrechte in Visier der Stasi*. Berlin: Christoph Links Verlag.

Parkes, Stuart. "The Politics of Literature: Writers, Intellectuals and German Unity." *German Politics*, Vol. 2, No. 3.

Plock, Ernest D. 1993. *East German-West German Relations and the Fall of the GDR*. Boulder: Westview Press.

Rehlinger, Ludwig A. 1991. *Freikauf: Die Geschäfte der DDR mit politisch Verfolgten*. Berlin: Verlag Ullstein.

Sauer, Heiner and Hans-Otto Plumeyer. 1991. *Der Salzgitter Report*. München: Bechtle Verlag.

Süß, Walt. 1989. "Perestrojka oder Ausreise." *Deutschland Archiv*, Nr. 3.

Volze, Amin. 1991. "Kirchliche Transferleistungen in die DDR." *Deutschland Archiv*, Nr. 1.

Weißhuhn, Reinhard. 2000. "Menschenrechte in der DDR." *Jahrbuch Menschenrechte 1999*. Hrsg. von Gabriele von Arnim et als. Frankfurt a.M.: Suhrkamp.

Wendt, Hartmut. 1991. "Die deutsch-deutschen Wanderungen-Bilanz einer 40jährigen Geschichte von Flucht und Ausreise." *Deutschland Archiv*, Nr. 4.

Wiemer, Wolfgang. 1986. "Auf die Suche nach einem dialogfähigen Ansatz in der Menschenrechtsdiskussion." *Deutschland Archiv*, Nr. 9.

Wildenthal, Lora. 2004. "The Origins of the West German Human Rights Movement, 1945~1961." *Human rights Institute Research Papers*. http: // digitalcommons. uconn.edu / hri_papers/4(검색일: 2008. 4. 30)

Zeitler, Franz-Christoph. 1976. "Die Menschenrechte im geteilten Deutschland." *Partnerschaft mit dem Osten*. Hrsg. von Dieter Blumenwitz et als. München: Verlag Martin Lurz GmbH.

제4장

중국에서 인권규범의 확산과 한계

이남주 성공회대학교 중어중국학과, 정치학 교수

1. 왜 중국의 인권이 문제인가?

중국의 인권은 현재 국제인권체제(international human rights regime)에서 가장 논쟁적인 쟁점 중 하나다. 개혁개방 이후 경제적으로 고도성장을 지속한 중국의 일상생활에서 시민들은 상당한 자유를 누리고 있다. 직업 선택, 주거 이전, 소비생활 그리고 사회생활 등에 대한 국가의 개입은 크게 줄어들었다. 문화대혁명 시기와 비교하면 커다란 변화가 아닐 수 없다. 반면 중국에서는 정치적·종교적 신념에 따라 행동하는 사람들에 대한 감시, 연금, 구속 등의 소식들도 끊이지 않고 들려온다. 이러한 대조적인 현상은 중국 정부와 서방 국가, 국제인권 NGO들이 중국 인권상황에 대한 평가를 둘러싸고 치열한 논쟁을 벌이고 있는 가장 중요한 객관적 요인이다.

그뿐만 아니라 중국은 유엔안전보장이사회의 상임이사국으로서 국제사회에서 합의된 가치를 실현하기 위해 노력해야 하는 위치에 있으며, 개혁개방 이후 경제성장을 기반으로 명실상부한 강대국으로 부상하고 있다는 점도 중국 인권문제를 둘러싼 논란을 복잡하게 만드는 요인이다. 중국의 국제사회에 대한 영향력 증가는 중국이라는 국가의 정체성이 다른 나라에게도 중요한 의미를 갖게 만들며, 국제사회가 중국 정부의 인권규범에 대한 태도에 민감하게 반응하도록 만든다. 게다가 강대국이라는 지위는 중국이 국제사회의 규칙과 규범에 영향을 미칠 수 있는 능력도 가지고 있다는 점을 의미하기 때문에 중국과 국제인권체제 사이의 상호 작용을 더욱 복잡하게 만든다.

지금까지 중국인권에 대해서 많은 연구가 있었다. 특히 1989년 천안문 사태를 계기로 중국 인권문제가 국제적 공론장에서 치열한 논쟁의 대상이 된 이후 국제인권체제와 중국 사이의 상호 작용과 이러한 상호 작용이 중국의 인권상황의 변화에 어떤 영향을 미쳤는가가 연구자들의 관심을 끌었다.[1]

중국인권에 대한 연구가 국제인권체제와 중국 정부의 관계에서 출발한 이유는 분명하다. 우선 인권이라는 개념은 서구 근대문명의 산물이며 중국적 전통문화는 물론이고 서구의 전통문화에서도 직접 연역될 수 있는 것이 아니기 때문에(Donnelly, 2007: 287) 뒤늦게 근대화의 길에 들어선 중국으로서는 인권규범을 외부로부터 도입할 수밖에 없었다. 또한 중국은 근대화 과정에서 사회주의의 길을 선택했고 사회주의체제하에서 인권이라는 개념을 자본주의적 계급 착취를 은폐하기 위한 수단으로 간주해왔다(최지영, 2005: 76~77).[2] 따라서 중국도 다른 많은 비서구문명 국가들의 경우처럼 인권규범

---

1) 대표적인 연구로 켄트(Kent, 1999)와 풋(Foot, 2000) 등을 들 수 있다.
2) 사회주의 시기 중국도 인권이라는 개념을 항상 부정한 것은 아니다. 1954년 제정된 헌법에서 다양한 개인적 권리를 보호하는 내용을 담고 있으며, 국제 무대에서도 1955년 중국이 발표 과정에 적극적으로 참여한 반둥성명에 "근본적 인권(fundamental human rights)을 존중한다"는 내용이 포함되었고, 종종 서구 국가들의 제3세계에 대한 정책에 대한 비판에서도 "근본적 인권"에 대한 침해를 문제로 삼았다(Kent, 1999: 29~30). 그러나 중국에서는 헌법에 규정된 권리를 보장할 수 있는 법률이 부재했으며, 근본적 인권은 주로 서구의 식민주의를 비판하는 데 사용되었다는 점에서 개혁개방 이전 중국에서는 도넬리(Jack Donne-

의 형성과 발전이 외부의 충격에 의해 촉발될 수밖에 없었다. 특히 1970년대 이후 영향력이 크게 증가한 국제인권체제가 이러한 변화를 촉진하는 데 중요한 계기를 제공했다.

그러나 지금까지의 연구에서 국제체제와 중국 정부 간 상호 작용에 대한 분석을 넘어서 중국 내에서 인권규범이 실제로 어떻게 확산되고 있는가라는 문제를 다룬 연구는 상대적으로 부족하다. 물론 이러한 한계는 충분히 이해할 수 있는 것이다. 즉, 이는 1990년까지 중국 인권문제가 기본적으로 국제인권체제와 중국 정부 사이의 문제였고, 중국 국내에서는 인권이 중요한 의제로 등장하지 않았거나 못했던 사정을 반영하는 것이다. 그러나 2000년대 들어서 중국 내에서도 다양한 방식으로 인권담론이 확산되고 인권을 둘러싼 복잡한 상호 작용이 출현하고 있다. 따라서 중국 인권문제에 대한 연구는 이제 중국 내에서 인권규범의 내재화(internalization)라는 문제를 더욱 적극적으로 다룰 필요가 있다.

이 글은 국제인권체제, 중국 정부 그리고 중국 내의 동력 등 세 가지 요소 사이의 상호 작용을 중심으로 중국 내에서 인권규범의 내재화가 어떤 단계에 도달했는가, 이러한 변화를 촉진한 요인과 그 한계는 무엇인가 등을 살펴보는 것을 목적으로 한다. 필자는 환경운동을 사례로 중국에서 권리담론이 확산되는 미시적 변화 과정을 살펴본 바 있는데(이남주, 2007), 이 글은 다시 거시적 변화에 초점을 맞추고 있다. 중국의 인권상황은 계속 변화되고 있기 때문에 이를 총체적으로 이해하기 위해서는 미시적 영역과 거시적 영역에 대한 연구를 서로 보완해갈 필요가 있다.

2절에서는 우선 인권규범의 내재화 모델을 제시할 것이다. 이는 리세

---

lly)가 정의하는 근대 서구문명의 산물이자 개인적 권리를 핵심 내용으로 하는 '인권'은 행위 규범으로 받아들여지지 않았다고 할 수 있다.

(Thomas Risse)와 시킹크(Kathlin Sikkink)의 '5단계 나선모델(spiral model)'을 출발점으로 삼되, 이 모델에 대한 몇 가지 비판 등을 고려하며 이 글에서 다루고자 하는 핵심 쟁점을 제시할 것이다. 3절에서는 중국의 인권 현황을 간단하게 정리하고, 위의 나선모델에서 중국이 어떤 단계에 있는지를 검토할 것이다. 4절에서는 국제인권체제가 중국 정부의 인권규범에 대한 태도 변화에 미친 영향을 분석할 것이다. 5절에서는 중국 내에서 인권규범의 내재화가 어떻게 진행되고 있는가를 설명할 것이다. 그리고 결론에서 위의 논의가 주는 이론적·실천적 함의를 정리할 것이다.

2. 국제인권규범의 확산은 어떻게 이뤄지는가?
— 리세와 시킹크의 '5단계 나선모델'을 중심으로

리세와 시킹크는 국제인권체제의 영향하에서 인권을 억압하는 국가가 인권규범을 존중하고 인권규범에 따르는 행위를 하는 국가로 변화하는 과정을 5단계(five phases)로 나누어 설명했다. 이 글도 이를 기초로 중국에서 인권규범의 확산 과정으로 추적한다. 이는 이 모델이 국제인권규범의 확산을 체계적이며 일관성 있게 설명하고 있다는 점뿐만 아니라 지금까지 중국을 사례로 하는 대표적 연구들도 이 모델을 출발점으로 삼고 있다는 점을 고려한 것이다.[3] 이 모델의 주요 내용은 다음과 같다(Risse and Sikkink, 1999: 22~33).

첫째, 억압 단계(repression phase, 이하 1단계). 이 모델의 출발점은 내부의

---
3) 켄트(Kent, 1999)와 풋(Foot, 2000)은 모두 이 연구에서 강조하고 있는 사회화(socialization)를 주요 분석 개념으로 활용하고 있으며, 특히 후자의 연구는 나선모델에 더 직접적으로 의존하고 있다.

반대 세력이 너무 약하거나 너무 강하게 억압되고 있어 정부에 도전하기 어려운 억압적 국가다. 그러나 인권을 침해하는 모든 국가들이 전부 국제인권체제의 의제가 되는 것은 아니다. 인권규범의 공유, 공동의 담론 공간, 지속적인 정보 교류 등으로 결속된 초국적 네트워크(transnational networks)가 개별 국가에서 인권억압에 대한 충분한 정보를 모으는 데 성공할 때 인권억압을 국제적 의제로 만들고 다음 단계로 이행할 수 있다.

둘째, 부인 단계(denial phase, 이하 2단계). 초국적 인권 네트워크가 특정 국가의 인권억압문제를 국제적 의제로 만드는 데 성공하면, 비판의 대상이 되는 정부의 일차적 반응은 대개 부인이다. 즉, 국제인권규범의 정당성을 부인하는 것이다. 그러나 부인해야 할 필요성을 느끼는 것 자체가 그 정부가 국제인권체제에 의해 현성된 담론 질서에 들어온 것을 의미하는 것이며, 따라서 2단계에서 사회화(socialization) 과정이 시작된다고 할 수 있다.

셋째, 전술적 양보 단계(tactical concessions phase, 이하 3단계). 국제사회의 압력이 강화되면 비판을 받는 국가는 정치범의 석방, 정치활동 공간 확대 등의 부분적 양보를 시도한다. 이 양보는 인권규범의 수용과 같은 인식의 전환을 동반하지 않고 주로 국제사회의 비판을 완화할 목적을 가진 도구적 적응(instrumental adaptation)에 머무르는 경우가 많다. 그렇지만 이는 국내에서 인권규범의 확장을 시도하는 세력이 사회적 동원을 가속화하고 국제인권 네트워크와 연결될 수 있는 계기를 제공한다. 이로써 인권규범을 위반하는 정부에 대해 위로부터(from above)의 압력과 아래로부터(from below)의 압력이 동시에 작용하기 시작한다. 이 과정에서 한편으로는 국내 반대 세력 내에서도 인권규범이 행위의 원칙으로 수용되고, 다른 한편으로는 억압적 정부도 자신이 만든 수사의 덫에 걸려(self-entrapment in their own rhetoric) 더 이상 인권규범 자체를 부정할 수 없게 되면서 인권규범의 내재화가 진행되는 다음 단계로 이행할 수 있는 조건이 만들어진다.

넷째, 규범적 지위 확보 단계(prescriptive status phase, 이하 4단계). 인권규범의 정당성은 더 이상 논쟁의 대상이 되지 않고 행위의 기준으로 받아들여지기 시작하는 단계다. 물론 이러한 변화가 실질적인 차원에서도 인권이 잘 보장된다거나 정부가 진정한 신념에 기초해 인권규범을 내세운다는 의미는 아니다. 다만 국제인권조약을 비준하거나, 인권규범이 헌법 및 법률을 통해 제도화되고, 시민들이 인권침해에 항의할 수 있는 제도적 절차가 존재하게 되며, 인권규범의 보편성을 인정하는 것 등으로 이러한 단계로의 이행이 이뤄졌다고 볼 수 있다.

다섯째, 규범에 부합하는 행위 단계(rule-consistent behavior phase, 이하 5단계). 초국적 인권 네트워크 - 국내 네트워크의 지속적 압력 속에서 인권규범의 관습적 실천이 이뤄지고, 법의 지배가 실시되는 단계다.

이 나선모델은 방법론적으로는 구성주의, 현실적으로는 1970년대 이후 영향력이 급증한 국제인권체제를 두 축으로 만들어진 것이다. 그뿐만 아니라 여러 사례 연구에 의해 뒷받침되고 있다는 점에서 앞으로도 국제인권규범이 개별 국가에서 내재화되는 과정에 대한 연구의 출발점으로 삼을 수 있을 것이다.4) 그러나 이 모델이 방법론적으로 결함이 없는 것은 아니다. 그중에서도 다음 두 가지 비판이 중국의 사례를 연구하는 데 중요하게 고려될 것이다.

우선 나선모델이 이행 과정에서 물리적 요인보다는 규범적 요인을 더욱 중요하게 보고 있는 점(Risse and Ropp, 1999: 236)에 대한 비판이다. 예를

---

4) 이 모델을 고안한 이들은 사례 연구를 통해 나선모델이 다양한 지역, 문화, 경제사회체제, 정치체제에서 타당성이 검증되었기 때문에 보편적 모델이라 할 수 있다고 주장했다(Risse and Ropp, 1999: 238). 사례 연구에는 인도네시아, 케냐, 튀니지, 모로코, 우간다, 필리핀, 과테말라, 폴란드, 체코슬로바키아, 남아프리카, 칠레 등 11개 국가가 포함되었다.

들면 이 모델은 인권규범을 위반한 이유로 비판을 받는 국가가 3단계에서 4단계로 이전하는 과정에서 '수사의 덫'이 결정적인 역할을 하는 것으로 설명한다(Risse and Sikkink, 1999: 29). 이는 규범과 정체성 등 인지적 측면을 핵심적 독립변수로 보는 구성주의적 접근의 필연적 결과라고 할 수 있는데, 이러한 특징은 당연히 합리주의 혹은 현실주의 이론들로부터 계속 비판을 받고 있다.

와크먼(Alan M. Wachman)은 중국 정부가 국내외의 현실적 요인에 관해 합리적 계산에 따라 행동하기 때문에 국제인권규범을 앞세운 외부의 도덕적 압력이 중국 정부의 주권 우위의 원칙을 포기시키지 못했다고 주장했다 (Wachman, 2001: 275~276). 슈바르쯔(Rolf Schwarz)는 국가 행위의 변화는 합리적이고, 효용 극대화의 논리에 따라 움직이기 때문에 전술적 양보를 가능하게 하는 것은 비판을 받는 국가의 재정적·경제적 취약성이라고 주장했다. 따라서 전술적 양보의 가능성이 높은 국가는 그들의 재정수입의 상당 부분을 외부에서 획득하며 정치적 기능이 상당 정도 '지대(rent)'로 분류할 수 있는 외부 수입 획득에 의존하는 '지대의존 국가(rentier states)'라고 주장했다 (Schwarz, 2004: 208).

여기서 과연 국가의 인권규범에 대한 태도의 변화를 촉진하는 요인으로 물질적 이익이 더 중요한가 아니면 행위의 적절성을 규정하는 규범이 더욱 중요한가라는 문제가 제기된다. 그런데 개별 사례에 대한 연구에서는 이를 반드시 양자택일의 문제로 받아들일 필요는 없을 것이다. 이는 상당 부분 개별 국가의 상황에 따라서 판단할 문제다. 따라서 연구의 초점은 분석 대상인 국가에서 어떤 요인이 더욱 중요하게 작용하고 있는가를 규명하고, 이러한 설명이 다른 국가들에게는 어떤 함의를 갖는가를 분명하게 하는 것에 있어야 한다. 이 글에서는 중국 내에서 인권규범의 확산이 이뤄지고 있는 각 단계에서 어떤 요인이 어떤 이유로 중요하게 작용하는가를 규명하고

자 하며 이 문제에 대해 어떤 선험적인 전제로 중국 사례를 분석하지는 않을 것이다.

또한 나선모델이 국가를 피동적 행위자로 간주하는 것도 방법론적 비판의 대상이 된다. 나선모델이라는 정의에서 나타나는 것처럼 이 모델이 국제인권규범의 확산을 단선적인 발전 과정만으로 이해하는 것은 아니다. 이 모델도 각 단계에서 역진될 가능성 혹은 순조롭게 진행되지 않을 가능성을 인정하고 있다. 예를 들어 내부에 무장한 반대 세력이 있는 경우 2단계에서 3단계로 진전하기 어렵다고 본다(Risse and Sikkink, 1999: 23). 그러나 이러한 이행은 중단되기보다는 연기되는 것으로 본다(Risse and Sikkink, 1999: 26)는 점에서 이행을 상대적으로 낙관하고 있다.5) 그 이유는 이 모델이 변화를 설명하는 데 국제인권체제의 역할, 특히 초국적 인권 네트워크를 주요 동력으로 보며, 국가는 이들의 압력에 저항하지만 결국은 끌려갈 수밖에 없는 피동적 행위자로 보는 것과 관련이 있다.

그러나 "인권규범을 위반하는 국가를 통해 인권규범을 관철시켜야 하는" 국제인권체제의 근본적 딜레마를 고려하면(Donnelly, 2007: 283) 국가라는 변수를 더욱 적극적으로 모델에 도입할 필요가 있다. 특히 중국의 경우 정치체제, 역사, 규모 등을 고려하면 국가의 역할을 빼놓고는 인권규범의 확산을 효과적으로 설명할 수 없다. 따라서 이 글에서는 국가의 역할을 중요한 독립변수로 삼아 중국 내에서 인권규범이 확산되는 과정과 그 한계를 살펴볼 것이다.

---

5) 리세와 롭(Risse and Ropp)은 나선모델의 진행 속도와 범위에 영향을 미치는 국내의 '장애 요인(blocking point)'으로 인종·민족적, 계급에 기초한, 혹은 종교적 세력이 영토주권과 국가의 내부적 결속을 위협하는 것을 들었다. 동시에 이러한 위협을 이유로 인권규범을 위반하는 것의 정당성을 주장하는 논리는 시간이 갈수록 신뢰성을 상실하게 된다고 주장했다(Risse and Ropp, 1999: 262).

3. 개혁개방 이후 중국 인권상황의 변화
― 강한 상대주의에서 약한 상대주의로의 전환

개혁개방 이후 중국의 인권상황은 적지 않게 개선되었다. 문제는 이러한 개선의 정도를 어떻게 평가할 것인가이다. 앰네스티 인터내셔널(Amnesty International) 등 국제인권 NGO들은 중국의 인권상황이 여전히 국제적 기준과 거리가 멀다고 비판하고 있으며, 중국 정부는 여러 차례 인권 관련 백서를 발간하여 중국의 인권상황이 크게 발전했으며 중국 인민들의 권리가 폭넓게 보장되고 있다고 주장한다.[6] 양자 사이의 논쟁은 인권상황을 평가하는 데 윤리적 기준과 현실적 기준 중 어느 것을 더욱 중요하게 볼 것인가라는 어렵고 복잡한 문제와 관련 있기 때문에 쉽게 결론을 내리기 어려울 것이다. 그런데 나선모델은 중국의 인권상황에 대한 이분법적 판단이 아니라 인권상황이 어떻게 변화하고 있으며 어떤 단계에 도달했는가를 판단할 수 있는 기준을 제공해준다는 점에서 중국의 인권현실을 이해하는 데 더욱 효과적인

---

[6] 중국 정부가 1991년부터 발표한 인권문제와 관련한 각종 백서들의 목록은 다음과 같다(http://news.xinhuanet.com/ziliao/2003-01/20/content_697520.htm). 中國的人權狀況(1991. 11), 中國改造犯罪的狀況(1992. 8), 西藏的主權歸屬與人權狀況(1992. 9), 中國婦女的狀況(1994. 6), 中國的計劃生育(1995. 5), 中國人權事業的進展(1995. 12), 中國的儿童狀況(1996. 4), 中國的環境保護(1996. 6), 中國的糧食問題(1996. 10), 1996年中國人權事業的進展(1997. 3), 中國的宗敎信仰自由狀況(1997. 10), 西藏自治區的人權事業的狀進展(1998. 9), 中國的少數民族政策及其實踐(1999. 9), 中國人權發展五十年(2000. 2), 西藏文化的發展(2000. 6), 中國的禁毒(2000. 6), 中國21世紀人口與發展(2000. 12), 2000年中國人權事業的進展(2001. 4), 中國的農村扶貧開發(2001. 10), 西藏的現代化發展(2001. 11), 中國的勞動和社會保障狀況(2002. 4), 西藏的歷史與發展(2003. 5), 2003年中國人權事業的進展(2004. 3), 2004年中國人權事業的進展(2005. 4), 中國性別平等與婦女發展狀況(2005. 8), 中國的民主政治建設(2005. 10), 中國老齡事業的發展(2006. 12), 中國的法治建設(2008. 2).

수단이 될 수 있다. 중국의 인권상황이 어떤 단계에 도달했는지에 대한 결론을 내리기 전에 먼저 개혁개방 이후 중국의 인권상황이 어떻게 변화했는지를 살펴보자.

중국 인권상황의 변화는 먼저 국제인권체제와 중국 정부의 관계 변화에서 확인할 수 있다. 이 관계의 변화를 가장 잘 보여주는 것은 국제인권조약 가입 상황이다. 중국은 1982년 유엔인권위원회 회원국이 되었고, 그 이후 국제인권조약을 비준하기 시작했는데 <표 4-1>은 현재까지 중국이 서명하거나 비준한 국제인권조약의 현황을 보여준다. 중국 정부의 국제인권조약 가입은 크게 두 단계로 나눌 수 있다.

첫째, 개혁개방 직후 국제인권조약에 적극적으로 가입한 시기다. 이 시기의 가장 중요한 진전은 '고문 및 그 밖의 잔혹한, 비인간적인 또는 굴욕적인 대우나 처벌의 방지에 관한 협약'에 가입한 것이다. 이 시기 중국 정부는 인권선언과 국제인권체제의 권리장전으로 분류되는 '경제·사회·문화적 권리에 관한 국제규약'(이하 사회권 규약), '시민적·정치적 권리에 관한 국제규약'(이하 자유권 규약)에 가입할 수 있다는 가능성도 시사했다. 그러나 1989년 천안문 사태로 그 진전이 중단되었다. 둘째, 1997년과 1998년 각각 사회권 규약과 자유권 규약에 서명한 이후의 시기다. 사회권 규약은 2001년 비준 절차가 완료되어 효력을 발휘하기 시작했으며 자유권 규약은 비준이 미뤄지고 있는 상황이다. 이러한 변화는 중국 정부가 적어도 선언적 차원에서는 국제인권규범의 보편성을 수용하기 시작했음을 의미한다.

물론 이러한 태도의 변화가 국제인권규범을 무조건적으로 수용한다는 의미는 아니다. 중국 정부는 유엔헌장 2조의 내정간섭 금지 조항을 들어 인권 기준을 준수하라는 유엔의 요구에 대해 주권 우선의 원칙을 내세워왔다 (Kent, 1999: 38). 이러한 입장은 1989년 천안문 사태 이후 인권문제를 둘러싼 마찰이 심화되면서 더욱 분명하게 제시되었다. 그러나 주권 우위의 원칙으

<표 4-1> 중국의 국제인권조약 가입 현황

협 약 명	협약 채택 (발효)	당사국 수	비준 (서명)
여성에 대한 모든 형태의 차별철폐에 관한 협약 Convention on the Elimination of All Forms of Discrimination against Women	1979. 12. 18 (1981. 9. 3)	185 * 2007. 8. 9 기준	1980
난민의 지위에 관한 협약 Convention Relating to the Status of Refugees	1951. 7. 28 (1954. 4. 22)	144 * 2007. 8. 9 기준	1982
난민의 지위에 관한 의정서 Protocol Relating to the Status of Refugees	1967. 1. 31 (1967. 10. 4)	144 * 2007. 8. 9 기준	1982
모든 형태의 인종차별 철폐에 관한 국제협약 International Convention on the Elimination of All Forms of Racial Discrimination	1965. 12. 21 (1969. 1. 4)	173 * 2007. 8. 9 기준	1982
집단살해죄의 방지와 처벌에 관한 협약 Convention on the Prevention and Punishment of the Crime of Genocide	1948. 12. 9 (1951. 1. 12)	140 * 2007. 8. 9 기준	1983
고문 및 그 밖의 잔혹한, 비인간적인 또는 굴욕적인 대우나 처벌의 방지에 관한 협약 Convention against Torture and Other Cruel, Inhuman or Degrading Treatment or Punishment	1984. 12. 10 (1987. 6. 26)	145 * 2008. 4. 28 기준	1988 (1986)
동일가치노동에 대한 남녀근로자의 동일보수에 관한 협약(ILO협약 no.100) Convention Concerning Equal Remuneration for Men and Women Workers for Work of Equal Value	1951. 6. 29 (1953. 5. 23)	164 * 2007. 8. 9 기준	1990
아동의 권리에 관한 협약 Convention on the Rights of the Child	1989. 11. 20 (1990. 9. 2)	193 * 2007. 8. 9 기준	1991
경제적·사회적 및 문화적 권리에 관한 국제규약 International Covenant on Economic, Social and Cultural Rights	1966. 12. 16 (1976. 1. 3)	156 * 2007. 8. 9 기준	2001 (1997)
시민적·정치적 권리에 관한 국제규약 International Covenant on Civil and Political Rights	1966. 12. 19 (1976. 3. 23)	162 * 2008. 7. 22 기준	미비준 (1998)
장애인권리협약 Convention on the Rights of Persons with Disabilities(미발효)	2006. 12. 13 (2008. 5. 3)	32 * 2008. 7. 30 기준	미비준 (2007)

자료: http://www2.ohchr.org/english/bodies/ratification/index.htm(2008. 7. 30 검색)

로 국제인권규범을 부인하는 것은 점차 어려워지고 있는 상황이다. 외부적으로는 냉전체제 붕괴 이후 국제사회에서 인권규범의 지위가 더욱 강화되었다. 그리고 중국 정부의 행위도 인권문제와 관련하여 점차 주권과 국제인권규범의 엄격한 경계가 유지되기 어렵다는 점을 보여주었다. 유엔인권위원회에 가입한 것, 보고 절차를 의무화하는 고문방지 관련 협약에 가입한 것, 그리고 중국 정부가 미국 인권문제에 대해 비판하기 시작한 것 등은 모두 그 본래 의도가 무엇이었던가와 관계없이 개별 국가의 인권문제가 국제적 공론장의 의제가 될 수 있다는 사실을 중국 정부도 인정한 것으로 간주할 수 있기 때문이다(Foot, 2000: 259).

중국 국내에서 인권규범의 확산은 우선 법적인 측면에서 찾아볼 수 있다.[7] 가장 대표적인 변화는 1979년 제정된 형법을 1997년 수정하여 신체의 자유에 대한 보장을 더욱 강화한 것이다. 개정형법에서 죄형법정주의, 형법 적용평등, 죄책형(罪責刑) 상응이라는 세 가지를 형법의 원칙으로 제시한 것이 이전 형법보다 진전된 것으로 평가를 받았다(孫在雍·趙秉志, 2003). 또한 개인의 재산권 보장도 2007년 물권법이 제정되는 등 크게 강화되었다. 그리고 2004년 수정된 헌법에 "인권을 존중하고 보호한다"는 구절이 삽입되었다. 이로써 중국에서 인권규범은 대외적인 수사를 넘어, 대내적으로 국민들이 국가에 자신의 권리의 정당성을 옹호하는 도구로 인권규범을 사용할 수 있는 수준으로 발전했다.

---

[7] 법률적인 차원에서 인권을 어떻게 보장하고 있는가에 대한 중국 정부의 입장은 2008년 2월에 발표된 『中國的法治建設』 제3장 "인권을 존중하고 보장하는 법률제도"에 설명되어 있다. 생명권의 법률보장, 신체자유·인격 존엄성의 법률보장, 법률의 공평한 적용을 위한 평등권의 법률보장, 정치권리의 법률보장, 종교신앙의 법률자유, 노동자 권리의 법률보장, 경제·사회·문화·기타 권리의 법률보장 등의 분류에 따라 관련 법률을 소개하고 있다.

필자는 이러한 변화를 중국 정부의 인권규범에 대한 태도가 강한 상대주의에서 약한 상대주의로 전환한 것이라고 설명한 바 있다. 강한 상대주의는 이념, 문화에 대한 토대론(fundamentalism)적 인식에 입각하여 인권에 대해 상대주의적 태도를 취하는 것이다. 전통적인 마르크스레닌주의, 이슬람 근본주의가 이에 해당되며 사실상 인권이라는 개념의 긍정성을 부정한다. 약한 상대주의는 인권의 보편성을 인정하고 인권의 핵심적 원리를 수용하지만, 이를 국가체제를 구성하는 가장 중요한 원리가 아니라 다른 원칙들과 경쟁하는 원리 혹은 부차적인 원리로서만 인정하는 것이다. 이 경우 인권에 대한 제약은 특정한 신념, 가치를 전제로 하는 토대주의(foundationalism)적 기준이 아니라 국가안보, 발전 등의 실용주의적 기준에 따른다(이남주, 2007: 318~322). 현재 중국 인권담론의 특징을 발전주의적(developmentalist approach) 인권관이라고 지칭하는 것도 같은 맥락이라고 할 수 있다(Foot, 2000: 4). 그리고 이는 단지 법적인 혹은 인식상의 변화만을 의미하는 것이 아니라 중국 내에서 인권을 둘러싼 상호 작용에 새로운 동력을 제공하고 있고 중국 인권상황을 개선하는 데 실질적인 효과를 발휘하고 있다.

첫째, 중국에서 계속 진행되고 있는 법·제도 개혁에서 인권이라는 원칙이 반영될 수 있는 길을 열었다. 최근 노동법 개정과 물권법 제정 과정에서 나타나듯이 법률 제정과 법의 실행은 이제 정부의 의도에 따라 하향식으로 진행되는 것이 아니라 다양한 집단적·개인적 이해관계가 반영되는 방식으로 진행되고 있다. 2003년 3월 순즈강(孫志剛) 사건이 이러한 변화를 보여주는 대표적 사례다. 이는 순즈강이라는 청년이 유랑인 수용소에서 경찰의 구타로 사망한 사건인데, 인터넷에서 인권을 무시하는 경찰에 대한 비판이 확대되면서 사회문제로 대두되었다. 그리고 이를 계기로 '도시 유랑자 수용 및 송환 규정'의 위헌심사청원서가 제출되는 등 정부에 대한 압력이 강화되었고, 2003년 6월 중국 정부는 관련 법규를 폐지했다.

둘째, 시민들에게 자신들의 이해와 요구를 정당화시킬 수 있는 수단을 제공했다. 중국에서는 최근 집단행동이 빠른 속도로 증가하고 있는데 이는 사회문제의 심각성을 보여주는 동시에 중국 시민들이 집단행동에 참여할 수 있는 논리와 수단을 많이 개발하고 있다는 점을 보여준다. 그런데 국가와 사회 사이의 힘의 균형이 국가에 기울어져 있는 상황에서 중국에서는 이러한 집단행동은 체제 저항적인 논리보다는 국가에 의해 정당화될 수 있는 논리를 동원하는 경우가 많다.[8] 헌법에 인권 존중이 명시된 것은 자신의 권리를 확보하기 위해 노력하는 사람들에게 중요한 규범적 지렛대를 제공한 것이다.

물론 중국에서 진행되고 있는 인권상황의 변화가 국제적 기준에 미치지 못하는 현실을 부정할 수는 없다. 앰네스티 인터내셔널은 2008년 중국인권 관련 보고에서 중국의 인권문제로 다음과 같은 것을 제시했다(http://www.amnestyusa.org/annualreport.php?id=ar&yr=2008&c=CHN).

① 사형: 재판의 공개성 부족, 사형선고 가능한 죄목이 지나치게 많음
② 사법체계: 고문 사례
③ 인권 옹호 변호사에 대한 탄압: 사찰, 연금, 정체불명인에 의한 폭행
④ 표현의 자유: 보도 내용에 대한 통제, 기자들에 대한 체포 및 구금
⑤ 여성에 대한 차별(취업, 교육, 의료보험 등)과 폭력(가정폭력과 납치)
⑥ 종교 그룹에 대한 억압: 티베트 불교, 지하 기독교, 파룬궁에 대한 탄압
⑦ 신강, 위구르 등의 소수민족에 대한 억압과 비폭력적 문화, 종교적 활동에 대한 억압
⑧ 탈북자, 홍콩에서 총독 직선제의 연기, 동성애자들에 대한 차별, 난민

---

8) 오브라이언(Kevin J. O'brien)은 이를 '적법한 저항(rightful resistance)'이라는 개념으로 설명한 바 있다(O'brien and Li, 2006).

신청자들에 대한 부당한 대우 등

위의 목록들은 주로 자유권 규약 위반과 관련된 것으로 중국에서 인권 존중을 위해 해결되어야 할 문제인 것은 분명하다. 그리고 이 문제들이 어떻게 해결되느냐에 따라 중국의 인권상황이 나선모델에 제시하는 5단계, '규범에 부합하는 행위'가 이뤄지는 단계로 발전할 수 있는가의 여부를 좌우할 것이다.

결론적으로 지금까지의 변화를 보면 중국은 이미 3단계를 지나 인권이라는 가치가 규범적 지위를 확보하는 단계에 가까워지고 있다고 볼 수 있다. 풋(Rosemary Foot)은 이미 2000년도 중국에서 4단계에 가까워지고 있다고 평가한 바 있다(Foot, 2000: 257). 이후 사회권 규약의 비준과 국내법의 정비 등을 고려하면 중국의 인권상황이 그보다 더 진전된 단계에 있다고 볼 수 있다. 문제는 중국이 과연 4단계로의 진전을 얼마나 안정적으로 지속시키고 5단계로의 진입을 얼마나 빨리 앞당길 수 있는가라고 할 수 있다.

아래에서는 중국에서 인권규범의 확산 과정을 각각 국제인권체제와 중국 정부 사이의 상호 작용 단계와 중국 내에서 인권규범의 내재화 단계로 나누어 각 단계의 변화를 촉진한 요인들을 살펴볼 것이다. 이 두 단계는 나선모델의 3단계와 4단계에 해당된다고 할 수 있다.

4. 국제인권체제와 중국 정부의 상호 작용
— 전술적 양보 단계로의 진전

이번 절에서는 국제인권체제가 중국 정부의 인권에 대한 태도를 어느 정도로 변화시켰으며 어떤 수단이 효과적이었는가를 설명할 것이다. 이와 관련해서는 국제인권체제가 중국 정부의 인권에 대한 태도를 변화시키는 데 영향을 미쳤다는 주장과 커다란 영향을 발휘하지 못했다는 상반된 주장이 있다. 국제인권체제가 개별 국가에 영향을 미치는 수단은 크게 물리적 제재와 도덕적 압력으로 나눌 수 있다.9)

중국은 1989년 천안문 사태 직후에 서방 국가로부터 물리적 제재를 받았다. 그런데 현실주의적 설명들은 이러한 제재가 중국 정부의 인권에 대한 태도를 변화시키는 데 전혀 효과를 발휘하지 못했다고 주장한다. 사실 천안문 사태 직후 중국에 경제제재를 가하기 위한 국제 공조는 조기에 무너졌기 때문에 별다른 분석이 필요하지 않다. 물리적 제재와 관련하여 관심을 끈 것은 1993년 클린턴 행정부의 중국의 인권문제 개선과 최혜국 대우(MFN) 연장을 연계시키려는 정책이었다. 그러나 클린턴 행정부는 중국의 인권상황에 커다란 진전이 없었음에도 1994년 5월 이러한 연계정책을 포기했다.

이에 대해 디트머(Lowell Dittmer)는 인권이라는 이상주의적(idealist) 목표에 현실주의적(realist) 수단을 사용하는 것은 성공적 결과를 얻기가 어렵다고 주장했다. 그는 경제제재의 효과를 가로막는 요인으로 다음과 같은 것들을 들었다(Dittmer, 2001, 433~434). 우선 제재 주체들이 상당한 비용을 감수해야 한다. 둘째, 제재를 받는 국가에서 인권을 억압하는 사람들보다 인권을 박탈당한 사람들에게 더욱 큰 피해를 준다. 셋째, 국제사회의 통일적 행동이 이뤄져야 하며 그렇지 않을 경우 무임승차를 한 행위자에게만 유리한 결과를 가져온다. 클린턴 행정부는 내부적으로는 중국에서 상업적 이익을 추구하는 이익집단으로부터의 압력에 직면했고, 외부적으로는 인권 이외의 영역(핵확산 방지 등)에서 미국의 이익을 증진시키기 위해서 중국의 협력을 필요로 했기 때문에 연계정책이 일관되게 실시되기는 처음부터 힘들었다. 게다가

---

9) 물리적 수단에는 무력도 포함될 수 있으나 이 글에서는 직접적 군사행동은 고려하지 않았다. 인권을 이유로 군사력을 동원하는 경우는 극히 예외적이며, 특히 중국의 사례를 검토하는 경우에는 가능성이 거의 없다고 볼 수 있기 때문이다.

미국으로서는 중국에 대한 경제제재에서 국제 공조가 이뤄질 수 없는 상황에서 미국만의 제재는 중국에 압력이 되지 못하고 미국의 이익만을 감소시키는 결과를 초래할 가능성을 우려하지 않을 수 없었다.

이는 중국과 같이 국제사회에서 상당한 협상력(bargaining power)을 가진 국가에 제재와 같은 수단을 사용하여 인권문제의 개선을 이끌어내는 것은 불가능에 가깝다는 것을 보여준다. 그렇다면 국제인권체제는 중국 정부의 인권규범에 대한 태도를 변화시키는 데 큰 의미를 갖지 못했는가. 그렇지는 않다.

이에 대해 디트머도 인권문제라는 이상주의적 목표에 현실주의적 수단을 사용하는 데는 회의적이지만 이상주의적 수단(국제 여론의 동원, 보편적 규범에 대한 호소, 공공 외교 등)을 사용하는 것은 긍정적으로 보았다. 다만 그는 이러한 수단이 단기적으로 효과를 발휘하기에는 너무 약하며 어떤 실질적이고 구조적인 효과를 낳기 위해서는 커다란 인내심이 필요하다고 보았다 (Dittmer, 2001: 459). 반면 나선모델 등의 구성주의적 접근에서는 규범에 대한 호소가 실질적인 효과를 발휘할 가능성에 대해 더 낙관적이다.

이러한 경우에 해당되는 것이 '창피주기(shaming)'다. 중국에 대한 물리적 제재는 앞서 설명한 것처럼 1994년을 전후로 종결되었다. 그러나 1990년 3월 제46차 유엔인권위원회 총회에서 미국이 일본, 영국, 프랑스, 독일 등의 국가와 함께 중국 정부의 인권정책을 비판하고 인권상황 개선을 촉구하는 결의안을 제출한 이후 서방 국가들이 거의 매년 유엔인권위원회 총회에 중국의 인권상황을 비판하는 결의안을 제출하는 방식으로 중국 정부를 압박했다. 이러한 결의안의 제출에 대해 중국은 특정 국가의 인권상황을 비판하는 결의안은 내정간섭을 금지하는 유엔헌장 위반이고 유엔회의에 의제로 상정될 수 없다며 '불처리동의안(No Action Motion)'을 제출하는 것으로 대응했다. 이에 따라 매년 유엔인권위원회 총회에서는 중국 인권문제를 둘러싼

<표 4-2> 유엔인권위원회에서 중국의 불처리동의안에 대한 표결 상황

연도	불처리동의안 표결 결과		
	찬성	반대	기권
1990	17	15	11
1991			
1992	27	15	10
1993	22	17	12
1994	20	16	17
1995	22	22	9
1996	27	20	6
1997	27	17	9
1998			
1999	22	17	14
2000	22	18	12
2001	23	17	12
2002			
2003			
2004	28	16	9

자료: http://www.unhchr.ch/html/menu2/2/chr.htm(2004. 12. 1 검색)의 매 총회의 기록을 기초로 필자가 정리

치열한 공방전이 진행되었다.

중국에 대한 압력이 가장 강화된 시기는 1995년이다. <표 4-2>가 보여주듯이 1995년은 중국의 불처리동의안이 부결되고 중국 인권문제에 대한 결의안이 총회에 상정된 유일한 경우였다.[10] 비록 결의안은 반대 21, 찬성 20, 기권 12로 부결되었지만 유엔이 인권문제를 이유로 특정 국가의 내정을 간섭할 수 없다는 중국 정부의 일관된 주장에 커다란 타격을 주었다.[11]

---

10) 여기에는 당시 클린턴 행정부가 1994년 연계정책을 포기한 이후 중국 인권문제를 다자 무대에서 더욱 적극적으로 다루기로 한 결정과 당시 유엔인권위원회의 재구성이 위의 결의안에 유리한 방향으로 이뤄진 것이 중요하게 작용했다(Baker, 2002: 54).

11) 당시 본 표결에서 중국 인권상황에 대한 비판결의안이 부결된 것에는 러시아의 태도 변화가 중요한 역할을 했나. 러시아는 중국의 불처리동의안에는 반대

그러나 1995년을 지나면서 중국의 불처리동의안은 더욱 많은 지지를 받기 시작했고 2000년대 들어서는 중국의 인권상황을 비판하는 결의안을 상정하는 것 자체가 어려워졌다. 이러한 전환에는 1997년부터 유엔 가입국들이 중국 인권문제를 둘러싼 공방전에서 공동 보조를 취하는 것을 중단하고 점차 다자 무대보다는 중국과의 쌍무적 인권대화를 중국 인권문제를 다루는 주요 통로로 삼기 시작한 것이 결정적 역할을 했다. 특히 1998년 2월 유럽연합은 중국 인권문제를 비판하는 결의안 상정에 참여하지 않는다는 결정을 내렸다. 베이커(Phillip Baker)는 이러한 결정이 중국에 대한 효과적인 압력 수단을 포기하는 결과를 초래했다고 비판했다(Baker, 2002: 62).

유럽연합 국가들의 태도가 바뀐 데는 여러 이유가 있었겠지만 상업적 이익이 중요한 역할을 했다는 점은 공통적으로 지적되었다. 특히 에어버스 사업을 공동으로 추진하던 프랑스, 스페인, 독일, 그리스 등이 중국의 에어버스 구매를 고려하여 중국 인권문제에 대한 태도를 바꿨다는 비판을 받았다(Baker, 2002: 56). 이는 중국과 같이 많은 대응 수단을 가진 국가를 제재하기 위해서는 국제 공조가 유지되기 힘들다는 것을 보여주는 또 다른 사례이다. 그러나 1997년까지 창피주기 전술은 일정한 효과를 거두었던 것으로 보인다.

물론 와크먼은 창피주기 전술에 대해서도 회의적으로 평가했다. 그는 중국에 대한 창피주기에 중국 지도부들이 도덕적 수치심보다는 '분노감'을 느꼈고, 중국 정부가 인권문제에 더욱 강경한 태도를 취하게 되었다고 주장했다. 그 결과 중국 정부는 국내에서 중국에 대한 위협 혹은 중국적 문화가치의 쇠퇴에 대한 애국주의적 반응을 강화시키는 방식으로 대응했는데, 중국 내에 중국공산당 통치에 반대하는 세력이 약한 상황에서 창피주기 전술이 성공하기 어

했으나 당시 중러 관계의 발전과 러시아 내의 체첸 문제를 고려하여 본 표결에서는 반대표를 던졌다(Foot, 2000: 178).

려웠다고 결론을 내렸다(Wachman, 2001: 274).

그러나 이러한 평가는 중국 정부의 인권규범에 대한 태도가 1997년을 전후로 크게 변화했다는 점을 간과하는 것이다. 1997년 5월 16일 장쩌민 국가 주석이 프랑스 시라크 대통령과의 정상회담에서 발표한 공동성명에 "인권보호와 촉진은 유엔헌장의 정신과 원칙 그리고 인권의 보편성에 기초해야 한다"는 내용이 포함되었는데 중국이 외국 정상과의 공동성명에 인권문제에 대한 합의를 포함시킨 첫 번째 사례다. 장쩌민은 또한 1997년 10월 30일 클린턴과의 정상회담을 위해 미국을 방문하던 중 아시아 소사이어티에 참석하여 한 연설에서 인권의 발전은 점진적으로 이뤄져야 한다고 강조하면서도 "집단적인 권리와 개인적인 권리, 경제·사회·문화적 권리와 시민적·정치적 권리는 서로 나누어질 수 없는 것이다"라고 밝혔다(Foot, 2000: 213). 그리고 1997년 10월과 1998년 10월에 각각 국제인권의 핵심적인 원칙을 담고 있는 사회권 규약과 자유권 규약에 서명했다.

이 시기 중국은 창피주기 전술을 포기한 서방 국가들과 인권대화를 시작했는데 이 역시 인권문제는 주권 내의 문제라는 주장에서 한걸음 물러난 것이다. 물론 중국은 인권대화를 양자 사이의 평등한 대화로 규정하고 인권대화가 중국 인권문제를 비판하거나 국제화시키는 장으로 활용되는 것을 방지하고자 했다. 지금까지 인권대화는 중국과 유럽연합 사이에 가장 활발하게 진행되고 있다. 1995년 이후 중국과 유럽연합은 매년 두 차례의 인권대화를 거의 중단하지 않고 진행해왔고, 2008년 5월까지 총 25차례의 인권대화가 진행되었다. 인권대화가 그리 순조롭게 진행되지 않는 사례도 있는데 미국과의 인권대화는 2002년 이후 6년 동안 중단된 이후 2008년 5월에야 제14차 인권대회가 진행되었다. 그리고 캐나다와의 인권대화는 2005년 11월 제10차 인권대화가 진행된 이후 중단된 상태다. 전자의 경우는 미국이 유엔에서 중국 인권문제를 비판한 것에 대한 중국의 항의 때문이었고, 후자는 캐나다 내부에서 중국과의 인권대화의 실효성에 대한 비판적 여론이 증가한 것이 원인이었다.

최근까지의 인권대화 진행을 보면, 인권대화가 민감한 인권문제에 어떤 직접적인 변화를 가져오지는 못했다는 점에서 뚜렷한 한계가 나타난다. 특히 중국은 인권대화의 참여자들을 정부 관계자로 제한하고 있기 때문에 인권대화를 통해 인권협력을 강화하는 데에도 어려움이 많다. 이는 인권대화의 무용성을 주장하는 근거가 되고 있는데, 미국 정부가 중미 인권대화의 재개를 먼저 요구했다는 점에서 정부 차원에서는 중국의 인권문제를 논의하는 유효한 통로 중 하나로 받아들여지고 있는 것 같다. 또한 인권대화는 외부의 중국 인권문제에 대한 관심사를 중국에 전달하고, 중국의 법 집행 관련 부서들과 공무원들의 인권에 대해 이해 수준을 높이며, 중국 내 인권 전문가들과 서방 세계의 인권 전문가들의 상호 교류를 촉진하는 등 긍정적 역할을 하고 있다. 특히 정치적으로 민감하지 않고 중국 정부도 인권보호의 증진이 필요하다고 인정하고 있는 영역, 사법체제의 개혁, 여성문제 등의 영역에서는 긍정적인 효과를 낳기도 했다.[12] 즉, 당장 실질적인 효과는 크지 않더라도 중국 내 인권규범의 확산이라는 측면에서는 일정한 역할을 하고 있다.

이러한 변화는 일종의 전술적 양보에 해당된다고 할 수 있는데, 중국 정부가 천안문 사태 이후 반대 세력을 효과적으로 통제하고 있었기 때문에 이를 아래로부터의 압력의 결과로 보기는 힘들다. 이러한 변화에 대해서는 중국 정부가 자신들이 정한 프로그램에 따라 인권정책을 변화시켰다거나 국제적 압력이 효과를 발휘했다는 두 가지 해석이 가능하다. 이 두 가지

---

[12] 인권대화의 진행 방식과 효과에 대해서는 중국과 캐나다 인권대화 사례를 분석한 버튼 외(Burton and Associates, 2006) 참조.

요인이 각각 어느 정도의 역할을 했는지 분명하게 평가하기는 어렵지만, 중국의 양보가 유엔인권위원회에서 공방전이 가장 치열하게 진행되던 시기, 특히 유엔인권위원회 총회를 앞두거나 중미정상회담을 앞둔 시기에 집중되었다는 점은 중국이 국제사회의 비판을 부담스러워하고 있었음을 보여준다.

이는 규범이 정부의 행위에 영향을 미친다는 나선모델의 타당성을 보여주는 것이다. 그런데 이러한 반응은 무조건적인 것이 아니라 이를 유발하는 내재적 요인들이 있었다. 중국 정부가 국제인권규범을 무시할 수 없었던 데는 다음의 두 가지 요인이 중요하게 작용했다. 첫째, 중국은 개혁개방정책을 시작한 이후 국제사회의 책임 있는 일원으로 참여하기 위해 계속 노력해왔으며 실제로 국제사회의 참여를 통해 경제적으로 많은 이득을 누렸던 국가다. 둘째, 중국은 유엔 상임이사국의 일원으로 유엔이 주도하여 만든 국제 규범을 무시할 수 없는 국가다. 특히 중국의 성장에 대한 외부의 우려를 불식시키기 위해 '책임을 지는 대국'으로서의 이미지를 만들어가려는 입장에 있기 때문에 국제 규범을 위반하는 국가로 비쳐지는 것은 커다란 부담이 될 수밖에 없었다. 즉, 중국은 물질적 측면과 규범적 측면 모두에서 이러한 창피주기에 부담을 느끼고 이에 적극적으로 대응할 필요가 있었다. 그렇다면 이러한 요인이 결여되어 있거나 다른 내재적 요인들을 가지고 있지 않는 한 국제인권체제의 도덕적 압력만으로 개별 국가의 태도를 변화시키는 데에는 커다란 한계가 있을 것이다.

요약하면 국제인권체제의 압력은 중국 인권상황이 3단계로 이행하는 데 촉진제 역할을 했다고 볼 수 있으며, 이러한 효과는 중국 정부가 국제사회의 비판을 민감하게 받아들 수 있었던 내적 요인을 가지고 있었기 때문에 가능했던 것이다. 그러나 인권의 가치가 규범적 지위를 확보하는 단계로의 이행 과정에서는 그 양상이 크게 다르다.

5. 중국 내에서 인권규범의 내재화와 한계

나선모델은 3단계에서 국가가 인권규범의 보편성을 전제로 하는 담론 질서에 빠져들고, 이는 다시 초국적 인권 네트워크와 국내의 반대 세력을 더욱 긴밀하게 연결시키면서 다음 단계로 이행할 수 있는 조건을 만든다고 설명한다. 그런데 중국의 경우 1997년부터 전술적 양보가 본격화되었다고 한다면 현재 10년이 지난 시점까지도 국내의 반대 세력이 강화되거나, 국내의 반대 세력이 초국적 인권 네트워크와 결합하는 현상이 나타나지 않고 있다. 나선모델의 예측이 아직 실현될 조짐이 보이지 않고 있는 것이다. 그뿐만 아니라 이러한 상황이 단기간 내에 변화될 가능성도 낮아 보인다.

우선 국제사회에서 중국 인권문제는 계속 의제로 제기되고 있지만 그 압력의 정도는 크게 낮아졌다. 서방 국가들의 중국 인권문제에 대한 태도는, 문제가 나타나는 경우 구두로 개입하는 정도에 머물러 있으며 중국에게 압력이 될 수 있는 어떤 실질적인 수단도 동원하지 않는다. 2008년 3월 발생한 티베트 사건부터 올림픽 개막에 이르기까지 서방 국가들의 태도가 이러한 양상을 잘 보여준다. 티베트에서 유혈 충돌이 발생했을 때만 해도 중국 인권문제에 강도 높게 개입할 것처럼 보였던 서방 국가들은 어떤 실질적인 수단도 동원하지 않았고 올림픽이 개막되는 시점에서 티베트 문제는 더 이상 중국과 서방 국가들 사이에서 중요한 의제로 다뤄지지 않았다.

반면 국제인권 NGO들은 중국의 인권을 계속 문제로 삼고 있으나 물리적으로는 물론이고 도덕적으로도 중국 정부의 태도를 변화시킬 만한 영향력이 없다. 중국 정부는 무엇보다도 지속적인 경제성장을 기초로 억압적 국가로서의 이미지를 상쇄시킬 수 있는 많은 수단을 가지고 있다. 예를 들어 국제인권 NGO들이 주로 시민적·정치적 권리에 관한 국제규약과 관련된 사항들을 문제로 삼는 반면, 중국 정부는 생존권과 발전권이라는 국제인권규범의 또 다른 내용들을 인권보호의 실적으로 내세우고 있다.

마지막으로 국제인권체제 혹은 국제인권규범이 중국 내 반대 세력을 강화시키는 데 직접적인 효과가 거의 없다는 점도 분명해졌다. 1997년과 1998년 중국 정부가 사회권 규약과 자유권 규약에 서명했을 때 이를 계기로 국내의 반대 세력이 강화될 수 있을 것이라는 기대가 있었다. 1998년 중국 내 반체제 인사들이 클린턴의 중국 방문을 앞둔 시점에서 '중국민주당' 건설을 시도한 것이 그러한 분위기를 반영한 것이다. 그런데 중국 정부는 중국민주당을 불법으로 규정하고 주요 관련자를 체포하는 강경책으로 대응했다. 2006년 8월 미국으로 추방된 인사들을 중심으로 중국민주당 제1차 대표 대회가 개최되는 등 이들의 활동은 계속되고 있으나 그 양상은 나선모델이 예측한 중국 내에서 반대 세력의 강화와는 거리가 멀다. 위의 추세들은 국제인권체제의 작용만으로는 중국 내에서 인권규범을 확산시키기 어렵다는 것을 보여준다. 이는 나선모델의 3단계를 지나 4, 5단계로 진입하는 과정은 이 모델이 전망하는 것보다는 더욱 복잡한 과정을 거치며, 국내적 요인, 특히 국가의 역할을 주요 독립변수로 삼아 이 과정을 분석할 필요가 있다는 것을 의미한다.

여기서 두 가지 문제가 제기된다. 과연 중국은 3단계를 지나 4단계로 진입할 수 있는 객관적 조건을 가지고 있는가? 그렇다면 중국이 4단계로 진입하는 것을 촉진할 수 있는 주요 동력은 어디에 있는가?

첫째 문제와 관련하여 슈바르쯔는 나선모델에 대해 3단계의 마지막 국면에서 민주적 체제 전환이 발생해야만 4단계로 이행할 수 있다는 내용이 보완되어야 한다고 주장했는데(Schwarz, 2004: 206), 그의 주장에 따르면 위의 결과는 당연한 것이다. 중국의 정치체제가 민주적 체제로 전환하지 않는 한 중국의 인권상황이 4단계로 진입할 수 없는 것이다. 사실 나선모델에서도 이러한 측면을 완전히 간과하고 있는 것은 아니다. 나선모델도 민주적 체제로의 전환이 4, 5단계로 발전하는 데 가장 중요한 경로라고 보았으나, 그 밖에 '통제된 자유화(controlled liberalization)'를 통해서도 4단계로 진입할 수 있다고 보았다는 점에서 4단계로의 이행 경로를 더 폭넓게 설정하는 차이가 있는 것이다.

중국의 경우에 이러한 차이는 중요한 의미를 갖는다. 슈바르쯔의 논리를 따르면 중국은 4단계로의 이행을 위한 조건을 결여하고 있고, 나선모델에서는 명시적으로 인정한 것은 아니지만 중국의 경우도 근본적인 체제 전환 없이도 인권상황이 개선될 수 있는 가능성이 열려 있기 때문이다. 그런데 양자 모두 앞에서 국제인권규범의 중국에 대한 영향을 설명하면서 지적한 것과 비슷한 문제점을 가지고 있다.

슈바르쯔의 모델은 인권상황의 변화를 지나치게 물리적 조건과 연결시키고 규범의 영향력을 무시하는 문제점이 있다. 앞에서 살펴본 것처럼 중국의 경우는 전술적 양보를 넘어서는 진전이 있었으며 이러한 측면에서 볼 때 3단계와 4단계 사이의 체제 전환이라는 문턱이 존재한다고는 볼 수 없다. 그리고 나선모델의 경우는 다른 경로가 출현할 가능성을 제시하나 이러한 가능성이 어떤 상황에서 나타날 수 있는지를 설명하지 않고 있다. 이는 이 모델이 초국적 네트워크의 적극적 역할 이외에 이러한 변화를 촉진할 수 있는 국내적 변수 등 다른 변수, 특히 국가를 고려하지 않는 데서 비롯된 문제로 보인다. 중국의 경우는 4단계로의 진전이 단순히 초국적 네트워크의 영향이라고 해석하기는 어렵다. 2004년 헌법 개정 등은 중국의 인권문제에 대한 국제사회의 압력이 약화되던 시기에 이뤄진 것이며 이는 중국 내에 인권문제를 변화시키는 독자적 동력이 존재함을 보여주는 것이다.

여기서 두 번째 문제에 눈을 돌릴 필요가 있다. 과연 중국 내에서 인권상황을 변화시키는 동력은 무엇인가?

중국 내에서 인권문제가 부상할 수밖에 이유는 기본적으로 경제적 변화의 결과라고 할 수 있다. 이는 근대화 이론의 정당성을 옹호하는 것이 아니다. 근대화 이론은 경제성장 및 소득수준의 증가→ 중산층의 형성 → 민주화라는 틀로 인권문제의 진전을 설명한다. 그러나 중국에서 인권을 둘러싼 상호작용은 이러한 단선적 발전을 따르지 않는다. 그보다는 경제성장을 촉진하기 위해 시도된 시장개혁이 중국 내에서 계층 분화와 계층 사이의 갈등을 촉발시키면서 중국 정부가 인권문제에 새로운 태도를 취하도록 만들고 있다.

과거 사회주의체제에서 개인은 경제적·정치적으로 국가에 완전히 종속되어 있는 대신에 국가는 개인들의 기본적 생활을 보장해주었다. 그러나 시장화 개혁은 개인들이 시장에서 자신의 생존을 위해 자원을 획득하도록 만들었으며, 그 결과 이들은 경쟁에서 자신을 보호할 수 있는 새로운 경제적·사회적 권리가 필요해졌다. 그리고 취약 계층에 속할수록 시장화 과정에서 권력과 유착된 세력에게 재산권 등의 개인 권리를 심각하게 침해당하는 상황이기 때문에 그 필요성은 더욱 시급해지고 있다.

또한 중국 공산당과 중국 정부의 통치 정당성 문제도 국내에서 인권규범이 확산되는 데 중요한 역할을 했다. 중국은 이념적으로 사회주의를 내세우고 있으며 중국 공산당은 전체 인민의 이익을 대표하는 정당이라는 이념을 내세워 집권당의 지위를 정당화하고 있다. 이러한 측면에서 중국 정부는 인민에 대한 약탈자가 아니라 인민의 권익을 보호한다는 이미지를 유지시킬 수 있는 실질적 조치를 필요로 한다. 이는 사회주의 이념이 비록 잔여적 존재로서 전락하고 있지만 여전히 중국에서는 유의미한 역할을 하고 있다는 것을 보여준다.

이러한 요인들이, 비록 한계가 많지만 중국 내에서 인권규범을 확산시키는 주요 동력이라고 할 수 있다. 물론 이러한 동력으로 당장 중국의 인권상황이 4단계를 넘어서 5단계로 진입할 수 있다고 보기는 어렵다. 사실 인권 영역에서 규범이 일치하는 행위관습이 정착되기 위해서는 정치체제가 민주적이고 개방적인 방향으로 변화되어야 한다는 점은 국제인권규범의 확산과 관련한 모든 연구가 공통적으로 지적하는 사실이다. 그러나 중국 내 인권규범은 현실주의적 접근이나 구성주의적 접근이 예측하는 것보다는 정치사회 영역에서 더욱 복잡한 상호 작용을 유발시키고 있다는 사실을 주목할 필요는 있다. 그리고 이러한 상호 작용에 주목할 경우 인권규범은 단지 정치체제 변화의 종속변수가 아니라 정치체제 변화를 촉진시킬 수 있는 독립변수로서의 의미를 가질 수 있다는 사실에도 주목할 수 있을 것이다. 최근 확산되는 아래로부터의 집단행동들이 이러한 가능성을 보여주고 있다.

장기적으로 보면 이러한 변화의 폭과 속도는 아래로부터의 사회적 압력과 지배 연합의 대응 방식에 따라서 좌우될 것이다. 다만 현재 인권상황과 관련하여 중국이 4단계로 진입한 성과를 더욱 공고히 하고 5단계로 진입할 수 있는 가능성을 높이는가의 여부를 판단하는 지표의 하나로 자유권 규약의 비준 시기와 비준 방법을 주목할 필요가 있다.

중국 내 인권 관련 연구자들은 자유권 규약의 비준에 비교적 적극적인 입장을 보이고 있다. 처음으로 자유권 규약의 비준과 관련한 구체적 제안을 제시한 천꽝중(陳光中)은 중국이 국내적으로 많은 준비가 필요하기 때문에 서두를 수는 없지만 그렇다고 지나치게 늦출 경우 인권의 향상과 국제사회에서의 활동에 불리할 수 있기 때문에 비준을 위한 준비를 적극적으로 전개해야 한다고 주장했다(陳光中, 2002: 505). 국제인권조약과 중국 국내법 사이의 관계를 연구해온 모지홍(莫紀宏)은 2010년 중국 특색의 사회주의 법률체계를 초보적으로 구축한다는 목표를 고려하면 2010년까지 이 규약의 비준이 이뤄져야 한다는 구체적인 제안을 하기도 했다(莫紀宏, 2005: 265).

<표 4-3>은 자유권 규약을 비준한 162개 국가들 가운데 서명에서 비준까지 10년 이상이 걸린 국가들의 목록이다. 사실 서명에서 비준까지 일정한 시간이 걸리는 것은 아주 이례적인 것은 아니다. 법치를 강조하는 선진국들

<표 4-3> 자유권 규약의 서명에서 비준까지 10년 이상 소요된 국가

소요 기간	국 가
10년	폴란드(1967~1977)
11년	아이슬란드(1968~1969), 이탈리아(1967~1978)
12년	캄보디아(1980~1992), 엘살바도르(1967~1979)
15년	이집트(1967~1982), 기니(1967~1982), 에콰도르(1967~1982), 벨기에(1968~1983), 미국(1977~1992)
16년 이상	아일랜드(1973~1989), 아르헨티나(1968~1986), 필리핀(1966~1986), 알제리(1968~1989), 이스라엘(1966~1991), 온두라스(1966~1997), 자메이카(1967~2004)

자료: http://www2.ohchr.org/english/bodies/ratification/4.htm

중에서도 법이 갖는 중요성 때문에 국제조약과 국내법의 관련 규정들을 일치시키기 위한 정비를 위해 서명에서 비준까지 상당한 시간이 걸리는 예가 적지 않았다. 그러나 <표 4-3>은 그 기간이 10년 이상 소요되는 것은 이례적이며, 그 대부분(캄보디아와 미국을 제외한)이 국제적으로 자유권 규약이 발효되기 이전에 서명한 국가들이라는 사실을 보여준다. 따라서 올해로 자유권 규약에 서명한 지 12년이 지난 중국이 비준을 위한 구체적인 작업을 진행하지 않는다면 앞으로 비준을 요구하는 압력이 더욱 증가할 것이다.

만약 이러한 문제점을 인식하고 중국 정부가 4~5년 내에 자유권 규약을 추진한다면 그 내용을 주목할 필요가 있다. 많은 나라가 규약을 비준하지만, 현실에서는 인권침해가 광범위하게 이뤄지는 경우가 많다는 점을 고려하면 규약의 비준 자체가 인권보장을 의미하는 것은 아니다. 그러나 중국이 국제사회에서 차지하는 특수한 지위와 내부적으로 권리의식이 빠르게 성장하고 있다는 점을 고려하면 중국 정부의 자유권 규약 비준이 중국의 인권상황에 새로운 역동성을 불어넣을 것이리고 예상할 수 있다. 중국 정부가 자유권 비준에 신중한 태도를 보이는 것도 이를 단순히 형식적으로만 보는 것이 아니라는 점을 반증해주는 것이다.

여기서 주목되는 것은 자유권 규약과 현재 중국의 국내법과 정치체제 사이의 충돌이 있기 때문에 중국이 자유권 규약을 비준할 경우 사회권 규약보다는 더욱 많은 유보 혹은 해석성 선언이 필요할 것인데 중국 정부가 그 범위를 어떻게 정할 것인가다.[13] 천광중의 경우는 자유권 규약과 중국의 국내법 사이에는 커다란 충돌이 존재하지 않는다고 보고 일부 부분적 조정을 통해서만 비준이 가능하다고 본다. 그러나 이는 자유권의 내용을 지나치게 확대해석한 결과이며 국제적 기준에 부합하기는 힘들 것으로 보인다. 반면 모지홍은 자유권과 국내법 사이의 구체적인 측면에서 적지 않은 충돌이 있다고 보고, 비준 시 이를 더욱 신중하게 고려할 것을 제안하고 유보했으며 선언이 필요한 부분을 비교적 상세하게 정리했다.[14] 다음 <표 4-4>는

---

13) 중국은 2001년 사회권 규약을 비준할 때 8조 1항(노조 설립과 노조 참가의 자유와 파업권 관련 조항)은 중국의 헌법, 공회(노동조합)법, 노동법 등에 따라 실시한다고 선언했다. 이는 중국 공회법에서 노조 설립은 상급 노조의 허가와 승인이 필요하다고 규정하여 노조 설립의 자유를 제한하고 있고, 파업권도 헌법이나 관련 법규에서 명확하게 보장하지 않고 있는 현실과의 모순을 피하기 위한 것이다. 선언은 규약의 정신을 독자적으로 해석하는 것이며 유보는 규약의 일부 내용의 적용 자체를 배제하는 것이다. 중국은 사회권 규약을 비준할 때 어떤 조항도 유보하지 않았다.

14) 이러한 사례로 종교자유와 관련한 양자의 차이를 들 수 있다. 천광중은 헌법의 종교신앙의 자유를 규정한 것으로 자유권 규약 제18조에 규정된 종교의 자유 조항을 만족시킨다고 보았으나(陳光中, 2002: 519~520), 모지홍은 중국 헌법에 명시된 종교신앙의 자유는 특정 종교를 믿을 수 있는 권리를 보장한 것이지 종교를 창설할 수 있는 자유까지 포함한 것은 아니라는 점에서 커다란 차이가 있으며 중국에서 단기간에 종교 창설의 자유를 보장할 수 없을 것이기 때문에 비준 시 이 조항은 유보해야 한다고 주장했다(莫紀宏, 2005: 272).

<표 4-4> 천광중과 모지홍의 자유권 규약 방안 비교

	陳光中	莫紀宏
제3조 남녀평등	O	공무원 퇴직연령상의 불평등 조항 개정
제6조 생명권	O	O
제7조 고문금지	O	O
제8조 노예매매 및 강제 노동 금지	노동교양제도의 사법화	O (노동교양제도 사법화) 또는 × (8조 3항)
제9조 신체자유	O (단, 피체포자 및 피구금자의 권리 강화 필요)	× (노동교양제도의 사법화가 필요하나 단기간 내의 어려움이 있기 때문에 9조 3항에 대해 유보)
제12조 거주·이전의 자유	O (거주·이전의 자유와 관련한 법률 제정 필요)	△ (유보 혹은 해석성 선언 필요)
제14조 공정한 재판을 받을 권리	O	O (단, 비준 전에 무죄추정원칙을 명확하게 하고 묵비권 보장 필요)
제18조 사상, 양심, 종교, 신앙의 자유	O (단, 헌법에 사상과 양심의 자유 원칙을 표기)	△ (헌법에 사상, 양심의 자유 원칙 표기 또는 해석성 선언)
제19조 의사표현의 자유	△ (헌법 내에서 보장된다는 점을 성명)	좌동
제21조 집회의 자유	O (집회자유를 침해받을 경우 구제절차 확립과 거주지에서만 집회를 조직하고 참여할 수 있다는 법률 조항 폐지 필요)	△ (해석성 선언)
제22조 결사의 자유	△ (해석성 선언)	△ (해석성 선언)
제25조 공공사무 참여의 권리	O	O

주: O 규약과 국내법이 기본적으로 일치
  △ 해석성 선언으로 규약과 국내법의 모순을 해소
  × 규약과 국내법이 충돌(법률개정이나 유보가 필요)
자료: 천광중(陳光中, 2002: 503~523), 모지홍(莫紀宏, 2005: 263~336)에 기초하여 필자가 정리

두 사람이 각각 자유권 조약을 비준할 때 유보, 선언 및 국내법의 개정이 필요하다고 지적한 부분을 정리한 것이다.

이 방안에 따라 비준이 진행된다면 신체의 자유, 사법절차에서 개인의 변호권과 권리를 침해받을 경우 항의 및 배상 절차 등과 관련한 영역에서는 인권보장이 강화될 수 있을 것으로 보인다. 반면 집회 및 결사의 자유와 표현의 자유에 대해서는 국내의 관련 법규를 통한 제약이 계속 이뤄질 것이기 때문에 비준 자체가 이 영역의 권리를 보호하는 데 큰 효과는 없을 것이다. 이 역시 현 체제 내에서도 인권보호가 증진될 수 있는 여지와 가능성이 있다는 점과 동시에 중국 내에서 국제인권규범이 관습화되기 위해서는 정치체제가 더욱 개방적으로 개혁되어야 한다는 점을 동시에 보여주는 것이다.

6. 결론

5절에서는 중국을 사례로 국제인권규범의 내재화(internalization) 과정을 살펴보았다. 그리고 중국이 국제인권체제와의 상호 작용에 적극적으로 참여하고 있으며 국제인권규범의 보편성을 원칙적으로 수용하기 시작했다는 사실과 중국 국내에서도 인권상황이 동태적으로 변화하고 있다는 점을 확인할 수 있었다. 이러한 변화를 통해 우리는 국제인권규범의 확산과 관련하여 다음 몇 가지 함의를 찾을 수 있다.

우선 기존 모델에 대한 함의다. 이 글은 나선모델을 연구의 출발점으로 삼았다. 그리고 이 모델이 예측하는 것처럼 국제인권규범이 중국 정부의 인권에 대한 태도 변화를 이끌어내는 데 중요한 역할을 했음을 확인할 수 있었다. 그러나 이러한 주장에 대해서는 다음 두 가지 사실이 보완될 필요가 있다.

첫째, 중국에서 3단계로의 이행에 초국적 인권 네트워크의 영향이 중요하게 작용한 것은 사실이지만 동시에 초국적 인권 네트워크의 역할만으로 중국 정부의 태도 변화를 설명하기는 힘들다. 중국 정부의 태도 변화는 중국이 국제사회에서 차지하고 있는 특수한 지위와 이미 매우 높은 수준으로 진행된 경제개방 및 그로부터 획득할 수 있는 이익을 고려할 때 더욱 잘 설명될 수 있다.

둘째, 중국에서 인권의 동학은 3단계를 넘어서면서부터는 나선모델이 강조하는 초국적 인권 네트워크보다는 중국 내부의 변화 요인이 더욱 중요하게 작용한다.

따라서 5단계 모델은 국내적 변수, 특히 국가의 능동적 역할을 더욱 충분하게 고려해야 개별 국가에서 진행되는 인권규범의 확산 메커니즘을 효과적으로 설명할 수 있을 것이다. 국제인권규범의 확산에서 개별 국가는 피동적 수용자가 아니며 이들의 대응 방식에는 커다란 편차가 존재한다. 따라서 국제인권규범을 확산하기 위해서는 개별 국가가 이러한 규범의 확산에 민감하게 반응할 수 있는 조건과 이러한 조건을 만들어내기 위한 방안에 대한 더욱 구체적인 연구가 필요하다.

또한 실천적인 측면에서 보면 중국의 사례는 정치체제의 개혁이 없이도 인권규범이 확산될 수 있다는 사실과 그 한계를 모두 보여준다. 중국의 사례는 슈바르쯔처럼 3단계에서 벗어나기 위해서는 체제 전환이 필요하다는 주장과는 달리 정치체제의 근본적 전환이 없어도 4단계로 진입할 수 있음을 보여주었다. 물론 4단계의 정착과 5단계로의 발전을 위해서는 정치체제의 전환이 필요한 것도 사실이다.

여기에는 선택의 문제가 존재하는 것으로 보인다. 인권보호의 초기 단계부터 정치 개혁이 병행된다면 그 과정이 지속적으로 진행될 가능성이 높아질 것이다. 그런데 현실에서는 정치 개혁의 기능성이 낮은 경우에는 어떻게 할 것인가라는 문제가 제기된다. 즉, 국제사회는 제한된 조건 내에서의 인권 증진을 수용하며 인권 증진을 장기적 과정으로 보며 대응할 것인가, 아니면 더욱 근본적인 변화를 위한 압박을 강화할 것인가라는 선택이 제기된다. 중국의 경우는 일단 전자의 경로로 진행되고 있는 것으로 보이며 이러한 진행을 변화시킬 수 있는 동력이 외부로부터 주어질 것으로 보이지 않는다. 따라서 앞으로 중국 인권상황의 변화 속도는 국제체제의 압력보다는 내부의 변화 요인들 사이의 상호 작용에 의해 좌우될 것이다.

이러한 중국의 사례는 북한 인권문제에 어떤 함의를 주는가? 북한의 인권상황은 나선모델의 2단계인 부인 단계에 있다고 할 수 있다. 나선모델에서는 2단계에서 3단계로 나아가는 데 초국적 인권 네트워크의 역할을 강조하나 북한의 경우 이들의 역할은 여전히 커다란 한계가 있다. 중국의 경우 2단계를 이행하는 데 초국적 인권 네트워크가 적지 않은 기여를 했으며 그중에서도 유엔인권위원회를 통한 비판이 중요한 역할을 했다. 그러나 앞에서 설명한 것처럼 중국의 경우는 유엔 상임이사국 등의 대국으로서의 지위를 가졌기 때문에 창피주기 전술에 민감하게 반응했으나, 국제사회와 북한의 상호 작용은 매우 제한되어 있기 때문에 창피주기 전술이 북한에 커다란 타격을 주지는 못하고 있다. 북한은 오히려 이를 체제에 대한 위협으로 간주하고 더욱 강하게 반발하고 있다. 그렇다고 물질적 제재를 통해 태도 변화를 이끌어내기도 어렵다. 북한에 대한 경제제재 등이 커다란 타격을 줄 수 있으나 지정학적인 요인에 의해 북한을 붕괴 상황으로 몰고 갈 가능성이 있는 국제 제재가 이뤄지기는 어렵고, 저강도 경제제재에 대해서는 이미 내성이 길러져 있는 상태이기 때문이다. 즉, 창피주기나 제재만으로 북한 인권상황의 변화를 촉진하기는 어려울 것이다.

그렇지만 장기적으로 보면 북한 인권상황의 개선이 비관적인 것만은 아니다. 북한의 국가 규모나 주변국과의 경제력 등의 격차를 고려하면 북한

이 3단계에 돌입한다면 그 이후의 변화는 중국의 사례보다는 더욱 빠르게 진행될 수 있다. 사실 이 점이 북한이 개방과 인권문제에 적극적인 태도를 보이기 어렵게 만드는 요인이기도 하다. 다시 말하면 3단계로의 이행이 갖는 의미가 중국의 경우보다 더욱 클 수 있다는 것이다. 따라서 북한 인권상황을 개선하기 위해서는 우선 북한이 3단계, 즉 정부 차원에서는 국제인권규범을 인정하고 사회적 차원에서 인권문제를 변화시킬 수 있는 새로운 동력을 만들 수 있는 단계로 진입하도록 하는 것을 목표로 삼아야 한다.

초기 단계에서 이러한 변화를 촉진시키는 가장 중요한 동력은 우선 경제적인 영역에서 만들어져야 한다. 무엇보다도 북한과 세계경제와의 통합 수준을 높여가는 것이 필요하다. 이는 두 가지 차원에서 중요한 의미가 있다. 우선 북한 정부가 국제사회에 협력적 태도를 취해야 할 필요성이 증가될 것이다. 동시에 북한 내에서 인권과 관련해 더욱 다양한 상호 작용이 발생할 수 있는 조건을 성숙시킬 수 있을 것이다. 이러한 변화가 동시에 진행되지 않는 상황에서 북한 인권문제에 제재 위주로 개입하는 것은 북한 정부의 비협조적 태도와 내부에 대한 통제의 강화 등으로 긍정적인 효과를 거두기 어려울 것이다.

물론 장기적인 관점에서, 북한이 경제적 빈곤으로부터 벗어나려면 인권상황의 개선이 병행되어야만 효과를 거둘 수 있다는 점을 인식하게 만드는 것이 중요하다. 그렇지만 북한 스스로 인권상황을 개선해가지 않으면 지속적인 협력이 어려울 것이라는 원칙을 국제사회가 분명히 제시하면서도 이러한 원칙이 북한의 현 체제 붕괴를 추구하는 것이 아니라는 점을 이해시켜야 북한에서의 변화를 촉진할 수 있을 것이다.

즉, 중국의 경우처럼 북한에 대해서도 정치적 체제 전환을 벤치마크로 삼아야 할 것인가 아니면 인권개선을 위한 모멘텀을 형성하는 데 목표를 두어야 할 것인가라는 선택에 직면하고 있는 것이다. 지금까지 여러 사례들은 국제인권규범의 영향력이 증가해왔다는 사실과 함께 국내적 차원에서 실질적인 변화를 이끌어내는 데 큰 한계가 있다는 점도 동시에 보여주고 있다. 이 점을 고려하면 북한 인권문제에 대해서도 후자가 느리지만 의미 있는 결과를 기대할 수 있는 접근이 될 것이다.

참고문헌

쑨자이용·자오빙즈(孫在雍·趙秉志). 2003. 「중국의 형법 개혁과 인권보장」. 한상돈 옮김. ≪비교형사법연구≫, 제5권 제2호, 995~1015쪽.
이남주. 2007. 「중국 환경운동을 통해서 본 인권담론의 발전과 특징」. ≪동향과전망≫, 총70호(2007년 여름호), 314~342쪽.
최지영. 2005. 「주권과 인권: 인권담론을 통해서 본 중국 주권에 대한 인식연구」. ≪中蘇研究≫, 104호(2004/2005), 65~92쪽.
陳光中 主編. 2002. 『'公民權利和政治權利國際公約'批准與實施問題硏究』. 中國法制出版社.
莫紀宏. 2005. 『國際人權公約與中國』. 世界知識出版社.
Baker, Phillip. 2002. "Human Rights, Europe and the People's Republic of China." *China Quarterly*, No. 169(march, 2002), pp. 45~63.
Burton, Charles and Associates. 2006. "Assessment of Canada-China Bilateral Human Rights Dialogue." http://spartan.ac.brocku.ca/~cburton/Assessment%20of%20the%20Canada-China%20Bilateral%20Human%20Rights%20Dialogue%2019APR06.pdf
Dittmer, Lowell. 2001. "Chinese Human Rights and American Foreign Policy: A Realist Approach." *The Review of Politics*, Vol. 63, No. 3(Summer, 2001), pp. 421~459.
Donnelly, Jack. 2007. "The relative university of Human Rights." *Human Rights quarterly*, Vol. 20, No. 2, pp. 281~306.
Foot, Rosemary. 2000. *Rights Beyond Borders: The Global Community and the Struggle over*

Human Rights in China. NY: Oxford University Press.
Kent, Ann. 1999. *China, the United Nations, and Human Lights: the Limit of Compliance*. Philadelphia. PN: University of Pennsylvania Press.
O'Brien, Kevin J. and Lianjiang Li. 2006. *Rightful Resistance in Rural China*. New York. NY: Cambridge University Press.
Risse, Thomas and Kathryn Sikkink. 1999. "The Socialization of International Human Rights Norms into Domestic practices: Introduction." Thomas Risse, Stephen C. Ropp, and Kathryn Sikkink(ed.). *The Power of Human Rights: International Norms and Domestic Change*. NY: Cambridge University Press. pp. 1~38.
Risse, Thomas and Stephen C. Ropp. 1999. "International Human Rights Norms and Domestic Change: Conclusion." Thomas Risse, Stephen C. Ropp, and Kathryn Sikkink(ed.), *The Power of Human Rights: International Norms and Domestic Change*. NY: Cambridge University Press. pp. 234~278.
Schwarz, Rolf. 2004. "The Paradox of Sovereignty, Regime Type and Human Rights Compliance." *International Journal of Human Rights*, Vol. 8, No. 2(Summer, 2004), pp. 199~215.
Wachman, Alan M. 2001. "Does Diplomacy of Shame Promote Human Rights in China?" *Third World Quarterly*, Vol. 22, No. 2(April, 2001), pp. 257~281.

제3부
북한인권 개선과 개입 전략

제5장 북한인권과 다자적 접근 | 서창록

제6장 북한인권의 국제법적 접근 | 원재천

제5장

북한인권과 다자적 접근

서창록　고려대학교 국제대학원 교수

1. 서론

두 차례의 세계대전을 치른 국제사회는 한 주권국가의 잘못된 인식과 차별에 의해 얼마나 많은 사람이 목숨을 잃을 수 있는가를 목격한 이후, 인권문제가 국가주권의 범위에서 다뤄질 문제가 아니라 국경을 초월하는 사안이라는 것을 인식하기 시작했다. 유엔이 주도적으로 인권문제에 관심을 표명하기 시작하면서 국제인권기구들이 발전했고, 각 지역마다 인권레짐이 형성되어 국제적으로 인식된 인권을 승인, 신장, 보호하는 데 중요한 역할을 해왔다. 또한 시민단체들도 인권의 중요성을 인식하고 인권보호를 위해 다양한 기능과 역할을 수행해왔다. 이런 과정을 통해 인권은 인간의 존엄성에 대한 인류 공통의 경험과 인식에 근거한 보편적인 이념으로 거듭나고, 개별 국가의 상이한 가치관이나 문화를 떠나 인간의 기본 권리로 이해되어 세계사회에서 제도화되어왔다.

이런 세계적 추세에 반하여 북한 인권문제에 대한 한국 정부의 대응은 극히 제한적이었다. 남북 간의 화해협력 논의가 오고 갈 때 북한의 인권실태를 거론하고 개선을 요구하는 것은 남북관계를 악화시키는 것이라고 주장해온 것이다. 이는 인권을 인간이라면 누구나 누릴 수 있는 보편적 가치로 보지 않고, 인권문제를 정치적 시각에서 해석하여 국제정치 무대에서 한국의 북한 인권문제에 대한 소극적 대응이라는 결과를 낳았다. 한국은 북한의 인권침해가 정치사회적 구조에 의해 체계적으로 이뤄지고 있어 외부 개입이 불가피하다는 것을 인식하고 국제사회의 일원으로서 세계적 인권신장을 위해, 적극적으로 북한인권을 개선하기 위해 노력해야 한다.

이 글에서는 지금까지 국제기구를 비롯한 국제사회의 다양한 행위자들이 개별적으로 북한의 인권을 개선하기 위해 어떤 노력을 기울여왔는지 살펴보고 이러한 노력들에도 개별적 행위자들이 실질적으로 인권문제를 개선할 수 없었던 이유를 알아본다. 또한 유럽에서 인권개선의 성공적인 모델로 여겨지는 헬싱키 프로세스(Helsinki Process)에 대해 알아보고 이러한 모델이 동북아시아에 적용되기 어려운 이유를 설명한다. 이러한 북한인권 개선의 노력의 한계를 극복하기 위해 다양한 행위자들의 자율과 참여를 허용하면서 서로의 네트워크를 통해 실질적 효과를 낼 수 있는 소위 거버넌스 모델을 모색해본다.

2. 국제사회와 인권

1) 국제인권기구의 발전

1948년에 제정된 최초의 양도할 수 없는 인권의 기본 원칙에 대한 보편적 진술인 세계인권선언(The Universal Declaration of Human Rights)은 모든 국제인권법의 근간이 되어왔다. 이 세계인권선언의 주요 가치는 무차별, 평등, 공평, 그리고 보편성으로 국적, 인종, 피부색, 종교, 언어 등에 상관없이 모든 사람은 그 존엄성과 권리에 있어서 평등하고 자유롭다는 것이다.[1] 제2차 세계대전 이후 국제인권법과 제도의 발전을 이끌어온 유엔은 세계인권선언을 시발점으로 각 개별 국가에 인권개선 노력을 요구하고 각국의 인권기구 설립을 적극적으로 지원하며 나아가 국제적 인권보장체제를 발전시키는 데 결정적으로 도움을 주었다.

유엔인권고등판무관(UN High Commissioner for Human Rights)은 유엔헌장을 기본으로 하는 유엔인권이사회(Human Rights Council)와 국제인권규약을 바탕으로 하는 유엔자유권규약위원회(Human Rights Committee)와 같은 유엔 내의 다양한 인권감시체제에 인권에 대한 전문 지식을 지원하는 역할을 하고 있다.[2] 인권침해 방지, 인권 존중, 인권을 위한 국제 협력 증진, 유엔인권기구 간의 협력, 그리고 다양한 유엔기구의 인권개선에 대한 노력을 한데 모으는 역할을 하고 있는 것이다. 또한 개별 국가의 인권상황을 감시할 뿐만 아니라 세계 인권 기준에 부합할 수 있도록 역량을 증가하는 데 도움을 주고 있다.

유엔인권이사회는 2006년 유엔경제사회이사회 산하의 유엔인권위원회(Commission on Human Rights)에서 승격된 조직으로 보편적 인권의 중요성을 인식하여 대량학살, 조직적 폭력 등의 인권침해 상황을 주시하고, 유엔 내 인권기구들과 유기적으로 연계하여 인권 증진을 위한 효과적 개선책을 마련하는 데 책임이 있다. 유엔인권이사회는 보편적 정례검토(Universal Periodic Review)를 도입했는데, 이는 4년에 한 번 192개의 유엔 회원국이 자국 내 인권상황을 이사회에 보고하게 되어 있는 독특한 제도를 말한다. 이 제도의 목적은 궁극적으로 모든 나라의 인권상황을 개선시키는 데 있으며,

---

1) The United Nations, "Sixty Anniversary of the Universal Declaration of Human Rights." http://www.un.org/events/humanrights/udhr60/declaration.shtml
2) The United Nations Human Rights, Office of High Commissioner for Human Rights. http://www.unhcr.org/pages/49c3646c80.html

각 나라가 스스로 인권문제를 의식하고, 효과적으로 개선할 수 있도록 실질적 도움을 주는 역할을 하고 있다.[3]

유엔인권이사회는 유엔총회로부터 직접 지시(mandates)를 받는 유엔인권고등판무관과 분리된 조직이긴 하지만 유엔인권고등판무관으로부터 인권이사회 회의나 그 밖에 행정적 지원을 받고 있다.

유엔자유권규약위원회는 각 개별 국가가 세계인권선언에 기초하여 1966년에 만들어진 시민적·정치적 권리에 관한 국제규약(International Covenant on Civil and Political Rights)[4]을 잘 이행하고 있는지 감시하는 독립적인 기구로서 회원 국가는 정기적으로 국가인권실태를 유엔자유권규약위원회에 보고해야 하는 의무가 있다. 또한 자유권규약위원회에 규약에 대한 해석과 그들의 업적에 대한 주제별 일반적 견해를 발표한다.

세계인권선언 60주년을 기념하여 한국의 인권문제의 현 주소와 인권위의 역할, 개선 방향에 대해 조언을 전하러 온 반기문 유엔사무총장은 유엔의 주요 목표인 인권, 개발, 정의, 평화의 가치가 서로 충돌할 경우 유엔사무총장의 입장에서는 보편적으로 수용되는 인권 원칙을 우선적으로 고려해야 할 만큼 인권문제는 국제적 최우선 관심 사안이라고 밝혔다(반기문, 2008). 또 유엔경제사회이사회 산하의 부속기구였던 유엔인권위원회가 유엔인권이사회로 승격된 것을 봐도 국제사회가 얼마나 인권의 보편적 가치를 중요시하고 있는지 알 수 있다. 또 개별 국가가 문화적 상대주의를 떠나 그들 사회 안에서 동일하게 인권의 중요성을 인식하고 지속적으로 인권보호 및 개선

---

3) Office of the High Commissioner for Human Rights, "The Universal Periodic Review."http://www.ohchr.org/EN/HRBodies/UPR/Pages/UPRMain.aspx
4) The United Nations Human Rights, Office of High Commissioner for Human Rights. "International Covenant on Civil and Political Rights." http://www2.ohchr.org/english/law/ccpr.htm

활동을 진행해야 한다는 것을 시사해준다.

2) 지역인권기구와 인권제도의 발전

유엔과 같은 국제인권기구와 함께 지역인권기구도 세계의 인권개선을 목표로 많은 발전을 이루어왔다. 유럽의 인권체제를 살펴보면 1948년 처칠(Winston Churchill)이 유럽의회(The Congress of Europe)에서 유럽인권헌장(European Charter of Human Rights)의 필요성을 강조한 이후 1950년 11월 마침내 시민적·정치적 권리를 중심으로 한 유럽인권규약(The European Convention on Human Rights and Fundamental Freedom of Europe)이 회원국들 사이에서 인정되기 시작했다. 이 규약은 기본적으로 인권 보편성의 효과적 인식 및 관찰을 목적으로 하며, 세계 평화와 정의 그리고 효과적인 민주정치의 근간인 근본적 자유(생명권, 고문 금지, 노예 금지, 강제노동 금지, 종교·표현·집회의 자유 등)를 지향하고 있다.[5] 유럽인권규약은 유럽인권위원회(The European Commission of Human Rights), 각료이사회(The Committee of Ministers of the Council of Europe), 그리고 유럽인권재판소(The European Court of Human Rights) 세 기관에 의해 운영되고 있다. 유럽인권위원회는 청원의 허용성 판단, 사실 조사, 분쟁 해결의 기능을 행사하고, 각료이사회는 위원회로부터 보고된 위반 사례를 공표할 수 있으며, 유럽인권재판소는 유럽인권위원회 또는 회원국이 제기한 소송을 취급한다(홍성필, 1996). 1998년 11월 제11차 의정서에 의해 유럽인권위원회가 폐지되고 그 기능이 모두 유럽인권재판소로 일원화되었다. 유럽의 인권제도도 유엔 세계인권선언과 마찬가지로 2차 세계대전 중 발생한 인간

---

5) The Council of Europe, "Convention for the Protection of Human Rights and Fundamental Freedoms." http://conventions.coe.int/Treaty/Commun/QueVoulezVous.asp?NT=005&CL=ENG

존엄성 파괴에 대한 반응으로부터 시작된 것이라고 볼 수 있다.

미주 지역의 인권보호를 위한 제도적 장치는 크게 미주인권위원회(The Inter-American Commission on Human Rights)와 미주인권법원(The Inter-American Court of Human Rights)으로 나눌 수 있다.[6] 1959년 설립된 미주인권위원회는 미주기구(The Organization of American States) 산하의 독립기구로서 모든 미주기구의 회원국을 대표한다. 인권의 보호와 증진을 기본 원칙으로 하는 미주인권위원회는 인권침해에 대한 청원 분석 및 조사, 개별 회원국의 인권상황을 보고, 미주인권법원에 소송 제기 및 규약 해석에 관한 자문을 구하기도 한다. 그러나 인종, 종교, 문화적 전통의 다양성이라는 점에서 미주의 인권체제는 유럽의 경우와 달리 효과적으로 작동하지 못했는데 1970년대와 1980년대 중남미 지역의 독재정권에 의한 인권탄압과 미국의 소극적 대응이 한몫을 했다.

아프리카의 인권보호체제의 특징은 인권과 민중권에 대한 아프리카 헌장(African Charter on Human and People's Rights)에 의해 설명할 수 있다. 아프리카 헌장은 아프리카통일기구(Organization of African Unity)의 18차 국가 및 정부수반 총회(1981. 6, 케냐 나이로비)를 통해서 채택되었으며, 1986년 10월 21일 발효되었다. 아프리카 헌장은 제목 그대로 개인의 권리뿐만 아니라 민중의 권리도 규정하고 있는데 시민적·정치적 권리를 포함한 경제적·사회적·문화적 권리를 규정하고 있다. 또한 아프리카 헌장은 아프리카 인권 및 민중권위원회(African Commission on Human and People's Rights)의 설립을 규정하여 위원회가 인권 및 민중권의 증진과 보호를 위한 임무를 수행하도록 하고, 헌장 규정의 해석 및 아프리카통일기구의 회의에서 결정한 임무를 수행하도록

---

[6] "The Inter-American Commission on Human Rights." http://www.cidh.org/DefaultE.htm.

하고 있다.[7]

아시아 지역은 다른 지역에 비해 인권레짐의 제도화가 가장 약한 지역으로 평가받고 있다. 1996년 아시아 태평양 지역의 국가인권위원회 및 국제인권 NGO가 회합을 가지면서 아시아·태평양 국가인권기구 포럼(Asia Pacific Forum of National Human Rights Institutions, APF)이 설립되었다. 인도, 인도네시아, 호주 및 뉴질랜드 국가인권위원회가 주축이 되어, 아시아·태평양 지역 각 국가의 인권위원회 건립을 촉진, 지원하는 데 합의하고 각국의 국가인권위원회의 기능을 관할하는 원칙을 규정한 라라키아 선언(Larrakia Declaration)을 채택하며 창립을 동의했다.[8] 이 기구는 국가인권기구의 위원과 직원의 훈련, 능력 개발, 네트워크 등 다양한 서비스를 제공함으로써 지역 내 국가인권기구들이 협력하여 인권신장을 도출할 수 있는 틀을 제공한다. 또한 회원국이 좀 더 효과적인 인권보호, 감시, 증진을 경험할 수 있도록 실제적이고 실용적인 지원을 제공하고 있다.

앞서 살펴보았듯이 유엔과 같은 국제인권기구 이외에 지역 내 인권기구도 인권문제에서 간과할 수 없을 만큼 큰 역할을 하고 있다. 지역인권기구를 통한 개별 국가의 인권개선 노력은 그들이 사회문화적, 정치경제적으로 상이한 국가들의 집합체이지만 인간의 기본 권리를 감시, 고발, 증진하는 데는 모두 같은 고민과 입장을 고수하고 있다는 것을 보여준다. 또한 지역 내 국가들의 정치경제적 상황에 따라서 보편적 인권신장을 위한 규약을

---

[7] 국가인권위원회, '아프리카인권기구.' http://www.humanrights.go.kr/02_sub/body04_1_4.jsp?NT_ID=58&flag=VIEW&SEQ_ID=410446&page=1

[8] 국가인권위원회, "아시아·태평양 국가인권기구 포럼(APF)이란?" http://www.humanrights.go.kr/02_sub/body04_2.jsp?NT_ID=60&flag=VIEW&SEQ_ID=410418&page=1. "About the Asia Pacific Forum, Asia Pacific Forum of National Human Rights Institutions, APF." http://www.asiapacificforum.net/about

얼마나 효과적·효율적으로 국내법에 적용하는지는 다르지만 앞에 설명한 모든 지역의 인권기구들은 회원 국가들 사이에서뿐만 아니라 지역 내 비회원 국가, 비정부기구, 다른 지역인권기구의 회원국들과 상호 협력하여 인권문제를 개선하려는 의지를 보이고 있다.

3) 헬싱키 프로세스와 다자간 협력체계

동북아 평화체제의 모델로 헬싱키 프로세스가 언급되면서 유럽의 다자협력안보에 대한 관심이 급증했다. 헬싱키 최종 결의(Helsinki Final Act, 1975)는 핀란드 헬싱키에서 열린 유럽안보협력회의(The Conference on Security and Cooperation in Europe, CSCE)의 최종 결의안으로서 유럽의 33개국과 미국, 캐나다가 합의한 협약이다. 다자적 합의 규약인 헬싱키 최종 결의는 다양한 범위의 국제문제를 포괄하고 있고, 냉전시대와 미국과 소련의 관계에 폭넓은 영향을 미쳤다는 데 그 중요성이 있다.[9] 인권문제를 다자적 협력을 통해 안보, 경제, 통상 등과 연계하여 지역적 차원에서 적극적으로 인권문제를 해결하기 위한 방안을 도출할 수 있도록 정책을 구사했다는 점이 헬싱키 프로세스의 교훈이다.

1954년 제네바 회의에서 소련은 2차 세계대전 이후 형성된 동유럽의 정치적 국경의 공식적 인식을 꾀하며 안보문제에 대한 유럽회의를 열고자 했다. 그러나 당시 미국과 서유럽 국가들은 소련과 공산주의의 입지를 견고히 할 수도 있다는 우려 때문에 안보문제 논의에 참여하기를 거부했다. 1970년대 초 서방 국가들은 안보문제 논의의 필요성을 인식하고 1972년

---

9) The US Department of State, "Helsinki Final Act." http://www.state.gov/r/pa/ho/time/dr/97936.htm.

헬싱키 협의를 준비하기 시작하여 1973년 7월 공식적인 유럽안보협력회의를 시작했다(서보혁, 2007: 346).[10]

1975년 8월 1일 미국과 캐나다를 포함한 모든 참가국이 헬싱키 최종 결의에 서명함으로써 다자적 합의를 위한 정상회담을 마무리했다.

헬싱키 최종 결의는 4개의 바스켓으로 분류되어 다양한 문제를 다루고 있다. 바스켓I은 주권평등의 원칙, 무력사용 금지의 원칙, 국경 불가침의 원칙, 영토 보전의 원칙, 분쟁의 평화적 해결 원칙, 국내문제 불간섭의 원칙, 인권 존중의 원칙, 민족자결의 원칙, 국제 협력의 원칙, 신의·성실의 원칙 등 국가 상호 관계에 지침이 될 원칙과 안보문제를 다루고 있다(김민서, 2006). 바스켓II에서는 무역과 과학적 협의를 주제로 하는 경제적 문제를 다루고 있고, 바스켓III에서는 이민의 자유, 국제분쟁으로 인한 이산가족문제, 문화 교류 및 언론의 자유를 포함한 인권문제를 강조하고 있다. 이는 종교, 인종, 언어 등 차별 없는 인간의 보편적 존엄성을 강조한 것으로 이산가족 만남, 경제협력, 여행 및 스포츠 등의 문화적 교류, 미디어 및 언론을 통한 정보 교류 등 서방 국가들의 인권의 중요성에 대한 인식으로 추가된 조항이다. 마지막으로 바스켓IV는 추가 회의와 협의 이행 프로세스에 대한 세부 사항을 나열하고 있다.[11] 헬싱키 최종 결의는 초기에 서방 국가들의 관심을 받지 못했고, 소련의 동유럽 지배를 공공연히 인정하는 계기가 될 수 있다는 우려의 목소리도 있었지만, 결과적으로 인권과 자유에 관한 바스켓III는 서유럽은 물론 동유럽과 소련의 반체제자들에게 중요한

---

10) 헬싱키 최종 결의서는 다자준비회담(1972. 11. 22~1973. 6. 8, 헬싱키), 1단계 회담(1973. 7. 3~7 헬싱키), 2단계 회담(1973. 9. 18~1975. 7. 21, 제네바), 3단계 회담(1975. 7. 30~8. 1, 헬싱키), 총 4단계를 거쳐 진행되었다.
11) The US Department of State, "Helsinki Final Act." http://www.state.gov/r/pa/ho/time/dr/97936.htm

협의였음이 증명되었다.

소련의 인권규약의 이행 과정을 감시하기 위한 비정부기구로 헬싱키 감시 조직(Helsinki Monitoring Groups)이 소련과 유럽 전역에 설립되었다. 이 조직들은 헬싱키 최종 결의에 나열된 규범 위반을 감시하고, 인권침해에 대한 국제적 관심을 유도하는 역할을 했다. 더 나아가 벨그레이드 추가 회의(Belgrade follow-up meeting)12)에서 헬싱키 최종 결의를 위반한 국가들을 찾기 위한 재조사 절차를 소개하면서, 소련 및 동유럽의 인권침해를 둘러싸고 진영 간 논쟁이 발생하기도 했다. 반면 이런 절차들은 소련이나 동유럽의 반체제자들이 인권에 대해 전보다 더 큰 목소리로 그들의 의견을 말하고 행동할 수 있는 제도적 발판을 마련해주었다. 헬싱키 최종 결의에 자세히 명문화함으로써 그 당시 소련 및 동유럽 국가들과 미국 및 서유럽 국가들 간의 정치·경제·문화적 차이로 발생할 수 있는 분쟁 가능성을 제거했을 뿐만 아니라 협의 규약의 이행을 계속적으로 감시할 수 있는 법적 조치가 병행되었다는 점을 인지할 필요가 있다.

유럽연합의 주도적 역할로 성안된 헬싱키 최종 결의는 유럽에 지속적이고 광범위한 정치사회적 변화를 가져온 유럽안보협력회의에 착수하게 만들어 동유럽에 대한 소련의 지배를 끝내고 결과적으로 냉전을 종식시킨 중요한 협의 결과물이다. 이 결의가 성공적으로 전개된 요인은 첫째, 공공외교(public diplomacy) 전략이다(서보혁, 2007: 366~367). 예를 들어 미국은 회의 기간 동안 기자 간담회를 자주 열었는데, 이는 동유럽의 취약한 인권상황을 세계에

---

12) The Organization of Security and Cooperation in Europe(OSCE), The first follow-up meeting, Belgrade. http://www.osce.org/item/15782.html 헬싱키 최종 결의의 일환인 추가 회의는 참여 국가들 간의 상호 이해, 안보 개선, 유럽 내 협력 증진 등을 가져왔다. 유럽안보협력회의의 첫 번째 추가 회의는 1977년 10월부터 1978년 3월까지 유고슬라비아 수도 벨그레이느에서 개최되었다.

알려 이를 개선하도록 압박을 가하는 데 효과적인 역할을 했다. 둘째, 창조적인 안보 구축의 노력이다. 단순히 안보 및 인권개선요건만을 나열한 것이 아니라 후속조치를 규정함으로써 감시, 검증의 단계를 제시했다. 셋째, 높은 수준의 인권 기준과 인도주의에 대한 이해다. 동서 양 진영의 이해관계를 세 개의 바스켓에 포함시켰다고 하더라도 진영 간 갈등 구조를 고려할 때 인권논의를 포함한 것은 획기적인 일이라고 할 수 있다. 넷째, 미국의 역할이다. 헬싱키 프로세스를 통해 서유럽뿐 아니라 유럽 전역에 인권문제에 대한 미국의 역할을 정당화하는 계기가 되었다. 다섯째, 헬싱키 프로세스의 역동성이 있다. 제한적인 협상이 아닌 지속적 자기교정 과정으로 상호 경쟁구도 안에서 자기 균형을 유지할 수 있었다.

　1970년대 서유럽이 동유럽과 소련의 영토와 체제를 인정하고 경제지원을 약속하는 대신 그들이 준수할 인권의 기준을 만들었던 헬싱키 협약은 인간의 보편적 기본 권리인 인권문제에 대해서는 국가 대 국가의 일대일 협력체제보다 다자적인 접근이 더욱 효과적이라는 것을 보여준다. 이런 이유 때문에 동아시아 지역안보체제 형성 가능성을 논의할 때 유럽의 인권 모델인 헬싱키 프로세스가 거론되는 것이다. 보편적인 인권을 동아시아 지역 내 국가들에게 전파하기 위해서는 경제, 안보, 인권문제를 분리해서 생각할 것이 아니라 포괄적으로 거론해야 하며, 각 나라의 체제 변화 등 정치적 불안 요소가 부재하는 상황에서 지역 내 국가들이 상호 협력하여 인권개선을 추구해야 한다는 것이다.

　헬싱키 프로세스는 경제, 안보, 정치, 인권을 연계하여 적대적 진영이 상호 협력함으로써 이 지역의 평화와 안정을 되찾는 데 의의가 있으나 헬싱키 프로세스를 북한 인권문제에 적용하는 것에는 여러 가지 어려움이 있다. 첫째, 북한 인권문제에 대해 중국 및 일본은 북한 인권실태보다는 자국의 이익을 더 중요시한다. 둘째, 동북아 국가들은 북한 인권문제보다 북핵문제와 같은 안보문제해결을 우선시하고 있기 때문에 다자 협상에서 인권문제를 언급함으로써 생길 수 있는 피해의 가능성을 배제하고자 한다. 셋째, 북한이 현재 다자적 협의보다 미국과의 관계를 개선하여 체제 생존을 추구하려는 전략을 내세우고 있어 다자구조 안에서 인권문제에 대한 논의가 이루어질 가능성이 낮다. 따라서 유럽의 헬싱키 프로세스 구조를 북한 인권문제에 그대로 적용하기보다는 개별 국가를 포함한 다양한 행위자들의 연계 및 상호 협력을 통한 네트워크 거버넌스를 구축해 북한 인권문제에 접근하는 것이 바람직하다.

4) 시민사회의 역할

현 국제사회는 국가를 유일한 행위자로 인식하던 전통적인 개념에서 벗어나 개인 및 다양한 NGO도 국제관계를 이해하는 데 중요한 행위자로 인식되는 새로운 구성형태를 취하고 있다. 정부 간 기구는 국가들의 합의를 바탕으로 성립된 조직으로, 정부 간 기구에 가입한 국가들은 대부분 내정 불간섭의 원칙을 적용하여 국제사회가 자국의 인권문제에 적극적으로 개입하는 것을 꺼리기 때문에 한계가 있으나 NGO는 국제 여론과 도덕성에 직접 호소함으로써 국가기구가 실행할 수 없는 것들을 보완해준다. NGO는 인권, 환경, 복지, 교육, 의료, 여성, 아동, 문화, 종교 등 다양한 분야에 걸쳐 관심을 가지고 개별 국가가 하기 힘든 역할을 수행하고 있다. 그중 인권 분야에서 NGO는 국가의 역할을 부정하지는 않지만 국제 여론 혹은 국제적 양심을 중요한 요소로 고려하여 인종차별, 고문, 적법 절차가 부재한 구속수감 등 국가 폭력에 의해 이뤄지는 많은 인권탄압을 국제사회에 알리고 이들을 구제할 수 있도록 노력한다.

개별 국가, 정치적 이데올로기, 경제이익 혹은 특정 종교에 종속되어 있지 않은 국제사면위원회(Amnesty International)[13]는 국제적으로 인권의 보편성이 인정, 존중, 보호될 수 있도록 캠페인을 하는 국제인권 NGO다. 이들은 인권상황을 조사하고, 인권침해가 발생하지 않도록 혹은 개선되도록 여러 역할을 하고, 인권침해를 당한 사람들이 정의를 찾을 수 있게 세계 사회에 호소한다. 회원국 또는 국제사면위원회 지지자들은 캠페인과 국제적 단결을 통해 정부, 여러 정치기구, 회사, 그리고 정부협력기구에도 그 영향력을 미치는데, 온라인 및 오프라인 캠페인, 집회나 직접적인 로비 같은 적극적 행동으로 인권문제에 공적 압력을 가하는 역할을 주도한다. 구체적으로 국제사면위원회는 여성폭력을 근절하고, 가난이 야기하는 인간의 기본 권리 박탈을 막고, 사형제도를 폐지하고, 고문에 반대하고, 양심수를 석방하고, 난민 및 이민자의 권리를 보호하며, 국제무기무역을 규제해야 한다는 데 목소리를 높이고 있다.

또 다른 국제인권 NGO인 휴먼라이츠워치(Human Rights Watch)[14]는 미국에 본부를 둔 가장 큰 인권단체다. 1978년 소련 및 동유럽 국가들이 헬싱키 결의서 인권규약을 준수하는지 감시하기 위한 헬싱키워치(Helsinki Watch)로 시작되었는데 여러 지역의 워치(Watch)들이 통합되어 1988년 휴먼라이츠워치가 형성되었다. 연구원들은 전 세계 70개국 이상의 인권침해에 대해 조사하고, 해마다 그 결과에 대한 보고서를 발행함으로써 인권침해 국가들을 각성시키는 역할을 한다. 휴먼라이츠워치는 여성인권, 아동인권, 무장세력의 무기 거래, 학문의 자유, 기업인들의 인권 책임, 국제법, 교도소, 마약, 난민 등을 다루는 특별 프로젝트도 구성하고 있다. 예를 들어, 1994년 대량학살로 50만 명 이상이 사망한 르완다에 대해 광범위한 인권침해 증거들을

---

13) Amnesty International. http://www.amnesty.org/en/who-we-are/about-amnesty-international
14) Human Rights Watch. http://hrw.org/about/whoweare.html

전범 재판소에 제공했고, 전 칠레의 독재자 피노체트(Augusto Pinochet)에 대한 법적 조치에 적극적 역할을 함으로써 인권에 반하는 극단적인 행위를 막는 데 일조했다.

국제사면위원회와 휴먼라이츠워치가 조사해서 발표하는 보고서는 국제적으로 공정성과 정확성을 인정받고 있다. 이들의 보고서가 국제인권논의에서 개별 국가가 인권레짐을 준수하는 척도로 이용되어 높은 신뢰를 얻고 있다는 뜻으로 해석된다. 이 밖에도 주요 국제인권 NGO들은 각종 인권규약을 지원하기 위한 실무그룹 활동에서 주도적인 역할을 수행하고, 인권레짐에 새로운 규범을 도입하고 있다. 무엇보다도 주요 국제인권 NGO들은 정부 간 합의가 이루어지지 못한 분야에서 NGO의 새로운 문제의식과 실천 전략을 제공함으로써 국제인권개선에 큰 기여를 하고 있다. 국제협약 체결에서 NGO들이 참여함으로써 규약이 좀 더 쉽게 체결되어 인권의 보편적 개념을 전파하는 데 효과적인 역할을 하고 있는 것은 사실이다.

3. 북한인권을 개선하기 위한 다자적 접근법 모색

지금까지 인권 보편성의 중요성, 국제사회의 인권에 대한 인식, 국제인권 기구 및 NGO의 발전과 역할을 살펴보았다면, 이제 구체적으로 미국, 일본, 중국, 한국 등 개별 국가와 국제기구, 그리고 시민단체가 북한인권을 개선하기 위해 어떤 노력을 해왔는지 살펴보자.

1) 북한인권 개선을 위한 노력

북한인권을 개선하기 위해 국제사회가 다양한 활동을 진개하면서 미국은

2004년 북한인권법을 채택하는 등 북한 인권문제에 직접적으로 개입하는 정책을 추구하기 시작했다(김수암, 2006). 이 북한인권법에 따라 2005년 레프코위츠(Jay P. Lefkowitz)가 북한인권특사로 임명되었고, 국제인권 NGO인 프리덤하우스(Freedom House)는 미 국무부 재정 지원을 받아 세 차례에 걸쳐 북한인권 국제대회를 개최했다. 그러나 북한 내 상황이 여전히 비참하고 미국 내 탈북자의 입국도 부진하다는 점이 지적되어 북한인권법을 재승인하는 법안이 2008년 10월 7일 부시 대통령의 서명을 거쳐 공식 발표되었다. 새 법은 북한인권법을 2009년에서 2012년까지 연장하는 것을 골자로, 탈북자들의 미국 내 재정착이 원활하도록 지원할 것, 북한인권특사직을 임시직에서 정규직으로 전환할 것, 탈북자의 진로·신원조회·재정착 등 여러 방안에 대해 한국 정부와 협력을 확대할 것 등을 명시하고 있다.[15] 한편 탈북난민을 적극적으로 수용하기 위한 이민법 개정안(Comprehensive Immigration Reform Bill)[16]이 2006년 5월에 통과되었는데, 이는 불량국가의 대량살상무기 프로그램이나 위폐 등 정부가 지원하는 조직범죄 활동에 관한 결정적이고 신뢰할 만한 정보를 제공하는 외국인들에게 이민 비자를 발급하는 내용을 포함하고 있다. 미국이 북한인권에 대한 연례보고서(Country Reports of Human Rights Practices)[17]를 발행하는 등 북한인권에 관심을 보이고는 있으나 구체적이고 실질적인 개선 방법이 부재한 탓으로 미국의 북한인권에 대한 소극적 대응을 비판하는 목소리가 높아지고 있고, 그 사이 미국이 동아시아 내에서의 영향

---

15) Govtrack.us. http://www.govtrack.us/congress/bill.xpd?bill=h110-5834
16) "Comprehensive Immigration Reform Act of 2006(S 2611)"(Bill that passed the U.S. Senate on May 25, 2006).
17) The US Department of State, "'Korea, Democratic People's Republic of' 2007 Country Reports of Human Rights Practices." http://www.state.gov/g/drl/rls/hrrpt/2007/100524.htm

력을 확대하려는 수단으로 인권문제를 이용하고 있다는 의문이 제기되기도 했다.

일본이 북한인권에 접근하는 목적은 북한인권 자체가 아니라 자국의 이익과 연관되어 있다. 다시 말해서 전체적인 북한인권 개선보다는 북한으로 납치된 피해자, 즉 일본인의 인권과 납북 일본인 처리문제에 관심을 가지고 있다. 2006년 6월 일본은 북한인권법 제정을 통해 납치사건 등 북한의 인권침해 상황이 개선되지 않을 경우 일본 정부가 특정 선박의 입항을 금지하고 외국환 및 외국무역 제재 등 경제제재 조치를 취한다는 조항과 일본 정부의 탈북자 지원책 마련을 위한 조항이 포함되어 있다(이금순, 2006). 이처럼 일본의 북한인권 정책은 북한 주민의 인권을 개선하기 위한 조치라기보다는 일본 국민의 이익을 위한 것으로 북한 주민의 인권문제에 대해서는 국제적으로 강력한 의견을 제시하지 않고 있다.

중국의 북한인권 정책은 탈북자 강제송환을 통해 쉽게 이해할 수 있다. 2006년 미국의 매클렐런(Scott McClellan) 전 백악관 대변인이 중국 정부의 탈북여성 강제송환 조치를 비판하고, 유엔난민고등판무관실(UNHCR)의 접근 허용을 촉구하고, 2008년 7월 브라운(Sam Brown) 상원의원 등 미 연방 상원의원 7명이 탈북자 강제북송 정책을 철폐할 것을 요구했음에도 중국 정부는 여전히 탈북자 색출에 힘을 기울이고 있다("미국 상원의원 7명, 후진타오에 탈북자 송환금지 촉구 서한", ≪뉴시스≫, 2008. 7. 15).

중국이 탈북자의 난민지위를 인정하기 쉽지 않은 이유는 중국의 국가이익과 연관이 있다(양순창, 2006). 첫째, 중국이 탈북자의 난민지위를 인정하면 북한의 열악한 인권상황을 인정하는 것이기 때문에 우호국가인 북한과의 관계가 악화될 수 있다. 둘째, 탈북자의 난민지위를 인정할 경우 탈북자의 수가 늘어 중국 내에 사회적 문제를 야기할 수 있다. 셋째, 탈북자의 난민지위를 인정하면 중국의 소수민족인 티베트나 신장 위구르 지역의 소수민족 독립 및 영토분할 분쟁이 일어날 수도 있다. 이런 이유 때문에 중국은 북한인권을 개선하기 위한 국제적 노력에 적극적으로 참여하지 못하고 있는 실정이다.

인권문제에 대한 논의가 국제사회에서 이뤄질 때에도 한국은 남북관계가 악화될 것을 우려해 북한인권에 대해 공식적인 의견을 피력하지 않았다. 과거 김대중·노무현 정권이 햇볕정책을 추구하며 화해협력의 분위기를 조성했지만 실제로 북한 주민의 인권개선책을 제시하는 데는 적극적인 입장을 취하지 않았다. 그러나 2006년 11월 유엔의 북한인권결의안 표결에 처음으로 찬성을 표한 것은 주목할 만하다. 한국 정부는 이번 결정이 인권의 보편성을 강조하여 인권신장에 기여하고 북한의 핵실험 이후 더욱 절실해진 북한과 국제사회의 인권 분야에 대한 대화와 협력을 촉진하는 계기가 되기를 기대한다고 밝혔다("한국 첫 찬성, 북한인권결의안 유엔 채택", ≪문화일보≫, 2006. 11. 18).

이명박 정부는 남북 간 인도적 문제의 해결을 핵심 국정과제로 선정하면서 대북 인권개선의 강력한 의지를 표명하고 있다. 2008년 3월 제7차 유엔인권이사회 고위급 회기 기조연설에서 정부는 북한에 인권개선 조치를 촉구했고, 이 회의에서 문타폰(Vitit Muntarbhorn) 북한인권특별보고관의 임기를 1년 연장하는 결의안에 찬성 의사를 표시했다(이금순·김수암, 2008: 206). 대북 인권정책에 소극적인 입장을 표명하던 김대중·노무현 정부와 달리, 이명박 정부는 2008년 8월 6일에 있었던 제3차 한미정상회담에서 북미공동선언문에 처음으로 북한 인권문제를 포함시키면서 북한인권을 개선하려는 의지를 적극적으로 보여주고 있다("햇볕정책으로 10년간 미뤘던 북한인권 공동성명에 채택", ≪동아일보≫, 2008. 8. 7).

국제인권기구인 유엔은 유엔인권이사회와 자유권규약위원회를 중심으로 북한 인권문제를 공론화하고 있다. 자유권규약위원회는 1997년과 1998년 두 차례 북한 인권상황 결의안을 채택했고, 유엔인권이사회는 2003년부터 2005년까지 세 차례 연속으로 북한 인권상황 개선촉구 결의안을 채택하여 북한의 인권을 개선하기 위한 대북압박의 의지를 보였다(최의철, 2006: 611). 2004년 임명된 문타폰 북한인권특별보고관이 제61차 유엔인권위원회 (2005. 3. 29)[18]와 제60차 유엔총회(2005. 8. 29)에 제출한 북한인권실태 보고서에는 북한 인권상황에 대해 식량권과 생명권 보장 불충분, 신체안전 개선 필요, 법적 차별, 거주·이동의 제약, 건강과 교육의 권리 취약, 전반적 자유권 제약, 여성과 어린이 권리 침해 등 전반적으로 부정적인 상황이 나열되어 있다. 유엔인권기구들의 지속적인 인권개선 노력에도 북한이 비협조적 입장을 표명하여, 지난 2005년 제60차 유엔총회부터 2008년 제63차 유엔총회까지 4년 연속 북한인권결의안이 통과되었다. 이 결의안은 북한 내의 조직적이고 광범위한 인권유린을 다시 한 번 비판하면서 남북대화와 인도적 기구의 접근 허용을 촉구하는 내용을 포함하고 있다(국가인권위원회, 2008).

물론 유엔의 결의안은 구속력이 없지만 결의안으로 채택됨으로써 북한 인권실태에 대한 국제사회의 우려와 관심이 심화되고 있고 북한이 개선의지를 보이지 않을 경우 지속적인 압박이 가해질 것이라는 사실을 각인시킬 수 있다.

유럽연합의 대북 인권정책은 인권과 민주주의를 근간으로 삼고 있다. 유럽연합은 제3세계 발전정책 지원에 있어서 인권 존중을 평화, 안보, 법치 등과 함께 중요한 요소로 간주하고 있는데 대북정책 역시 이 연장선상에서 추진하고 있다(서보혁, 2006). 유럽연합은 1998년 북한과 양자 간 정치대화를 시작으로 북한인권을 개선하기 위해 인도적 지원과 압력을 동시에 구사하고 있다. 2003년 유럽연합 연례보고서는 북한의 인권실태를 분석한 자료에서

---

[18] 여기서 지칭하는 인권위원회는 인권이사회로 승격되기 전의 위원회를 의미한다(최의철, 2006: 612).

북한 내에서 경제적·사회적·문화적 권리는 존중되지 않고, 시민적·정치적 권리는 침해되고 있다고 밝혔고, 2004년의 연례보고서에서도 유사한 내용으로 북한 인권실태에 대한 우려를 나타냈다(최의철, 2006: 608). 유럽연합은 유엔 등 다자간 인권기구를 통해 북한의 인권개선을 촉구하고 북한이 가시적인 조치를 취하지 않을 때 지속적인 대북 인권개선 압박을 가할 것이라고 지적하고 있다.

비정부기구인 국제사면위원회는 2006년 연례보고서를 통해 북한에서 고문, 처형, 정치범 억류 등 심각한 인권침해가 계속되고 있다고 밝혔다("국제사면위원회 북, 고문·처형 등 인권침해 심각", ≪뉴스한국≫, 2008. 7. 6). 이어 2007년에도 식량권과 생명권을 포함한 인권침해가 자행되고 있다고 밝히며 국제사회의 지속적 관심을 요구하고 나섰다. 북한 당국의 정치적인 투옥, 투옥된 임산부에 대한 낙태 강요, 고문, 교수형이나 총살형 같은 공개처형이 여전히 자행되고 있음을 밝히고, 중국 내 탈북자들 중 40%가 다시 북으로 체포된다고 보고했다. 한편 심각한 식량 부족 현실과 표현 및 종교의 자유가 없는 실태도 고발했다. 이렇게 연례보고서에서 북한의 인권침해를 거론하고 북한 당국에 인권개선을 촉구하고 국제사회에 관심을 요구하는 등 북한의 인권을 개선하기 위해 노력하고 있다.

또 다른 중요한 국제인권 NGO인 휴먼라이츠워치도 매년 세계인권보고서를 발행하면서 북한 인권상황을 보고하고 있다. 국제사면위원회가 2006년 연례보고서에서 발표한 내용과 같이 북한 인권상황은 임의 체포, 고문, 공정한 재판의 부재 등 여전히 열악한 실태를 보이고 있고, 중국에 체류 중인 탈북자가 북한으로 돌아갈 경우 구금, 고문, 심지어 처형까지 당하게 된다고 보고했다(서창록, 2006: 79). 북한인권에 대해 자유권과 교육·근로·건강권 등의 사회권 모두를 다루는 국제사면위원회와 달리 휴먼라이츠워치는 북한인권을 자유권 중심으로 다루면서 인권침해의 원인을 주로 북한의 정치체제로 꼽았다. 유엔의 적극적인 북한인권 개선 노력을 계기로 국제사면위원회와 휴먼라이츠워치 두 기구도 북한인권 개선에 대해 좀 더 적극적으로 참여하기 시작했다.

2) 인권과 다자적·다층적 접근

인권에 대한 관심이 세계적으로 심화되고 있는 것은 인권이 정치적·경제적·문화적 배경을 떠나서 성별, 국경, 연령을 넘어 존중되어야 하는 기본 권리이기 때문이다. 유엔이나 유럽연합, NGO의 북한 인권실태에 대한 보고서를 보면 북한의 인권문제는 구금, 고문, 정치범 수용소 현존, 사형, 여성 인신매매 등 북한의 전체주의적 통제와 체제의 비효율성에서 기인한 것이 많다. 즉, 북한의 인권문제는 북한의 정치사회적 구조에서 비롯된 것으로 국제사회의 개입 없이는 북한의 인권개선을 기대하기 어렵다는 것이다. 따라서 여러 개별 국가와 국제인권기구, NGO가 상호 협력을 통해 북한에게 인권이 보편적이고 평화적인 개념임을 이해시키고, 북한 주민의 인간다운 삶을 위한 방법을 제시해야 할 것이다.

국제사회에서 나타나는 인권에 대한 관심 증가는 국제사회가 성숙하고 있다는 긍정적인 증거이지만, 각국의 인권문제를 해결하는 데 구체적인 제시 방향이 존재하지 않아 많은 시행착오가 있다. 인권문제가 정치적인 측면으로 전락하지 않기 위해서는 인권의 어느 한 측면만을 강조하는 것이 아니라 국제인권기구인 유엔이 규정하고 있는 다양한 인권의 측면, 즉 자유권, 사회권, 발전권이 포괄적으로 논의되어야 할 것이다. 또한 개별 국가 간의 협력으로 해결하려는 것보다는 국제기구, NGO 등 다양한 행위자들의 역할을 존중하면서 공동의 노력으로 해결책을 강구하는 것이 효과적일 수 있다.

국가 또는 국제기구가 한 국가의 인권문제를 거론하는 것은 매우 민감한 문제다. 개별 국가의 인권문제를 논의할 때 그 나라의 정치, 경제, 사회, 문화를 거론하지 않고서는 문제제기뿐만 아니라 해결책을 제시할 수 없어 자칫하면 두 나라의 관계에서 득보다 실을 가져오는 계기가 될 수도 있기 때문이다. 한국 정부가 그동안 적극적으로 북한인권에 개선을 요구하지 못하고, 공식적인 입장을 표명하지 못한 이유도 북한인권 개선에 대한 요구가 남북관계 악화로 이어지지 않을까 하는 우려에서였다. 이 때문에 인권문제를 논의할 때는 개별 국가 간의 단일적 협의 형태가 아닌 다자적·다층적 협의 형태로 접근해야 할 필요가 있다.

북한인권을 개선하기 위한 적극적인 노력이 미약했던 것은(서창록, 2006: 73) 첫째, 미국이 북한의 인권문제보다 북한이 취하는 군사적 위협 요소를 제거하는 데 우선순위를 두었기 때문이다. 둘째, 북한 사회의 폐쇄성 때문에 정확한 북한 인권실태를 파악하기 어려웠기 때문이다. 셋째, 탈북자가 북한의 동맹국인 중국이나 러시아에 체류하면서 국제적 인권개선 촉구 여론을 조성하기 어려웠기 때문이다. 넷째, 남북관계 악화를 우려해 인도적 개입을 자제했기 때문이다. 마지막으로, 북한 사회의 집단 살해나 반인도적 범죄가 정확히 확인되지 않아 국제사회가 인도적으로 개입할 수 있는 근거가 희박했다. 이런 제약 요소를 극복하기 위해서 북한 인권문제에 대한 다자적·다층적 접근이 필요한 것이다. 특정 국가가 북한 인권문제를 개선하기 위한 지표를 제시하는 것이 아니고 다양한 행위자들의 다자적, 즉 네트워크적 연결을 통해 도출한 공유할 수 있는 규범과 규칙을 제공함으로써 좀 더 보편적이고 일관적인 인권개선 원칙을 도출할 수 있다.

3) 북한인권과 거버넌스

거버넌스는 새로운 정치, 경제, 사회, 국제적 환경이 대두해 과거와는 다른 방식의 국가사회 운영체제가 필요하다는 문제의식에 따라 새롭게 부상한 사회과학적 개념이다(서창록, 2006: 40). 여기서 새로운 정치, 경제, 사회, 국제적 환경이란 시민사회의 활성화, 시장의 확대, 다원주의와 정보화 사회, 세계화와 지역주의 등으로 인해 과거 지배세력으로 존재했던 국가의 통치능력이 감소하고 국가의 독점적 영역도 축소된 것을 의미한다. 국가의 역할이 축소되는 현상은 민주화 촉진, 세계화, 정보화와 더불어 가속화되었고, 국제기구, 국제레짐, 그리고 시민사회의 역할이 강화되면서 심화되었다. 결론적으로 거버넌스 현상은 다양한 주체들이 위계적으로 연결되지 않고, 네트워크적으로 연결되어 정치질서를 이루는 현상이라고 볼 수 있다.

그렇다면 이 거버넌스 현상을 어떻게 북한 인권문제에 연결시킬 수 있을까? 미국, 일본, 중국, 한국 등 북한의 주변국뿐만 아니라 국제인권기구인 유엔, 유럽연합 그리고 시민사회도 북한 인권문제에 대해 우려를 나타내고 있다. 그러나 앞에서 다양한 개별 주체의 북한 인권문제 개선에 대한 노력을 살펴본 바와 같이, 행위자 각자가 북한 인권문제에 대한 해결책을 모색하는 것에는 한계가 존재하므로 인권 거버넌스라는 큰 틀 안에서 네트워크적 협력을 통한 북한 인권문제를 논의하는 것이 필수적이다. 개별 주체가 산발적으로 북한에 인권개선을 요구하기보다는 행위자 간의 협력적·수평적 논의를 통해 구축된 인권 거버넌스를 통해 인권개선을 요구하는 것이 더욱 효과적이다.

인권 거버넌스의 구축이 북한의 인권개선에 효과적이라고 주장한다고 해서 개별 주체에 대한 중요성이 덜해지는 것은 아니다. 거버넌스의 개념 자체가 국가 중심의 통치체제가 국내외적으로 약화되면서 통치의 중심과 대상이 다양화되는 현상을 나타내고, 개인과 시민단체를 포함한 다양한 개별 행위자들이 상호 협력과 유기적 연계를 통해 문제를 해결하는 현상을 설명하기 위해 고안된 것인 만큼 각각의 행위자의 역할이 인권 거버넌스를 형성하는 데 큰 역할을 하고 있다. 각 행위자들의 상호 협력으로 탄생한 인권 거버넌스는 북한의 인권실태를 개선할 수 있는 거시적인 틀을 제공하고 개별 주체들이 경제원조 등의 인도적 지원과 인권감시활동을 하도록 하는, 북한인권 개선에 대한 다자적·다층적 접근을 주장하는 것이다.

4. 결론

인권은 인간이라면 누구나 가지고 있는 천부적인 권리로서 그 발생 기원을 초월해서 정당화되고 실현되어야 하는 인류의 보편적 가치다. 세계인권선언문에도 명시되어 있는 것처럼 주권 개념에 입각한 자결권 또는 특정 가치관을 전제하지 않는 인권의 특징은 우리가 한 나라의 정치체제의 합법성 및 도덕적 정당성을 가늠할 수 있도록 도와준다. 그러나 많은 나라들이 그들의 정치, 경제, 사회를 운영하는 과정에서 세계인권선언이 제시한 국제인권규범을 지키지 못하고 인권의 보편성 개념을 훼손시키고 있는 실정이다. 개별 국가나 국제기구, 시민단체 등이 서로 국제인권규범에 명시된 인권규약을 잘 지키고 있는지 인권침해상황에 대해 감시 및 개선을 요구함으로써 보편적 인권의 중요성을 각인하는 큰 역할을 하고 있다.

인권의 보편적 가치는 북한 인권문제에서도 동일하게 적용되는데 북한은 개별 국가나 여러 국제인권기구가 북한의 인권문제를 언급하고 인권개선을 요구하는 것에 거부감을 나타내고 있다. 심지어 국제사회가 북한 인권문제에 관심을 보이는 것은 북한 체제를 붕괴시키려는 서방 국가들의 계책이라며 국제사회의 북한인권 개선 노력을 정치적인 시각으로 보는 단계까지 이르렀다. 그러나 북한의 만성적 기아, 유일사상체제, 핵 위기, 탈북자 급증, 대외교류 확대 등을 계기로 북한 인권문제에 대한 다양한 주체의 네트워크적 연계를 통해 국제사회의 관심이 고조되면서 북한도 점진적으로 인권개선의 노력을 보이지 않을 수 없게 되었다.

미국, 일본, 중국, 한국의 북한인권 개선정책에서 알 수 있듯이, 대체적으로 각 나라가 자국의 이익 및 안보를 위해 북한에 인권개선을 요구하는 한계점이 나타났다. 유엔, 유럽연합과 같은 국제인권기구가 채택한 대북결의안은 국제사회의 인정을 받을 수는 있지만 법적 구속력이 없다는 단점이 있다. 국제인권 NGO인 국제사면위원회와 휴먼라이츠워치의 북한인권 개선 요구를 위한 노력을 살펴봤는데, 이 또한 국가나 국제기구만큼 강제력을 갖추지 못하고 대부분의 시민단체가 경제적 제한이 있다는 것을 감안할 때, 북한인권을 개선하는 데 시민사회의 역할이 제한적임을 알 수 있다.

이 글은 국제사회에서 개별적 행위자가 북한 인권문제를 개선하는 데 효과적이고 긍정적인 안을 도출해낼 수 없음을 전제하고, 인권에 거버넌스의 개념을 도입하여 개인, 시민사회, 국가, 국제기구를 포괄하는 다자간 협력체계인 네트워크 거버넌스를 구축해 북한의 인권을 개선하는 데 다자적·다층적으로 접근하는 방법을 제안했다. 특히 북한 당국이 국제사회의 인권개선 요구를 정치적 압박이라고 비판하는 상황에서는 시민사회의 역할이 중요하다. NGO는 그들 특유의 유연성을 장점으로 북한인권을 개선하기 위한 풀뿌리 접근을 더욱 강화시켜나가야 할 것이다.

다양한 행위자가 북한인권 개선에 대한 협력적·수평적 논의를 통해 모두가 공유할 수 있는 규칙을 만들고, 각 행위자들이 서로 그들이 만든 규칙을 지키고 있는지 감시하는 기능까지 수행하는 체제를 만드는 것이 북한인권을 개선하기 위한 근본적인 단초가 될 것이다. 여기서 한국 정부는 남북관계 악화를 우려해 북한인권에 소극적으로 대처하는 입장을 중단하고 복합 네트워크상의 한 주체로서 인권의 보편성을 기본으로 하는 국내·국제 행위자들이 북한 사회에 대해 주장하는 바를 통합하고 대변할 수 있도록 적극적인 자세를 취해야 할 것이다. 또한 개인, 국가, 국제기구, 시민사회 등 다양한 행위자들의 네트워크를 조율하고, 의견 조정 및 관계 체계화를 주도하며 북한 인권문제 개선의 중심에 서야 할 것이다.

참고문헌

국가인권위원회. '아프리카인권기구'. http://www.humanrights.go.kr/02_sub/body04_1_4.jsp?NT_ID=58&flag=VIEW&SEQ_ID=410446&page=1
국가인권위원회. "인권뉴스". http://www.hrkorea.org/bd/view.php?id=1007&page=1&sn1=&divpage=1&sn=off&ss=on&sc=on&select_arrange=headnum&desc=asc&no=1615.
김민서. 2006. 「헬싱키 프로세스의 대북 유용성: 의사결정구조와 이행감독절차를 중심으로」. 『북한 인권문제의 다자간 합의: 헬싱키 프로세스의 적실성』. 서울: 북한인권시민연합.
김수암. 2006. 「미국의 대북 인권정책과 한반도 안보환경」. 서울: 한국국방연구원 제1107호(6. 28).
라미경. 2006. 「남북관계와 NGO」. ≪안보논단≫, 1/2호, 서울 북한인권국제세미나(International Seminar on the North Korean Human Rights)(2005. 11. 3).
서보혁. 2006. 「한국의 북한인권결의 찬성과 향후 정책 과제: 정책추진원칙 및 역할 분담을 중심으로」. NSI 참고자료 3, 코리아연구원(2006. 11. 27).
_____. 2007. 『북한인권: 이론, 실제, 정책』. 파주: 한울아카데미.
서창록. 2005. 「북한 인권문제와 동아시아 인권 거버넌스: 국제레짐이론을 중심으로」. ≪통일문제연구≫, 통권 44호(2005. 11). 평화문제연구소.
_____. 2006a. 「북한인권 개선을 위한 동아시아 다자간 인권 거버넌스」. 『북한 인권문제의

다자간 합의: 헬싱키 프로세스의 적실성』. 서울: 북한인권시민연합.
_____. 2006b. 「한반도 평화·번영의 거버넌스 구축을 위한 이론적 틀」. 『한반도 평화·번영 거버넌스의 실태조사』. 서울: 통일연구원.
아시아·태평양 국가인권기구 포럼 제11차 연례회의 참가보고서. 피지(2006. 7. 31~8. 3).
"아시아·태평양 국가인권기구 포럼(APF)이란?" 국가인권위원회. http://www.humanrights.go.kr /02_sub/body04_2.jsp?NT_ID=60&flag=VIEW&SEQ_ID=410418&page=1
이금순·김수암. 2008. 「북한인권: 개방과 삶의 질 향상」. 이명박 정부 대북정책 비전 및 추진 방향. 통일연구원.
이금순. 2006. 「국제사회와 한국정부의 북한인권 정책과 그 효과에 대한 평가」. 제2차 심포지엄 북한 주민의 인권개선을 위해 무엇을 할 것인가. 평화재단(2006. 7. 11).
이성훈. 2007. 「북한 인권문제를 바라보는 세계의 시각과 경향」. 평화재단 워크숍.
이원웅. 「북한 인권문제의 성격과 인권정책의 방향」. 한국인권재단. http://www.humanrights.or.kr/old/HRLibrary/HRLibrary16-owlee2.htm
임홍빈. 2003. 『인권의 이념과 아시아가치론』. 서울: 아연출판부.
양순창. 2006. 「북한 인권문제의 다자주의적 접근에 대한 중국의 입장」. 『북한 인권문제의 다자간 합의: 헬싱키 프로세스의 적실성』. 서울: 북한인권시민연합.
최의철. 2001. 『인권과 국제정치 그리고 북한인권』. 서울: 백산자료원.
_____. 2006. 「국제사회의 대북 인권압력과 북한 대응」. 박영호·최의철 외. 『21세기 동북아 정세와 북한인권』. 서울: 백산자료원.
홍성필. 1966. 「아태지역인권기구의 설립: 전망과 과제」. http://www.humanrights.or.kr /HRLibrary/HRLibrary1-sphong2.htm(About the Asia Pacific Forum, Asia Pacific Forum of National Human Rights Institutions, APF). http://www.asiapacificforum.net/about Amnesty International, http://www.amnesty.org/en/who-we-are/about-amnesty-international)

Axworthy, Lyoyd. 2001. "Human Security and Global Governance: Putting People First." *Global Governance*, Vol. 7, No. 1, pp. 19~23.
Clarke, John N. and Geoffrey R. Edwards. 2004. *Global Governance in the Twenty-first Century*. New York: Palgrave Macmillan.
Govtrack.us. http://www.govtrack.us/congress/bill.xpd?bill=h110-5834
Held, David and Anthony McGrew. 2003. *Governing Globalization: Power, Authority and global Governance*. Cambridge: Polity Press.
Human Rights Watch. http://hrw.org/about/whoweare.html
Mehta, Vijay. 2007. "World Security, Global Governance and the Role of UN: for a Just, Peaceful and Sustainable World." *A Talk Given at the Conference of World*

Disarmament Campaign 'Global Security: New Challenges'(October 29). London.

Michael, Sarah. 2002. "The Role of NGOs in Human Security. The Hauser Center for Nonprofit Organization and the Kennedy School of Government." *Working paper*, No. 12(November). Harvard University.

Nye, Joseph S. and John D. Donahue. 2000. *Governance in a Globalizing World*. Washington D.C: Brookings Institution Press.

Office of the High Commissioner for Human Rights. "The Universal Periodic Review." http://www.ohchr.org/EN/HRBodies/UPR/Pages/UPRMain.aspx

The Council of Europe. "Convention for the Protection of Human Rights and Fundamental Freedoms."http://conventions.coe.int/Treaty/Commun/QueVoulezVous.asp?NT=005&CL=ENG

The Inter-American Commission on Human Rights. http://www.cidh.org/DefaultE.htm

The Organization of Security and Cooperation in Europe(OSCE). The first follow-up meeting, Belgrade. http://www.osce.org/item/15782.html

The United Nations Human Rights, Office of High Commissioner for Human Rights. "International Covenant on Civil and Political Rights." http://www2.ohchr.org/english/law/ccpr.htm

The United Nations Human Rights, Office of High Commissioner for Human Rights. http://www.unhcr.org/pages/49c3646c80.html

The United Nations. "Sixty Anniversary of the Universal Declaration of Human Rights." http://www.un.org/events/humanrights/udhr60/declaration.shtml

The US Department of State. "'Korea, Democratic People's Republic of' 2007 Country Reports of Human Rights Practices." http://www.state.gov/g/drl/rls/hrrpt/2007/100524.htm

The US Department of State. "Helsinki Final Act." http://www.state.gov/r/pa/ho/time/dr/97936.htm

김경수. 2007. 「헬싱키 프로세스'의 교훈과 한반도 평화」. 국정브리핑(2007. 7. 11). http://korea.kr/newsWeb/pages/brief/categoryNews/newsPopPrint.jsp?newsDataId=148627936

반기문. 2008. 7. 6. "한국, 유엔인권이사회 권고안 실행하길." ≪뉴스한국≫(2008. 7. 6). http://www.newshankuk.com/news/news_view.asp?articleno=a2008070621481772887

≪뉴스한국≫. 2008. 3. 27. "새 정부의 북한인권 정책, '헬싱키 프로세스'로 풀자." http://www.newshankuk.com/news/news_view.asp?articleno=k2008032714481

106261

≪뉴시스≫. 2008. 7. 15. "美 상원의원 7명, 후진타오에 탈북자 송환금지 촉구서한." http://www.newsis.com/article/view.htm?cID=article&ar_id=NISX20080715_0008330473

≪데일리NK≫. 2008. 5. 7. "북 인권정책은 '전략적 확실성'과 일관성이 핵심이다." http://www.dailynk.com/korean/read.php?num=56142

≪동아일보≫. 2008. 8. 7. "햇볕정책으로 10년간 미뤘던 北인권 공동성명에 채택." http://www.donga.com/fbin/output?n=200808070027

≪문화일보≫. 2006. 11. 18. "한국 첫 찬성, 북한인권결의안 유엔 채택." http://www.munhwa.com/news/view.html?no=20061118MW101946266651

≪조선일보≫. 2006. 11. 30. "국제사면위 북, 고문·처형 등 인권침해 심각." http://www.chosun.com/international/news/200611/200611300384.html.

≪조선일보≫. 2008. 3. 26. "정부 '유엔 북인권결의' 찬성하기로." http://news.chosun.com/site/data/html_dir/2008/03/26/2008032600140.html

≪조선일보≫. 2008. 8. 7. "북한, 미국 레프코위츠 인권특사 방북 거부." http://www.chosun.com/site/data/html_dir/2008/08/07/2008080700523.html

≪한국일보≫. 2008. 8. 19. "미, 인권언급은 비핵화 파탄하려는 도발." http://news.hankooki.com/lpage/politics/200808/h2008081902575074760.htm

제6장

북한인권의 국제법적 접근

원재천 한동대학교 국제법률대학원 교수

1. 서론

　국제사회는 북한이 국제경제사회의 틀 안으로 들어오게 하려고 그 나름대로 노력하고 있다. 그러나 핵문제와 더불어, 북한이 국제사회질서에 편입되는 데 가장 큰 장애물은 인권문제다.
　다행히도, 북한은 4개의 중요한 국제인권조약에 가입되어 있는 나라다. 구체적으로 보면 시민적·정치적 권리에 관한 국제규약[1], 경제적·사회적·문화적 권리에 관한 국제규약[2], 여성차별철폐협약[3] 그리고 아동권리협약[4]

---

[1] 북한은 1981년 9월 자유권 규약에 가입했고, 1983년 10월 제1차 이행보고서(CCPR / C / 22 / ADD3)를 제출했으며, 1999년 12월 제2차 이행보고서(CCPR / C / PRK / 2000 /2)를 제출했다.

[2] 북한은 1981년 9월 사회권 규약에 가입했고, 1989년 1월 최초보고서를 제출했으며, 2002년 4월 제2차 이행보고서를 제출했다.

[3] 북한은 2001년 2월 유엔의 여성차별철폐협약에 가입했고, 2002년 9월 여성차별철폐협약 이행에 대한 최초보고서(CEDAW / C / PRK / 1)를 제출했다.

[4] 북한은 1990년 9월 아동권리협약에 가입했고, 1996년 2월 제1차 아동권 이행보고서(CRC / C / Add.24)를 제출했으며, 2002년 5월 제2차 아동권 이행보고서

에 가입되어 있다. 북한은 또한 '전쟁 희생자 보호를 위한 1949년의 4개의 제네바 조약(이하 제네바 협정)'에 가입하고 '전쟁범죄 및 인도에 반하는 범죄에 대한 공소시효 부적용에 관한 조약[5])'을 비준했다.

이는 북한이 북한 헌법과 더불어 국제인권조약들을 바탕으로 인권개선을 이룰 수 있는 제도적인 틀을 이미 가지고 있다는 의미다. 북한은 국제인권조약의 당사국으로서 여느 나라와 마찬가지로 조약을 성실히 이행해야 하는 의무가 있다.

이 글은 기존의 국제법 틀 안에서 북한의 인권 현실을 조명하고, 북한의 국제법상 의무 사항들을 분석하여, 현재 틀 안에서 개선될 수 있는 부분을 살펴볼 것이다. 또한 북한이 인권을 개선하지 않을 경우, 북한 지도자들에게 어떤 책임이 추궁될 수 있는가를 알아본다.

2. 국제인권법과 정치범 수용소

북한은 구소련의 집단 수용소 제도를 계승하여, 해방 이후 1947년부터 정치범 수용소를 운영해왔다. 정치범 수용소는 북한 인권유린 실태를 대표하는 곳이다. 정치범이란 북한 체제와 김일성, 김정일 독재체제에 반하는 모든 행위를 범한 자로서, 일단 혐의가 있으면 본인은 물론 가족까지 구속하여 수용소에 보내는 것으로 알려져 있다(Kang and Rigoulot, 2005). 수용소는 완전통제 구역과 혁명화 대상 구역으로 나누어져 있는데, 완전통제 구역은 한 번 들어가면 나올 수 없는 구역이고, 혁명화 대상 구역은 어느 정도의

를 아동권위원회에 제출했으며, 2007년 11월 제3, 4차 이행보고서를 제출했다.
5) 북한은 1984년에 가입했다.

교화가 진행된 후 석방이 가능한 곳이다. 수용 인원은 20만 명에 달하는 것으로 알려져 있다(김수암·이금순·임순희, 2007: 74).

정치범 수용소의 가장 큰 문제로 적법 절차에 위반되는 법 집행, 범법자는 물론 가족까지 처벌하는 연좌제, 고문과 가혹한 수용 조건 등을 꼽을 수 있다.

1) 적법 절차

북한은 정치 사상범에 대하여 일반 사법기관의 재판을 거치지 않고, 국가안전보위부하에 집행되는 비공개 행정심의 과정을 거친 후 수용소에 보내는 조치를 취한다. 변호사의 도움을 받을 수 없는 것은 물론이고, 정확히 어떤 이유로 처벌을 받으며 얼마간의 형을 살아야 하는지 공지되지 않는다고 한다.

이런 내용들은 북한이 가입해 있는 시민적·정치적 권리에 관한 국제규약 9조를 위반하는 사항이다. 시민적·정치적 권리에 관한 국제규약 9조 1항은 형사처벌에서 모든 피고인이 적법 절차를 거쳐 처벌을 받을 것을 공지하며, 2항에 따르면 피고인이 구인될 때 무슨 죄 때문에 구속되는지를 고지해야 한다.[6] 동 규약 14조에 따르면 피고인은 공개재판을 받을 권리가 있고 유죄판결이 날 때까지 무죄추정의 원칙[7]이 적용되어야 하며, 재판에서는 변호사의 조력을 받을 수 있는 권리가 있다.

---

6) International Covenant on Civil and Political Rights(ICCPR), Article 9.2, "Anyone who is arrested shall be informed, at the time of arrest, of the reasons for his arrest and shall be promptly informed against him."
7) ICCPR, Article 14.2, "Everyone charged with a criminal offence shall have the right to be presumed innocent until proved guilty according to the law."

2) 연좌제

일단 정치범으로 분류되면, 전 재산을 몰수당하고 사전 통보 없이 전 직계가족이 수용소로 이송된다. 강철환 씨의 경우, 그가 만 9살이 되던 해에 전 가족이 할아버지의 죄목에 의해 수용소로 끌려갔다(강철환·김용삼 외, 2006: 37). 이후 강 씨는 10년간의 아동기와 소년기를 정치범 수용소에서 보냈다. 2006년 8월 대한민국에 입국한 신동혁 씨는 정치범 수용소 완전통제 구역에서 태어나 23년 동안 죄수 생활을 했다(신동혁, 2007).[8] 죄가 없는 어린이를 처벌하고 수용소에 구금하는 것은 북한 형법[9]과 시민적·정치적 권리에 관한 국제규약 위반이다. 강 씨나 신 씨가 당시 국제법상 어린이였다는 사실은 북한이 가입한 아동권리협약의 기본 정신은 물론, 이들의 기본 생존권을 명시한 6조[10]를 포함해, 모든 형태의 학대 방지를 표명한 19조, 가혹한 처벌을 금지한 37조, 적법 절차를 존중하는 40조 등 거의 모든 조항을 위배한 것이다.

---

[8] 신동혁 씨는 북한 정치범 수용소 완전통제 구역 출생자로서는 최초로 대한민국에 입국한 경우이다.

[9] 북한 형법 11조에 의하면, 형사책임, 자유의 박탈, 사형, 종신형이 가능한 법정 최저연령은 만 14세 미만이다. CRC / C / 65 / Add.24(5 November 2003), "아동의 권리에 관한 협약의 이행에 대한 조선민주주의인민공화국 제2차 정기보고서", Paragraph 56; Committee on the Rights of the Child, Consideration of reports submitted by States Parties Under Article 44 of the Convention, second periodic reports of States parties due in 1997, Addendum Democratic People's Republic of Korea.

[10] Convention on the Rights of the Child(CRC), Article 6.1, "States Parties recognize that every child has the inherent right to life," Article 6.2, "State Parties shall ensure to the maximum extent possible the survival and development of the child."

3) 수용 조건

정치범은 정상적인 배급과 의료 혜택의 권리 등이 박탈되고, 일반적으로 결혼과 출산도 금지되며,[11] 외부와 철저히 분리되어 있다. 수용자들은 강제 노동을 하고, 극도의 식량난으로 인한 영양실조에 시달리며 질병으로 죽어 간다고 한다.

4) 정치범 수용소의 국제인권적 문제점

정치범 수용소에서 자행되는 일들은 이 시대에 통용되는 형벌의 범위를 훨씬 넘는 것은 물론, 강제 노동, 종교자유 금지, 영아 살해, 적법 절차를 거치지 않은 처형 등 잔혹한 인권유린이 자행되는바, 의도적인 인권유린에 대한 해결책이 있어야 한다. 해결책으로는 북한 당국에 수용소 폐지와 개선에 대한 권고, 기존의 인권조약과 유엔 특별보고제도에 따른 제소 그리고 국제형법에 따른 책임자 처벌 등을 제고할 수 있다.

3. 국제인권법과 북한 종교의 자유

북한은 정권 출범 시부터 종교 활동과 기타 사상 및 신념체계를 탄압해왔다. 특히 한국전쟁 이후 기독교는 미국 제국주의 세력을 확장하기 위한 반국가적 조직이고, 외국 선교사는 미국의 스파이며, 기독교인들은 '반(反)혁

---

11) 신동혁의 경우 부모의 정치범 수용소 내 표창 결혼을 통해 태어났는데, 이는 결혼과 출산이 국가권력의 도구로 전락한 사례라고 볼 수 있다.

명분자'로 낙인을 찍어 탄압했다.

1) 종교자유의 실태

북한에서 김일성과 김정일의 위치는 독보적이며 절대적이라고 알려져 있다. 김일성이 권력을 완전히 장악한 뒤, 북한 정부는 가족 성분과 정권에 대한 충성도를 기준으로 사회를 계층화했다. 북한에 남은 종교인과 그 후손들은 51개 계급 성분 중 최하층으로 분류되어 교육, 고용과 배급 등 삶의 전반적인 부분에서 차별을 받았다. 김일성은 조직적이고도 광범위하게 종교를 말살해갔다(고태우, 1989: 79~80).[12] 1970년대 들어 천도교를 제외한 거의 모든 종교가 북한 땅에서 자취를 감춘다.

그러나 1990년대 이후 북한이 극심한 식량난에 처하자 탈북자가 많이 생겼고, 북한을 왕래하는 이들을 통해 종교가 다시 북한 땅에 유입되기 시작했다. 북한은 유입되는 종교를 철저히 색출해 말살하는 동시에 평양 등지에 몇몇 공식적인 종교 시설을 허가하면서 종교 행위를 허용하는 이중정책을 쓰고 있다. 이 몇 개의 종교 시설을 제외하면 실질적인 종교의 자유는 없는 것으로 조사됐다.

---

12) 김일성은 다음과 같이 회고했다고 한다. "우리는 그러한 종교인들을 함께 데리고 공산주의사회로 갈 수 없었다. 그러므로 우리는 기독교, 천주교에서 집사 이상의 간부들을 모두 재판해서 처단해버렸고, 그 밖의 종교인들 중에서도 악질은 모두 사법 처리했다. 그리고 일반 종교인들은 본인이 개심하면 일을 시키고 개심하지 않으면 수용소에 가두어버렸다. …… 그래서 우리는 그 일당을 1958년에 모조리 잡아 처단해버렸다. 그래서 종교인들은 죽여야 그 버릇을 고친다는 것을 알게 되었다."

2) 북한법과 종교의 자유

조선민주주의인민공화국 헌법 제68조에는 "공민은 신앙의 자유를 가진다"라고 명시되어 있다. 그러나 이 조항에 "종교는 외국의 영향력을 끌어들이거나 국가 또는 사회질서를 해치는 데 사용할 수 없다"는 문구를 포함하고 있다. 결국 이 문구는 '종교적 신념의 자유'에 대한 조항을 자의적으로 침해할 수 있는 문제점을 가지고 있다.

실제로 종교인들은 종교를 믿었다는 것 때문에 처벌을 받기보다 외국의 반국가 세력과 내통했다는 일종의 간첩죄에 따라 처벌받는 것으로 알려져 있다. 예를 들어, 한 탈북자가 중국에서 남한의 선교사를 통해 기독교인이 되어서 강제송환되었을 경우, 국경을 허락 없이 넘은 비법국경출입죄(북한 형법 제233조), 남한 사람과 접촉한 죄, 소위 북한의 안위를 위협하는 남한의 간첩(선교사)[13])과 내통한 조국반역죄(북한 형법 제62조)가 적용된다.

북한 형법 제62조는 조국반역죄에 대해 "공화국 공민이 조국을 배반하고 다른 나라로 도망쳤거나 투항·변절했거나 비밀을 넘겨준 조국반역 행위를 한 경우에 5년 이상의 로동교화형에 처한다. 정상이 특히 무거운 경우에는 무기 로동교화형 또는 사형 및 재산몰수형에 처한다"라고 명시하고 있다(한인섭, 2008: 89). 만약 강제송환자가 성경을 소지했거나 전도를 했다면 정상이 무거운 조국반역죄를 적용받으며, 종신형이나 처형도 당할 수 있다.

북한 헌법 제67조는 '언론·출판·집회·결사의 자유'를 규정하고 있다. 하지만 이 조항도 종교의 자유에 대한 제68조와 마찬가지로 "국가는 계급로선을 견지하며, 인민민주주의 독재를 강화해야 한다"는 조항에 의해 심각하

---

13) 북한은 기독교를 미국 종교로 여기고, 선교사는 미국이나 남한 정부의 간첩으로 여긴다.

게 손상되고 제한받는다.

결국 종교를 믿고 전파하는 행위는 북한 국내법에 의해 심각하게 제한되고, 이는 북한이 가입해 있는 시민적·정치적 권리에 관한 국제규약을 위반하는 사항이다.

3) 국제인권법과 북한 종교의 자유

북한은 국제인권에서 가장 기본적인 세계인권선언 18조[14]를 위반하고 있다. 세계인권선언 18조는 모든 사람이 사상·양심 및 종교의 자유에 대한 권리가 있음을 천명한다. 북한은 조약 가입국으로서 1966년의 시민적·정치적 권리에 관한 국제규약 18조[15]를 위반하고 있다. 조약 당사국으로서 북한은 종교자유를 보장하는 것은 물론 그 권리를 표현할 수 있는 환경을

---

14) 세계인권선언(Universal Declaration of Human Rights) 18조의 내용은 다음과 같다. "모든 사람은 사상·양심 및 종교의 자유에 대한 권리를 가진다. 이러한 권리는 자신의 종교 또는 신념을 바꿀 수 있는 자유와 신앙 교육, 의식, 예배에 있어서 단독으로 혹은 집단적으로, 공적 또는 사적으로 자신의 종교나 신념을 표명하는 자유를 포함한다."

15) 시민적·정치적 권리에 관한 국제규약 18조에는 다음과 같이 명시되어 있다. ① 모든 사람은 사상·양심 및 종교의 자유에 대한 권리를 가진다. 이러한 권리는 스스로 종교나 신념을 선택하고 받아들일 자유와, 단독으로 또는 다른 사람과 공동으로, 공적 또는 사적으로 예배, 의식, 행사 및 신앙 교육에 의하여 그의 종교나 신념을 표명하는 자유를 포함한다. ② 어느 누구도 종교나 신념을 스스로 선택하거나 받아들일 자유를 강제로 침해당해서는 안 된다. ③ 자신의 종교나 신념을 표명하는 자유는 법률에 규정되고 공공의 안전, 질서, 공중보건, 도덕 또는 타인의 기본적 권리 및 자유를 보호하기 위하여 필요한 경우에만 제한받을 수 있다. ④ 이 규약의 당사국은 부모 또는 경우에 따라 법정 후견인이 그들의 신념에 따라 자녀의 종교적·도덕적 교육을 수행할 자유를 존중할 것을 약속한다.

허락해야 하며, 자녀들이 종교 교육을 받을 수 있게 해야 한다. 또한 특정 종교인이기 때문에 교육, 의료, 고용권의 차별을 받는 것은 시민적·정치적 권리에 관한 국제규약 25조16)에 위반되는 행위다. 동 규약 26조에는 모든 사람이 종교나 정치적인 신념과 같은 이유로 차별받지 못하게 되어 있다. 그뿐만 아니라 동 규약 27조에는 조약 당사국이 종교인들로 하여금 종교 행위를 공개적으로 하며 신앙생활을 할 수 있게 할 의무가 있음을 명시하고 있다.17)

북한은 국제인권조약에 따라 종교 공동체를 인정하고 그러한 공동체가 합법적인 지위를 획득할 수 있는 제도를 확립해야 한다. 물론 북한은 국가 종교기관에서 허가받은 종교 행위를 인정하고 있다고 주장한다.18) 그러나 북한은 국가가 허가하는 종교 활동 이외의 사적인 종교 활동을 인정하지 않는데, 인정하지 않는 종교 조직에 참여하는 사람들을 구금, 고문, 사형에 처하는 일을 중지해야 한다.19) 그 외 개인이나 종교 단체가 외부로부터

---

16) ICCPR Article 25 (c): "모든 사람은 제2조에 규정하는 어떠한 차별이나 또는 불합리한 제한도 받지 아니하고 다음의 권리 및 기회를 가진다. …… 일반적인 평등 조건하에 자국의 공무에 취임하는 것(Every citizen shall have the right and the opportunity, without any of the distinctions mentions in article 2 and without unreasonable restrictions to have access, on general terms of equality, to public service in his country)."
17) ICCPR Article 27: "종족적·종교적 또는 언어적 소수민족이 존재하는 국가에 있어서는 그러한 소수민족에 속하는 사람들에게 그 집단의 다른 구성원들과 함께 그들 자신의 문화를 향유하고, 그들 자신의 종교를 표명하고 실행하거나 또는 자신의 언어를 사용할 권리가 부인되지 아니한다."
18) 현재 평양에는 봉수교회와 칠곡교회 등 개신교 교회 두 곳이 존재한다. 그리고 천주교 성당이 하나 있으나 로마 바티칸은 공식적으로 신부가 없다는 이유로 그 성당을 인정하지 않고 있다.
19) David Hawk, "Thank You, Father Kim Il Sung: Eyewitness Accounts of Sever

종교 서적이나 자료를 수입할 수 있도록 허락해야 하며, 청소년과 성인들이 종교교육 프로그램을 운영할 수 있도록 허용해야 한다.

4. 국제난민법과 탈북자 인권

소련이 붕괴되고 동유럽이 민주화되면서 북한에 대한 원조가 많이 끊어졌다. 한편 북한은 1990년 초반부터 자연재해와 낙후된 농업 정책으로 극심한 식량난을 겪는다. 결국 1995년경부터 북한에 극도의 기근이 닥치고, 유엔의 통계에 따르면 전체 북한 인구의 10%가 굶주려 죽었다고 한다.[20] 이때 수많은[21] 북한 주민이 식량을 찾으러 중국 등 주변 국가로 탈출한다. 이중 과반수 이상의 탈북자가 여성이라는 점이 상황을 더 어렵게 만들었다. 아마도 가부장적인 북한 사회가 여성에게 식량난의 부담을 짊어지게 한 것 같다는 의견이 있다.

탈북자들은 중국 내에서 불법적인 신분 때문에 강제 결혼이나 인신매매[22]

Violations of Freedom of Thought, Conscience, and Religion in North Korea," United States Commission on International Religious Freedom(2005), Washington DC.

20) UN Document No. E / CN.4 / 2001 / 53(February 2001), paragraph 76.
21) 최고 30만 명까지 추산하고 있다. 미국 존스 홉킨스 대학의 조사에 의하면 5만 명 정도가 보수적인 숫자다.
22) 2000년 인신매매의정서("UN Protocol to Prevent, Suppress and Punish Trafficking in Persons, Especially Women and Children, Supplementing the Convention on Transnational Organized Crime")에 의하면, 인신매매는 "위협 혹은 폭력이나 기타의 강제력, 납치, 사기, 유인, 피해자의 취약한 지위 활용, 타인에 대한 통제력을 가진 자의 동의를 얻어내기 위해 금전 혹은 혜택을 주고받는 행위 등에 의해 '착취(exploitation)'의 목적으로 사람을 모집, 운송, 이

의 피해자가 되는 등 인권을 유린당했으며, 결국 북한으로 강제송환되어 처벌되기도 한다(Muico, 2005).

유엔난민협약은 난민을 "인종, 종교, 국적, 어느 특정 사회집단이나 정치적 이견으로 인해 받을 박해에 대한 두려움 때문에 자기 모국에 돌아가지 못하는 사람들"이라고 정의한다.[23] 국제난민법의 가장 핵심적인 원칙은 이런 난민이나 난민으로 간주되는 사람들을 강제송환하면 안 된다는 조항이다.

1) 강제송환 금지의 원칙

1951년 난민지위 관련 협약 및 1967년 의정서 제33조에 의하면 체약국은 "난민을 인종, 종교, 국적, 특정 사회집단의 구성원 신분 또는 정치적 의견 등을 이유로 어떠한 방법으로든지 추방하거나 송환하여서는 안 된다"는 의무가 있다.

탈북자들의 가장 많은 행선지는 중국으로, 중국은 탈북자를 난민으로 인정하지 않으며 많은 탈북자를 색출해 북한으로 강제송환하고 있다. 중국

전, 비호, 접수하는 행위"를 말한다(김수암·이금순·임순희, 2007: 284).
[23] 유엔난민협약은 난민을 "인종, 종교, 국적 또는 특정 사회집단의 구성원 신분 또는 정치적 견해 등을 이유로 박해를 받을 우려가 있다는 합리적 근거 있는 공포로 인하여 자신의 국적국 밖에 있는 자로서, 국적국의 보호를 받을 수 없거나 또는 그러한 공포로 인하여 국적국의 보호를 받는 것을 원하지 아니하는 자"라고 정의하고 있다(유엔난민기구 안내서 "난민보호"). Refugee Convention (Convention relating to the Status of Refugees 1951 and 1967 Protocol), Article 1(A)(2): a 'refugee' is defined as a person who "owing to a well-founded fear of being persecuted for reasons of race, religion, nationality, membership or a particular social group or political opinion, is outside the country of his nationality and is unable or owing to such fear, is unwilling to avail himself of the protection of the country."

은 탈북자를 단순 경제 이주자로 구별하고 있다. 실제로 만약 탈북자가 더 나은 삶을 위한 경제적인 목적으로 이주했다면 국제난민법상 난민의 지위를 획득할 수 없다(Aust, 2007: 189).[24]

2) 현장난민

과연 탈북자들이 국제법상 난민인가 하는 것에 대해 의견이 분분하다. 북한 주민 대부분이 식량문제로 탈북했기 때문에 단순 경제 이주자로 본다는 중국의 주장도 일리가 있다는 의견이 존재하지만, 문제는 이들이 북한으로 강제송환되면 형사사건으로 처벌받는다는 점이다. 실제로 북한은 여행의 자유가 없는 나라로, 국가의 허락 없이 외국에 나갈 경우 단순 탈북자는 2년까지 로동교화형[25]에 처해지고, 중국에서 남한 사람이나 선교사와 접촉한 경우 또는 기독교를 믿고 이를 전파하려 한 경우에는 조국반역죄[26]로 5년 이상의 형 혹은 사형까지 받을 수 있다.

탈북자는 중국 내에서 조선족이나 남한 사람에게 인도주의적 도움을 받는데 남한 사람이나 교회를 통해 도움을 받는 순간 북한에서는 정치범으로 낙인찍히고 만다. 이 문제에 관해서 유엔의 북한인권특별보고관인 문타폰(Vitit Muntarbhorn) 교수는 많은 탈북자가 북한을 떠날 때 어느 특정 박해 때문에 떠난 것은 아니지만, 돌아가면 박해를 받을 수 있다는 두려움과 실제 처벌을 받는 사례가 존재하므로 이들을 현장난민(refugee sur place)으로 볼 수 있다는 주장을 유엔인권위원회와 유엔총회보고서[27]에 명시했다.[28]

---

24) 이들을 'economic migrant'라고 하는데 경제 이주자는 난민의 지위를 받을 수 없다. 한국의 불법 이주 노동자가 이 범주에 속한다고 볼 수 있다.
25) 2004년 북한 형법 제233조.
26) 2004년 북한 형법 제62조.

결국 탈북자가 경제 이주자인가 하는 것은 개인적인 상황에 따라 구분되는 문제이므로, 인터뷰나 난민 처리를 받지 않는 중국이 일방적으로 모든 탈북자를 경제 이주자라고 치부할 수 없어졌다.

3) 중국과 북한의 국제법상 의무와 난민문제의 해결책

유엔의 북한인권특별보고관의 보고서와 유엔인권위원회의 북한 결의안, 유엔총회의 북한 결의안은 탈북자 문제를 명시하고 있으며, 유엔난민고등판무관실도 북한 탈북자를 '중요한 관심 대상'으로 명시하고 있다. 그러나 중국이 협조하지 않는 이상, 탈북 난민을 돕는 데 유엔난민고등판무관실이 할 수 있는 일에는 한계가 있다.

중국에는 유엔난민고등판무관실 지역 사무실이 있고 여기서 난민 업무를 처리하는데, 주로 베트남 출신 등 중국계 소수민족을 중국에 정착시키는 일을 한다. 유엔기구가 중국에 들어오면서 중국과 협약을 맺었는데, 중국은 이 협약에서 중국 내 난민이나 난민 가능성이 있는 사람들에게 무제한의 접근권을 주었다.

중국 내 탈북자 문제의 해결은 중국 정부가 선한 의지를 갖고, 중국이 가입한 1951년 난민협약 및 1967년 난민의정서를 이행하는 것에서부터 가능할 것이다.

즉, 유엔난민고등판무관실과 협력하여 탈북자에게 최소한의 임시 피난처

---

27) "Situation of Human Rights in the Democratic People's Republic of Korea," United Nations General Assembly, A / 60 / 150(August 2005).

28) Vitit Muntarbhorn, Special Rapporteur on the Situation of Human Rights in the Democratic People's Republic of Korea, UN Doc. A / 60 / 306, p. 10, paragraph 27.

를 제공하고, 탈북자의 난민 신청이 있을 경우 이를 처리하며, 신분이 확정될 때까지 유엔기구와 국제인도주의단체가 모든 신청자를 제한 없이 면담하고 인도주의적 지원을 할 수 있게 해주어야 할 것이다. 한편 북한은 송환된 자국 국민을 형사처벌해서는 안 된다. 송환된 이들을 형사처벌하지 않으면 북한 내 박해에 대한 두려움의 원인이 상당 부분 제거되어 대부분의 탈북자가 중국이 주장하는 경제 이주자라는 범주에 해당되게 되므로 국제인권문제 제기가 줄어들 것이다.

난민문제를 정치적 문제로 보지 않고 인도적 문제로 보면서 당사자 국가들이 함께 해결책을 모색한다면 문제해결이 더욱 수월할 것이다. 한 예로, 중국이 탈북자에게 임시 체류증을 발부한다면, 법적 신분문제로 범죄의 피해를 보는 일이 최소화될 수 있고, 중국도 국제사회의 비판을 면할 수 있으며, 탈북자는 북한의 경제 사정이 개선될 경우 자연스럽게 북한으로 되돌아갈 수 있을 것이다.

5. 국제형법과 북한인권

인권 시민단체들은 북한 정치범 수용소의 해체를 주장한다. 북한이 정치범 수용소에서 행하는 행위는 집단살해죄(Genocide), 인도에 반하는 범죄(Crime Against Humanity)라는 의견을 제시한다. 특히 2002년에는 '로마 국제형사재판소에 관한 조약(이하 로마조약)'[29]을 근거로 국제형사재판소(International Criminal Court)가 헤이그에 개원하게 되었는데, 국제형사재판소는 각 국가에서 처벌하기 어려운 사건 등을 처리한다. 따라서 현재 국제법

---

29) Rome Statute of the International Criminal Court(1998).

제도 안에서도 북한의 정치범 수용소나 종교 탄압의 책임자가 인권유린에 대한 법의 심판을 받을 수 있는 환경이 형성되었다고 사료된다.

국제형사재판소가 설립되기 전에는 유엔헌장 7장에 의거해 상황에 따라 유엔안전보장이사회가 특별 법원을 만들어야 했다. 대표적으로 국제인도법과 인권유린에 대한 책임을 묻기 위해 유고 전범법정(International Criminal Tribunal for Former Yugoslavia, ICTY),[30] 르완다 전범법정(International Criminal Tribunal for Rwanda, ICTR)[31]이 설립되어 운영되고 있다. 또한 시에라리온 특별법정과 캄보디아 전범법정 등이 설치, 운영되고 있다.

2002년 국제형사재판소가 생기기 전까지는 유엔이 특정 상황에 따라 법원을 설치하는 번거로움과 행정적인 제약이 있었으나, 국제형사재판소가 설립된 후에는 따로 특별 법원을 설립할 필요가 없어졌다. 또한 유고 전범법정에서는 과거 유고의 국가원수였던 밀로셰비치(Slobodan Milosevic)를 처벌하는 등 한 국가의 최고 지도자와 군 최고 지휘관에게 인권유린의 책임을 추궁하는 중요한 판례를 남겼다.

북한의 인권유린 상황을 위해 특별 법정을 설치하려면 각종 절차와 국제사회의 합의가 필요했다. 하지만 국제형사재판소가 생김으로써 법정의 관할 하에 북한이 들어온다면 특별한 유엔의 합의와 절차 없이도 북한 인권문제를 다룰 수 있다는 점을 북한의 지도자들이 간과해서는 안 되는 시대가 왔다.

---

30) 유엔헌장 7장에 의거하여 유엔안전보장이사회는 결의안 808과 결의안 827을 통해 유고 전범법정을 헤이그에 설립했다. 이 법정은 유고내전 당시 1949년 제노바 협약과 전쟁범죄, 집단살해죄, 반인륜적 범죄 등을 처리하게 되었다.
31) 르완다와 주변 국가에서 일어난 대량학살은 국제사회를 경악하게 했고, 유엔 안전보장이사회는 유엔헌장 7장에 의거하여 이사회 결의안 955를 통과시켰으며, 탄자니아에 전범법정을 설립했다. 법원은 제네바 협약 등의 전쟁법 위반과 집단살해죄 그리고 인도에 반하는 범죄를 다룬다.

1) 국제형사재판소의 관할권

원칙적으로 대부분의 인권유린은 그 나라의 기본 형법으로 처벌할 수 있다. 국제형사재판소의 관할권(Jurisdiction)은 보충적 관할권(complementarity rule)이다. 일반적으로 자국 형법으로는 그 나라 지도자의 인권유린에 대해 처벌을 감행하기 어렵기 때문에 국제형사재판소가 이를 대신 처리할 수 있을 것으로 보인다.

로마조약에 따른 법정 규정을 보면, 국제형사법원은 집단살해죄, 인도에 반하는 범죄 그리고 전쟁범죄(war crime)와 침략 행위(crime of aggression)에 대한 관할권을 가진다.[32]

한 개인이 재판에 회부되기까지는 다음과 같은 조건이 성립되어야 한다. 첫째, 로마조약 가입국이 되거나, 가입국이 아니라도 특정 사건에 대한 관할권을 인정한 국가이거나 그 국가의 국적을 소유한 피고인이어야 한다. 이런 경우에 국제형사재판소 검찰은 사건을 수사하고 사법 처리를 할 수 있다.

둘째, 유엔안전보장이사회가 유엔헌장 7장에 의거해 검찰에 의뢰하는 사건이어야 한다. 이런 경우 피고인이 속한 나라나 사건이 발생한 나라가 로마조약 가입국이 아니라도 사건을 기소하는 데 아무 제약을 받지 않는다.[33] 실례로 유엔안전보장이사회가 국제형사재판소 검찰에 수단의 다르푸

---

[32] 국제형사재판소의 관할권은 시간적 한계가 있는데, 로마조약 발효일인 2002년 7월 1일 이후에 발생한 범죄에 대해서만 행사할 수 있다.

[33] Rome Statue of the International Criminal Court(1998), Article 13(b) 범죄 행위가 국제 평화와 안전을 침해하거나 침해할 위협을 구성하는 경우, 유엔안전보장이사회 유엔헌장 7장의 규정에 근거하여 국제형사재판소 검찰에 의뢰하여 국제형사재판소가 관할권을 행사할 수 있다. "A situation in which one

르(Darfur) 사태에 대한 조사를 의뢰했으며 이에 검찰은 초동 조사를 마치고, 위법 사실이 어느 정도 합리적인 조건을 충족했다고 사료하여 재판소에 정식으로 수사 허락을 신청해놓은 상태다. 놀랍게도, 거론되고 있는 피고인 중에는 현직 수단 대통령도 포함되어 있고 그에게는 구인 영장이 발부된 상태다. 수단이 로마조약 인준 국가가 아니라는 점에서, 북한도 어느 순간 국제형사재판소 관할에 들어올 수 있다는 사실을 주시해야 한다.

북한은 로마조약 가입국이 아니고, 앞으로도 북한이 자발적으로 관할권을 인정할 것 같지 않다. 그렇다면 북한은 국제형사재판소의 관할권 밖에 있다고 할 수 있다. 그러나 만약 유엔안전보장이사회가 국제형사재판소 검찰에 북한의 여러 인권유린 사건을 의뢰할 경우 정치범 수용소 등 인권유린의 책임자들이 사법 처리될 수 있는 가능성은 충분하다. 물론 중국이 유엔안전보장이사회의 상임이사국으로서 북한 관계자들의 사법 처리에 거부권을 행사하는 한 유엔안전보장이사회에서 북한을 국제형사재판소에 의뢰하는 일은 없을 것이다. 그러나 국제인권 NGO들이 북한 내 인권유린 책임자에 대한 처벌문제를 꾸준히 제기, 국제적인 여론을 조성하여 중국을 압박하고 있다.[34] 중국도 2008년 베이징 올림픽을 성공적으로 개최하기 위하여 세계

---

or more of such crimes appears to have been committed is referred to the Prosecutor by the Security Council acting under Chapter VII of the Charter of the United Nations."

[34] "Failure to Protect: A Call for the UN Security Council to Act in North Korea," submitted by Václav Havel(Former President of the Czech Republic), Kjell Magne Bondevik(Former Prime Minster of Norway) and Elie Wiesel(Nobel Peace Prize Laureate), prepared by DLA Piper and U.S. Committee for Human Rights in North Korea(October 2006); North Korea: A Case to Answer A Call to Act, prepared by Christian Solidarity Worldwide, United Kingdom(2007).

여론 앞에 결국 수단 문제를 양보한 실제 사례가 있는 만큼 북한 지도자들도 중국의 무조건적인 지지를 계속 기대할 수는 없을 것이다.

2) 국제인권범죄의 구성 요건

(1) 집단살해죄

'집단살해죄'라는 표현은 2차 세계대전 시기 유대인의 대량학살을 시작으로 사용되었다. 결국 1946년 유엔총회는 만장일치로 결의안 96(1)을 통과시켜 집단살해죄가 국제범죄라고 명시했다. '1948 집단살해죄의 방지와 처벌에 관한 협약(이하 집단살해방지 협약)'에서 다음과 같이 범죄의 구성 요건을 명시했다.[35]

어느 특정 민족(인종), 나라, 종교에 소속된 사람들을 의도적으로 전부 또는 부분적으로 절멸하려고[36] 다음의 행위를 했다면 집단살해죄로 본다.

① 특정 집단 사람들을 살인하는 경우
② 특정 집단 사람들에게 심각한 상해를 가하거나 정신적인 피해를 입히는 경우
③ 특정 집단 사람들을 없애려고 열악한 삶의 환경을 조성하는 경우
④ 특정 집단 사람들이 아이를 낳는 것을 방지하는 경우
⑤ 특정 집단 사람들의 아이들을 다른 사람들에게 강제 전출시키는 경우

---

35) Convention on the Prevention and Punishment of the Crime of Genocide; 78UNTS(No.1021): UKTS(1970) 58.
36) 의도적인 진멸 행위(with intent to destroy): 의도적으로 어느 인종을 없애려는 행위인데, 1994년 르완다에서 일어난, 투시 부족이 의도적으로 후투 부족을 진멸하려 대량학살한 행위는 '집단살해죄'라고 할 수 있다.

여기서 집단살해죄는 살인뿐만 아니라 어느 특정 집단을 절멸하려는 의도적 행위들을 포함한다(Aust, 2007: 270).

(2) 북한인권과 집단살해죄

북한은 1989년 집단살해방지 협약에 가입했다. 이는 북한이 집단살해죄를 범해서는 안 되며 오히려 해당자를 처벌해야 할 의무가 있음을 뜻한다. 북한의 인권유린 상황이 과연 집단살해죄가 될 수 있는가 하는 문제에 대해서는 의견이 분분하다.

정치범 수용소에서 많은 사람이 죽음을 당한다. 불법적으로 처형당하는 경우를 제외하더라도 수용자들은 환경이 열악한 탓에 대부분 죽음을 맞는다. 수감자들이 북한의 제도하에 탄압받고 사회적으로 낙인찍힌 집단인 것은 분명하나, 이들은 다양한 배경을 가진 사람들이므로 어느 특정 집단을 의도적으로 멸하려 한다는 집단살해죄의 구성 조건을 충족시키는 데는 무리가 있다.

그러나 북한은 기독교(개신교와 천주교)에 속한 사람들을 북한 사회에서 절멸하려 했고, 지금도 기독교를 믿으면 처벌하는 등 계속적인 박해로 북한 사회에서 기독교를 뿌리 뽑으려 하고 있다. 따라서 어느 특정 종교인들을 의도적으로 멸하려는 행위는 집단살해죄의 범주에 속한다고 할 수 있다.

(3) 인도에 반하는 범죄

인도에 반하는 범죄는 특정 정부가 특정 사람들을 조직적이고 광범위하게 공격하는 범죄를 일컫는다. 집단살해죄와 다른 점은 '의도적으로 특정 사람들을 절멸'하려는 구성 요건 없이 일반적인 사람들의 인권을 조직적으로 유린하는 경우를 말한다. 로마조약 7조는 다음과 같이 범죄 구성요건을 명시했다.

인도에 반하는 범죄란 공격 주체가 일반 시민을 상대로 조직적이고 광범위한 공격을 하는 경우를 말하는데, 공격 주체는 이런 행위가 이뤄지고 있다는 것을 의식해야 한다. 이때 행위란 다음과 같으며, 거의 모든 잔혹한 인권유린 행위를 포함한다(Oppenheim, 1992: 995~998).

① 살인
② 절멸(생존에 필요한 식량, 건강, 환경이 제한되는 경우를 포함)
③ 강제 노예
④ 강제 이주나 추방
⑤ 구금 또는 행동의 자유를 규제
⑥ 고문
⑦ 강간, 강제 매춘, 강제 임신, 성적 착취
⑧ 특정 정치집단, 인종, 민족(국적), 문화, 종교, 성별에 해당되는 사람들을 박해하는 행위

여기서 범죄 처벌의 공소시효는 제한되지 않으며,[37] 인도에 반하는 범죄는 국제형사재판소는 물론 유고 전범법정 그리고 르완다 전범법정에서 다뤘던 범죄로서 국제관습법(customary international law)이라 할 수 있다.

(4) 북한인권과 인도에 반하는 범죄

북한은 정치범 수용소를 오랫동안 운영하면서 정치범과 가족들을 수용해 왔다. 그 안에서 적법 절차를 무시하며 구금되어 있는 사람들의 인권을

---

[37] 여기서 주목할 점은 북한이 1984년 '전쟁범죄 및 인도에 반하는 범죄에 대한 공소시효 부적용에 관한 협약'에 가입했다는 것이다(박춘호, 1995· 91~101).

유린했다. 이런 행위들은 로마조약하에서 인도에 반하는 범죄의 구성 요건을 거의 충족시킨다.

북한은 종교에 대해 적대적인 정책을 가지고 있으며 그 정책을 구체적으로 실현하고 있다. 특정 종교인을 색출하여 처벌하며, 정치범 수용소에 보낸다. 이런 일련의 행위는 인도에 반하는 범죄다.

일본인 납치문제도 국가가 의도적으로 일반인을 납치·이주시켜 강제로 일을 시키거나 제반의 제약을 가한 경우인데, 이는 일본 형법은 물론이고 인도에 반하는 범죄로 볼 수 있다. 따라서 납치를 지시하고 실행한 사람들은 그 행위에 대한 책임을 져야 할 것이다.

3) 결어

범죄 행위는 처벌받아야 한다. 북한의 행위가 예외적 특수사항으로만 치부되기는 어려울 것이다. 왜냐하면 이미 국제형사법과 여러 판례가 많이 형성되어 있기 때문이다. 북한은 정치범 수용소나 종교 탄압이 국제범죄행위라는 사실을 인식해야 한다. 또한 국제인권협약을 이행하며 통치 행위를 해야 할 것이다. 국제사회와 한국은 이런 기본적인 국제법을 북한 지도자에게 인식시키고, 북한의 학계와 주민에게 교육해야 한다. 법 이행에 대한 최소한의 부담과 책임을 느끼는 것은 북한이 선진사회를 이루고 국제사회의 일원이 되는 데 필요한 조건이다.

6. 국제인도법(전쟁법)의 적용과 납북자 및 미송환 국군포로

북한에 억류되어 있는 국군포로는 2만여 명으로 추정된다. 국군포로란 한국전쟁 포로송환 협상에서 귀환하지 못한 대상자들을 지칭한다(김수암·이금순·임순희, 2007: 274)[38]. 국군포로들은 전쟁 시기에 인민군으로 재편입되거나 휴전 이후 대부분 탄광, 농촌 지역에 집단 배치되었다고 한다. 한편 최소 1만 2,000명의 국군포로들이 소련에 이송되어 강제 노동을 해야 했다. 이후 국군포로들은 공민증을 받고 북한 사회로 배치되었으나 출신 성분의 제약 때문에 본인은 물론 가족들도 차별받으며 살고 있다고 한다.

한편 6·25전쟁납북자가족회가 발굴해낸 '6·25전쟁 피납치자 명부'에 의하면 민간인 9만 4,700명이 전쟁 중 납북되었다고 한다. 이들 대부분은 송환은 고사하고 생사조차 확인되지 않으며 서신과 같은 기본권이 인정되지 않는다. 휴전 이후 납북 억류자는 총 3,795명에 이른다(김수암·이금순·임순희, 2007: 264).

1) 제네바 협정

북한, 중국, 소련, 남한, 미국 및 15개 국가는 한반도에 휴전이 성립되기까지 국제적인 전쟁(international armed conflict)을 했다. 2차 세계대전 이후 국제사회는 과거 관습적으로 행해진 전쟁포로 보호와 민간인 보호 등 중요한 전쟁의 원칙을 제네바 협정을 통해 명문화시켰다. 북한과 남한을 포함한 모든 한국전쟁 참전국은 제네바 협정의 체결국으로 전쟁 피해를 최소화하고 민간인의 보호를 극대화할 의무를 지게 되었다. 제네바 협정을 위반한 당사자들은 각국의 법정에서 전쟁범죄, 집단살해죄, 인도에 반하는 범죄로 처벌

---

[38] 국군포로의 규모는 한국전쟁 중 실종 신고된 4만 1,971명에서 포로로 교환된 8,726명, 전사 처리자 1만 3,836명을 제외한 1만 9,409명으로 추정되나, 현재 귀환한 국군포로 중 이미 전사 처리된 사람들이 있는바, 실제 숫자는 1만 9,409명을 넘을 것으로 추정된다.

을 받을 수 있으며, 각 국가의 처벌이 어려울 경우 국제형사재판소에서 사법 처리가 가능하게 되었다(Aust, 2007: 251~262).

1949년의 제네바 협정은 4개 협약으로 구성되어 있다. 첫째 협약은 육상전 부상자 보호에 관한, 둘째 협약은 해상전 부상자 보호에 관한, 셋째 협약은 전쟁포로 보호에 관한, 넷째 협약은 민간인 보호에 관한 것이다.[39]

전쟁법의 가장 핵심은 전투자(combatant)와 비전투자(none combatant), 즉 민간인을 구분한다는 것이다. 전쟁은 전투자가 상대방 전투자에 맞서 군사 목적(military target)을 무력화시키는 정당한 각종 행위로 정의된다. 제네바 협정의 효력은 전쟁 시 인정되는데, 현재 전쟁법적으로 볼 때 북한과 남한 휴전 상태로 정식 평화조약이 성립될 때까지 두 나라는 제네바 협정을 이행할 의무가 있다.

2) 제네바 협정과 미송환 국군포로

제네바 협정에서 전쟁포로에 대한 제3협약 71조에 의하면, 전쟁포로는 가족과 서신 왕래를 할 수 있다. 전쟁 중에 서신 왕래로 서로 생사와 안부를 확인할 수 있어야 하지만 지금까지 북한은 서신 왕래를 허락하지 않고 남한도 이에 특별히 대응하지 않고 있다. 이는 명백히 제네바 협정 71조[40]에 대한 위반이다.

제네바 협정에서 가장 중요한 대목은 포로 송환에 관한 것이다. 제네바

---

[39] International Committee of the Red Cross(ICRC). The Geneva Conventions of August 12, 1949.

[40] Geneva Convention Relative to the Treatment of Prisoners of War of August 12, 1948, Article 71: "Prisoners of war shall be allowed to send and receive letters and cards."

협정의 포로에 관한 협약 제118조에서 적대 행위가 끝났을 경우 포로는 지체 없이 송환되어야 한다는 내용이 명시되어 있다. 그뿐만 아니라 제119조에 따르면, 참전국들은 흩어져 있어 찾기 어려운 전쟁포로를 위해 공동위원회를 조직하고 이들을 고국으로 돌려보내야 한다.[41]

3) 제네바 협정과 납북자 문제

제네바 협정에서 가장 중요한 역할은 전시 민간인 보호다. 민간인 보호를 위한 제네바 협정 제3조를 보면, 민간인은 인도적 존중을 받아야 하며 민간인을 살해·고문하는 등 잔혹한 행위를 가하는 것이 불가하다. 이뿐 아니라, 민간인을 인질로 잡는 것 또한 불가하다고 명시되어 있다.

북한은 전쟁 초기 대규모의 남한 사람들을 납북했는데, 1950년 7~9월에 달하는 3개월간 납북된 자가 전체 납북자의 88.8%를 차지한다고 한다. 대부분의 연행 장소가 자택이나 자택 근처이며 이는 북한의 납북 행위가 의도적이고 조직적이라는 것을 보여준다. 민간인 납북은 명백하게 제네바 협정 위반이고 전쟁범죄에 속한다. 물론 북한은 이들 민간인을 전시에 이동시켜 보호하려 했다는 이유를 내세우지만, 휴전 이후에도 송환하지 않은 사실은 처음부터 민간인 납치가 의도였다는 심증을 더욱더 굳게 한다.

휴전 후 북한은 제네바 협정 중 민간인 보호협약 제132조에 의거하여 납북된 사람을 돌려보내야 할 의무가 있다. 이 외에도 북한은 제107조에 의거한 서신의 왕래, 제116조에 의거한 친지의 방문, 특히 경조사 시 친척의

---

41) Geneva Convention on Prisoner of War, Article 119: "By agreement between the Parties to the conflict, commissions shall be established for the purpose of searching for dispersed prisoners of war and of assuring their repatriation with the least possible delay."

방문을 전시뿐 아니라 휴전 후에도 허락해야 할 의무가 있다.

4) 북한과 남한의 의무

북한은 제네바 협정 체결국으로 협정을 이행해야 할 의무가 있다. 한국전쟁이 법적으로 끝나지 않았기 때문에 이 협정을 계속 위반하면 전쟁범죄가 되고 이는 국제형사재판소의 관할에 속하게 된다. 물론 포로 억류나 민간인의 억류에 대한 책임을 어느 특정인에게 전가하는 데는 무리가 따른다. 이에 국제사법재판소(Court of International Justice)에 제소하여 북한의 법적 의무사항을 각인시킬 필요가 있지만 과연 북한이 관할권을 인정할지는 의문이다. 또한 이 문제를 유엔안전보장이사회에서 다른 북한 인권문제와 함께 국제형사재판소에 의뢰한다면 북한 당국 책임자는 형사적 책임을 질 수도 있겠지만, 현실적인 가능성은 아직 희박하다.

결국 유엔의 각종 인권제도와 결의안 등을 통해 북한의 의무를 확인시키고, 국제적십자위원회와 남북한적십자를 통해 문제를 인도적으로 해결하는 것이 바람직하다. 최소한, 상시 서신교류와 생사 확인, 방문 등을 성사시키는 것은 남북한이 공통으로 이행해야 할 제네바 협정의 규정이다.

7. 결론

북한이 국제사회의 선한 일원이 되기 위해서는 세계인권선언과 북한이 가입한 국제인권조약을 준수하며 헌법을 이행하는 법치국가로 탈바꿈해야 한다.

북한 인권문제는 더 이상 북한만의 문제가 아니다. 현 국제사회의 추세에 비추어 볼 때, 한 국가의 인권유린 사례를 더 이상 그 나라의 내부 문제로만 보지 않는다. 실제로, 1980년대 이후부터 국제사회는 코소보 인권유린 사태에 무력으로 인도주의적 개입을 이행했다. 또한 인권유린의 책임을 묻기 위해 르완다 전범법정, 유고 전범법정, 캄보디아 전범법정 등 3곳의 특별법정을 설립하여 운영하고 있으며, 더불어 국제형사재판소를 설립해 국제사회가 특정 국가의 인권유린 상황을 더 이상 좌시하지 않는 방향으로 국제정치 상황이 흘러가고 있다. 일련의 국제형사법제도 확립은 북한 지도자의 국제 정세 인식에도 영향을 미칠 것으로 보인다.

장기적으로 동아시아에도 유럽의 1975년 헬싱키 협정과 유럽안보협력기구와 같은 한반도 안보 및 동아시아 지역 안보에 안정을 가져오는 포괄적인 메커니즘이 필요하다.

한편 한국은 단기적으로 아시아 경제인권 안보협력이라는 큰 틀을 가지고 현 당면 과제인 북한 핵문제를 6자회담 안에서 잘 해결해야 한다. 동시에 현재의 6자회담을 확대하여 인권, 인간안보(human security) 등의 문제를 논의하고, 인도주의적 지원에 대한 모니터링, 탈북난민 보호문제, 이산가족 재결합, 국군포로와 납북자 문제 처리, 종교자유 등과 같은 절박한 인권문제에 대한 개선책을 주변국과 협력하여 모색해야 한다.

한국은 아시아 공동체 협력에 북한 인권문제가 걸림돌이 되지 않게 주변국과 더불어 노력해야 한다. 결국 아시아 지역에도 유럽의 인권조약과 같은 인권레짐을 확립할 필요가 있는데, 한국이 이러한 인권레짐의 중심국이 되어 아시아의 민주주의 확산과 인권 증진을 위해 기여해야 한다.

참고문헌

강철환·김용삼 외. 2006. 「아 요덕!」. ≪월간조선사≫, 37쪽.
고태우. 1989. 『북한의 종교정책』. 민족문화사.
김수암·이금순·임순희. 2007. 『북한인권백서 2007』. 통일연구원.
박춘호. 1995. 「국제인권규약과 북한: 가입 현황을 중심으로」. 최성철 편. 『북한인권의 이해』. 북한인권 개선운동본부.
신동혁. 2007. 『세상 밖으로 나오다』. 북한인권정보센터.
한인섭. 2008. 「북한의 형사법과 인권보장 문제」. <2008 '북한인권과 법' 심포지엄: 법을 통해 본 북한 인권문제>. 국가인권위원회.
Aust, Anthony. 2007. *Handbook of International Law*. Cambridge.
Chol-Hwan, Kang and Pierre Rigoulot. 2005. "The Aquariums of Pyongyang." *Basic Books*.
Muico, Norma Kang. 2005. *An absence of Choice: The Sexual Exploitation of North Korean Women in China*. London: Anti-Slavery International 2005.
Oppenheim. 1992. *Oppenheim's International Law*, 9th(ed.). London. pp. 995~998.

나가며

평화적 개입 수준의 설정과 전략의 모색

김수암 통일연구원 연구위원

　북한은 유엔의 회원국이며 4대 주요 국제인권조약에 가입한 당사국이기 때문에 국제인권규범을 존중할 의무가 있다. 그러나 북한 내에서 광범위하며 조직적으로 심각하게 인권이 유린되고 있다는 것이 국제사회의 공통된 평가다. 국제사회에서 북한 인권문제에 대한 관심이 높아지고 있는 가운데 유엔에서 북한인권결의안을 채택하여 개선을 촉구하는 등 국제사회는 다양한 개선활동을 전개해오고 있다. 이러한 국제사회의 노력에도 북한인권의 실상은 여전히 열악한 상황에 놓여 있다. 그런데 북한의 인권을 개선하기 위해 외부 개입세력으로서 주도적인 역할을 수행해야 할 남한 사회는 북한 인권문제를 둘러싸고 논쟁을 넘어 갈등의 양상마저 보이고 있다. 그렇다면 북한의 인권을 개선하기 위해 어떠한 시각과 전략으로 접근해야 할 것인가?

1. 조력자·촉진자로서의 평화적 개입

　중국의 사례에서 알 수 있듯이 북한의 인권을 개선하기 위해서는 외부 개입의 수준과 역할 정도를 엄밀하게 정립할 필요가 있다. 특히 국제사회에서 북한의 인권개선 운동을 주도해야 할 남한의 역할에 대한 인식을 정립하는 것이 중요하다. 북한 당국과 북한 주민이 북한의 인권을 개선하는 데 핵심 주체라는 사실에는 이론의 여지가 없다. 그런데 북한 당국은 세계에서 가장 폐쇄적인 체제를 유지하면서 외부 정보가 유입되는 것을 철저하게 차단하고 있다. 그뿐만 아니라 북한 내에 시민사회가 형성되어 있지 않기 때문에 북한 주민에게는 인권에 대한 인식 자체가 없다. 북한 당국은 국제사회의 인권개선 요구에 대해 일부 유연한 조치를 취하고 있지만, 이 요구를 수용할 경우 정권안보에 치명적일 것이라는 인식하에 기본적으로 거부와 부인의 전략을 확고하게 견지하고 있다.

상술했듯이 북한 인권문제는 본질적으로 북한 당국과 북한 주민이 해결해야 할 문제다. 그러나 현실적으로 이를 기대하기 어려운 상황이다. 북한 당국의 인권에 대한 태도와 북한 주민의 인권의식 수준을 고려할 때, 결국 북한의 인권을 개선하기 위한 핵심은 외부의 개입이라 할 수 있겠다. 7·4공동성명 이후 남한 사회의 대북정책은 평화적 개입정책으로, 북한을 어떻게 끌고 가서 변화시킬 것인지가 핵심 문제의식이었다. 북한 인권문제도 이러한 평화적 개입의 관점에서 해결 방안을 모색할 수 있을 것이다. 북한의 인권에 대해 개선을 요구하는 것은 내정간섭이 아니며 인권이라는 보편적 가치에 대해 평화적으로 개입해야 한다는 공감대가 우리 사회 내부에 확고하게 형성되어야 한다.

그런데 중국의 사례 등 국제사회의 인권 개입에서 나타나듯이 외부 세력이 한 개별 국가의 인권을 변화시키는 데는 일정 정도 한계가 있다. 실제로 외부의 개입만으로 인권개선이 성공한 사례가 많지 않다는 것을 유념해야 한다. 남아프리카공화국은 외부 개입에 의해 성공한 사례로 꼽힌다. 한편으로는 이것은 사실이지만 내부와 외부의 역할이 적절하게 결합되었기 때문에 성공할 수 있었다는 평가도 제기되었다. 동구 사회주의권의 경우에도 헬싱키 프로세스 등 외부의 개입이 영향을 미쳤지만 실제로 동구 사회주의권 내부에서의 움직임이 인권을 개선하는 과정에서 더 중요한 요소였다고 평가받았다.

우리 사회 일각에서는 우리가 마치 북한의 모든 인권상황을 개선시킬 수 있고 그러한 수준의 역할을 수행할 수 있는 것처럼 극단적으로 인식하는 경향도 있었다. 이런 극단적인 인식은 경계해야 하겠지만 현 단계에서 북한 당국이 거부 전략을 견지하고 있기 때문에 북한 당국의 인식과 정책을 변화시키는 데 외부의 개입이 중요한 기능을 수행할 수 있다. 또한 북한 내부에서 아래로부터의 인권개선을 위한 자체적 여건이 조성될 수 있도록 외부 세력이 중장기적 역할을 수행할 수 있을 것이다. 이와 같이 국제사회는 북한 내부에서 인권을 개선하기 위한 여건을 조성해나가는 지원자와 촉진자의 역할을 수행할 수 있다. 그런데 북한 인권문제에서는 특정 지역과 국가에서 인권이 개선되는 과정 중에 외부 세력이 개입을 통해 지원자와 촉진자의 역할을 수행하는 국제사회의 일반적인 현상과 더불어 한반도 분단이라는 특수 상황을 고려해야 한다. 북한 인권문제에는 한반도 분단의 특수성이 일정 정도 작용하고 있는 것이다. 특히 한반도 분단이라는 특수 상황에서 북한 인권문제는 남한 사회가 주도적으로 해결해나가야 할 핵심 과제다. 남한은 북한의 인권을 개선하기 위한 국제사회의 개입에서 핵심 역할을 수행해야 한다. 즉, 남북한 통합을 지향하는 남한 사회는 지원자와 촉진자라는 국제사회의 역할을 넘어 훨씬 적극적인 역할을 수행할 수 있어야 한다.

2. 북한의 인권 네트워크 형성 및 허브역할 수행

우리가 북한의 인권을 개선하기 위해 외부 개입세력으로서 주도적인 역할을 수행하려면 거미줄 같은 네트워크를 형성해나가야 한다. 이러한 네트워크의 허브 역할을 수행하기 위해서는 우선 우리 사회 내부의 역량을 강화할 필요가 있다. 먼저 정부 차원에서 북한인권 정책을 수립하고 집행할 수 있는 제도적 기반을 강화해야 한다. 통일부, 외교통상부, 국가인권위원회, 법무부, 국가정보원 등 정부 부처의 북한인권 관련 제도를 정비해야 한다. 또한 국내적으로 북한의 인권을 개선하기 위한 정책 인프라를 강화하고 국내 역량을 결집할 수 있는 네트워크를 형성해야 한다. 개별 행위자가 산발적으로 인권개선을 요구하기보다 행위자 간의 협력적·수평적 논의를 통해 인권 거버넌스를 구축하여 접근하는 것이 더욱 효과적이다. 따라서 국내 네트워크와 정책 인프라를 바탕으로 국내·국제 네트워크를 형성해나가야 한다. 우리가 북한의 인권을 개선하기 위한 외부 역량 결집체로서 허브가 될 수 있도록 유엔, 개별 국가, 국제인권 NGO 등 각 행위자의 역할을 결집할 수 있는 국제 네트워크를 형성해야 한다. 개별 국가와의 정책협의체 형성, 정부 관리와 전문가, NGO가 공동으로 참여하는 북한인권 네트워크 형성을 추진해야 한다. 이와 같이 국제 네트워크를 통해 힘을 결집하여 북한 인권문제에 대한 개입의 효과를 극대화해나가야 한다. 외부의 개입이 일방적이고 단선적인 형태를 띤다면 북한 인권개선의 실질적 효과는 줄어들 것이다. 따라서 각 행위자가 다양한 방식으로 북한 당국 및 북한 주민과의 거미줄 같은 네트워크를 형성할 수 있도록 긴밀하게 협의해나가야 한다.

　이런 거미줄 같은 네트워크를 형성하는 데 중심적인 역할을 수행하기 위해서는 우리 정부와 사회가 북한 인권문제를 넘어 동아시아 전체의 인권을 향상시키는 데 기여할 수 있는 인권외교 정책을 수립하고 제도적 기반을 강화해나가야 한다. 즉, 북한 인권문제를 민족의 관점에서만 바라볼 것이 아니라 아시아를 품을 수 있는 인권외교 전략 차원에서 수립해야 한다.

한국은 단시일 내에 경제성장과 민주주의, 인권신장을 성취한 동아시아의 모델국가다. 중국, 일본 등 강대국에 둘러싸인 우리가 동아시아에서 그 나름대로 핵심 역할을 수행하려면 연성 국력의 신장이라는 관점에서 인권과 민주주의를 전파하는 선도적인 역할을 수행해야 한다. 버마의 사례를 기고한 마웅저는 한국이 인권 선진국으로서 버마의 인권에도 애정을 가질 것을 희망했다. 이러한 희망에서 보듯이 동아시아 지역의 인권신장 과정에서 한국의 역할이 증대될 때 비로소 북한의 인권상황을 개선하려는 역할에 대해서도 국제적 지지가 확산될 것이다. 이 과정에서 한국 사회에 기반을 둔 국제인권 NGO가 동아시아, 더 나아가 국제 무대에서 다른 지역의 인권을 개선하는 데 중요한 역할을 수행할 수 있도록 지원해야 한다.

북한의 인권을 개선하기 위한 개입의 효과를 극대화하기 위해서는 인권 분야에서 한국 사회의 건전성이 더욱 증진되어야 한다. 한국 사회 내부의 인권을 증진하기 위해 지속적으로 노력할 때 한반도 통합이라는 미래의 비전하에 북한의 인권상황을 개선하려는 개입 전략의 도덕적 정당성이 강화될 것이다. 특히 한국 사회가 외국인 노동자, 국제 결혼 등으로 다문화 사회의 성격이 강화되고 있음을 고려할 때 외국인 노동자의 권리 신장 등 국제사회로부터 신뢰를 받을 수 있는 다양한 인권 전략을 추진해나가야 한다.

3. 개입 목표의 설정과 실천 전략의 수립

남북한 통합의 당사자로서 한국은 북한 인권문제에 어떤 시각으로 접근할 것인가? 무엇보다도 북한 인권문제는 국제사회의 인권논의라는 보편적인 맥락 속에서 그 개선 방안을 모색해야 한다. 그렇지만 북한 인권문제는 한반도 분단이라는 특수 상황도 내포하고 있기 때문에 한반도 통합과 미래 삶의 구현이라는 관점에서도 접근할 필요가 있다. 따라서 북한 인권문제에 대해서는 '지원'과 '비판', 그리고 '민족'과 '국제'를 동시에 품는 인식과 접근 전략을 세워야 한다.

또한 한국을 비롯한 외부 사회에서 북한의 인권상황 개선 목표를 어느 수준으로 설정할 것인지에 대해 진지한 논의가 이뤄져야 한다. 단기 현안 과제와 중장기 목표를 정교하게 수립하고 구체적인 실천 전략을 통해 달성할 수 있는 로드맵을 작성해야 한다. 특히 초기 단계에서 북한의 인권을 개선하기 위한 여건을 어떻게 조성할 것인지가 가장 중요하다. 그리고 중장기적으로 북한 내에서 인권상황을 실질적으로 변화시킬 수 있는 동력과 요소, 행위자의 역량을 형성하는 것이 중요하다. 그런 의미에서 우선 식량 등 먹고사는 문제를 해결하고 이 과정에서 북한 내 동력과 역량을 형성하는 방안을 모색할 필요가 있다. 특히 이 과정에서 한국 등 외부의 평화적 개입이 긍정적 영향을 미칠 수 있는 방안을 모색해야 한다. 무엇보다도 평화적 개입은 북한과 상호 호혜적인 타협을 모색하며 경제협력과 상호 의존을 확대해나가는 방향으로 이뤄져야 한다.

북한의 인권을 개선하기 위한 외부의 개입이 효과를 거두려면 개입과 북한인권 개선 효과와의 상관성을 철저하게 평가해야 한다. 실제로 외부의 개입이 특정 국가나 사회의 인권을 개선하는 데 긍정적인 효과를 냈다는 사례는 많지 않다. 따라서 외부 개입의 효과를 철저하게 평가하고 이를 바탕으로 어느 정도 수준에서 어떠한 방식으로 개입할 것인지 전략을 재조정해나가야 한다.

4. 북한의 개방과 인권규범의 확산 전략

북한이 폐쇄적인 체제를 유지하고 있는 상황에서 외부 개입의 수준과 방식은 북한의 개혁개방을 철저하게 고려해 설정해야 할 필요가 있다. 북한 내부에서 인권을 개선하기 위한 여건이 조성되려면 지속적인 개방을 통해 북한 주민들이 외부 정보에 접근할 수 있어야 한다. 북한 주민들이 외부 정보에 접근하여 그들의 인식이 변화되고 북한 내부와의 네트워크가 형성될 때 외부의 개입은 좀 더 효과적으로 작동할 것이다. 개방과 외부 개입전략의 효과에 대해서는 중국의 사례를 참조할 필요가 있다. 중국의 사례에서 보듯이 개혁개방이 진전되어 외부 정보가 상당 정도 자유롭게 유입되더라도 중국인들이 인권개선을 주도하는 주역으로 등장하는 상황은 전개되지 못하고 있다. 개혁개방 과정에서 중국의 인권상황을 개선하기 위한 중국 내부 및 외부와의 네트워크도 용이하게 형성되지 못하고 있다. 이런 중국 사례를 고려할 때 북한의 개방과 북한 주민의 인권의식을 향상하기 위해 한국이 중심이 된 국제사회가 북한 개방과정에 어떻게 개입할 것인지 구체적 전략을 수립해야 한다. 즉, 북한 내에서 어떻게 인권개선 여건을 조성하고 내부와 외부 간 네트워크를 형성해나갈 것인지가 외부 개입전략의 기본 방향이 되어야 할 것이다.

특히 개입 전략이 성공하기 위해서는 북한의 민주화와 인권규범 확산과의 상관관계에 대한 인식이 정립되어야 한다. 북한 정치체제의 민주화와 개방 및 인권규범의 확산의 상관관계에 대해 명확한 시각이 정립되어야 하는 것이다. 실제로 국제정치 무대에서 인권과 정치 영역은 단순한 상관관계가 아니라 복잡한 상호 작용의 양상을 보이고 있다. 우리가 흔히 인식하듯이 인권규범이 정치체제 변화의 종속변수라는 단순한 상관관계를 이루고 있는 것이 아니다. 반면 인권규범은 정치체제의 변화를 촉진시킬 수 있는 독립변수로서의 의미도 가지고 있다. 또한 중국의 사례에서 나타나는 것처럼 정치체제의 본질적인 개혁이 이뤄지지 않는 상황에서도 일정 정도는 인권규범이 확산될 수 있다. 그러나 한계를 내포하는 것은 분명하다. 따라서 북한의 경우 개방이 되더라도 상당 기간 중국과 같이 정치체제의 본질적인 개혁이 수반되는 상황이 지속될 수 있다. 체제가 전환될 가능성이 낮은 경우에는 장기적 과정으로 대응할 수밖에 없다. 이러한 상황에서는 어떻게 개입할 것인지 전략을 수립해야 한다. 그렇지만 북한의 경우는 더욱 근본적인 변화를 위해 압박을 강화하는 방향으로 외부 개입전략을 설정하는 것이 더 효과적일 수 있다.

5. 북한 당국의 정권안보 인식과 대응전략 수립

이 과정에서 국가이익에 대한 북한 당국의 인식과 전략을 적절하게 활용해나가야 할 것이다. 북한 인권문제에 대한 외부 개입이 효과를 거두기 위해서는 북한과 국제인권체제와의 상호작용 과정에서 북한 당국이 국가이익의 관점에서 대응할 만한 전략을 고려하여 개입 전략을 수립해야 한다. 북한 당국은 국제사회의 인권규범과 수용 요구에 대해 김정일 정권의 안보 및 체제안보라는 관점에서 접근하여 반발과 거부 전략을 확고하게 견지하고 있다. 중국도 어느 정도는 인권문제를 정치적 동기의 관점에서 바라보고 있다. 그런데 북한은 정권안보와 인권문제를 극단적으로 연계하여 인식하고 김정일 지도부의 수호와 국가이익을 동일시하고 있다. 물론 북한은 중국과 달리 강대국이 아니므로 인권문제를 둘러싼 국제사회와의 상호작용 과정에서 중국과 다른 태도를 보일 수밖에 없다. 우리는 북한이 정권안보를 위해 내부 통제와 국제적 고립 탈피라는 양면성을 동시에 추구한다는 점을 적절하게 활용하여 개입 전략을 수립할 수 있다. 북한은 내부를 통제하여 정권을 유지하기 위해 인권에 대한 거부 전략을 견지하고 있지만 경제적으로 심각한 위기에 처해 있기 때문에 역설적으로 국제사회의 지원과 고립 탈피가 북한 당국이 정권안보를 유지하는 데 중요한 요소가 된다. 따라서 정권안보라는 관점에서 어느 정도로 인권문제에 대해 유연성을 발휘할 것인지 고민하지 않을 수 없다. 즉, 국제체제와 북한 정부 사이의 상호작용 과정에서 정권안보에 대한 북한의 고민을 활용하여 북한 내부에 인권규범이 효과적으로 확산될 수 있도록 정교한 전략을 수립해야 하는 것이다. 특히 북한 내 인권상황이 개선되지 않으면 국제사회로부터 경제발전을 위한 지원을 받기 어렵다는 메시지를 분명하고도 지속적으로 표명해야 한다.

또한 북한 당국이 21세기 세계 현실에 부합하는 방향으로 개방 전략을 추진할 수 있도록 적극 설득해나가야 한다. 북한이 극단적인 정권안보와 체제안보의 관점에서 거부와 부인 전략으로 인권문제에 접근하면 궁극적으로 북한 정권안보에 부정적인 영향을 미친다는 점을 분명히 인지할 수 있도록 만들어나가야 하는 것이다. 북한 당국이 투자와 대규모의 개발지원을 제공받기 위해서는 국제 기준과 원칙을 점진적으로 수용하는 것이 중요하다는 입장을 확고하게 견지해나가고 이 과정에서 북한 당국이 극단적인 정권안보의 관점에서 인권문제에 접근하는 것을 탈피할 수 있도록 외부 여건 또한 우호적으로 조성해나가야 한다. 북한에 대한 비판, 창피주기, 일방적 포위 전략을 탈피해 북한 당국이 인권정책에 전향적 태도를 취할 수 있도록 설득해야 한다. 특히 인권을 포함한 국제 규범과 원칙을 수용하는 것이 북한의 정권안보에 부정적인 영향을 미치는 것이 아니라 생존 전략에 기여하게 된다는 인식을 갖도록 해야 한다.

6. 남북관계 개선과 인권개선의 통합전략 수립

남북관계와 인권문제의 상호 관계에 대해 분명한 인식과 전략적 목표를 설정하고 접근해야 한다. 북한 당국의 인권문제에 대한 태도를 고려할 때 북한 인권문제에 외부가 개입하는 것은 양자관계에 분명 부정적인 영향을 줄 것이다. 따라서 남북관계, 한반도 통합과 북한 인권문제를 종합적으로 고려한 통합 전략을 수립해야 한다. 이는 북한 인권문제가 남북관계를 개선하는 데 부정적인 영향을 주기 때문에 소극적으로 접근해야 한다는 의미가 아니다. 노무현 정부는 북한 인권문제가 남북관계에 부정적인 영향을 주기 때문에 전략적으로 접근해야 한다는 입장을 견지했다. 하지만 그러한 전략적 접근의 강조에도 남북관계 개선과 인권개선을 접목할 수 있는 구체적 전략을 개발하지 못했다. 오히려 '전략적' 고려는 소극적 정책으로 표출되어 비판의 대상이 되었다. 앞으로 남북관계 개선과 북한인권 개선의 긍정적 상관관계를 지속적으로 증대해나갈 수 있는 구체적 전략이 필요하다. 특히 남북 간의 다양한 교류 협력을 발전시켜나가는 과정에서 교류 협력이 북한의 인권을 개선하기 위한 간접적 여건을 조성하는 데 어떻게 기여할 것인지에 대한 '전략'이 수립되어야 한다. 특히 남북한 교류 협력을 통해 북한 내에서 법치가 확립될 수 있는 여건을 조성하는 데 중점을 두어야 할 것이다.

동서독의 사례에서 보듯이 북한 인권문제를 경제적 문제와 결합시켜 접근할 수 있을 것이다. 북한은 1990년대 이후 심각한 경제난 이외에도 북한 주민의 생존을 위협하는 식량난을 겪고 있다. 서독이 경제적 지원과 동시에 인권이라는 플러스 알파 정책을 취했듯이 우리도 경제적 지원과 시민적 기본권 문제를 조화시켜나갈 수 있는 대안을 치밀하게 준비해야 한다. 또한 국제사회에서는 특정 지역과 사회에서 기업 활동을 할 때 기업들(유엔 및 다국적 기업을 중심으로)이 인권을 고려한 영업 프로그램을 수립해야 한다는 논의가 활발하게 개진되고 있다. 따라서 남북한 교류 및 경제협력 과정에서 남북경제공동체라는 관점으로만 접근할 것이 아니라 국제 규범과 법치의 확산 등 인권을 결합한 인식의 관점을 형성해야 한다고 본다. 즉, 남북한 교류협력 과정에서 우리 기업도 북한인권을 개선하기 위한 여건을 조성하는 데 중요한 역할을 수행해야 한다. 동시에 중장기적으로 북한 사회의 체제 변화를 유도할 수 있는 방향으로 대북 지원방식을 전환해야 한다. 즉, 무조건 지원하는 것이 아니라 북한의 자체적인 내부 변화와 함께 우리의 지원이 병행되어 북한의 인권개선을 촉진할 수 있는 방안을 모색해야 할 것이다. 이러한 문제에 대해서는 진보진영에서도 관심을 보여야 한다.

헬싱키 프로세스에서 나타나듯이 인적 접촉과 정보 유통은 동구권 사회주의 내부에서 인권개선을 위한 여건을 조성하는 데 중요한 기능을 수행했다. 따라서 단순히 남북관계의 접촉 면을 확대하거나 경제적 이득을 추구한다는 관점을 넘어, 다양한 분야에서 남북 간 접촉을 확대하고 북한 당국의 반발을 사지 않는 범위 내에서 북한 내부의 인권의식을 함양하기 위한 여건을 조성하는 정교한 전략을 수립해야 한다.

7. 자유권과 사회권의 통합 접근

북한 인권문제에 접근할 때 생존권을 우선할 것인지 시민적·정치적 권리를 우선할 것인지를 둘러싸고 논쟁을 넘어 갈등의 양상마저 나타나고 있다. 이러한 논쟁은, 유엔을 중심으로 인권규범을 만들 때 자본주의 진영과 사회주의 진영이 합의를 보지 못해 별도의 국제인권규약을 채택하는 식으로 타협이 이뤄진 점에서 알 수 있듯이 국제사회에서도 여전히 전개되고 있다. 그렇지만 1993년 빈 세계인권회의의 인권의 불가분리성, 상호 의존성 원칙에서 보듯이 자유권과 사회권에 통합된 관점으로 접근해야 한다는 데 국제사회의 공감대가 형성되어 있다. 따라서 북한의 인권을 개선하기 위한 우리 사회의 개입이 효과를 거두기 위해서는 인권문제에 대한 국제사회의 논의를 수용하여 전략을 개발해야 한다. 즉, 어느 특정 인권을 우선순위로 설정하는 것을 둘러싸고 벌어지는 소모적인 논쟁에서 벗어나야 한다. 경제적 기본권에 집중하면서 자유권을 외면하는 태도는 지양해야 하는 것이다. 마찬가지로 자유권을 강조하면서 사회권을 소홀히 하는 태도도 지양해야 한다. 국제사회의 인권 원칙을 수용한 우리 사회도 자유권과 사회권에 대해 통합된 관점으로 접근하는 동시에 이러한 관점하에 북한의 인권을 개선하기 위한 대안을 모색해야 한다. 무조건적인 지원과 엄격한 단순 연계 등을 넘어 대북지원과 자유권을 조화롭게 결합하여 전략을 수립해야 하는 것이다.

8. 개발과 인권의 통합

또한 국제사회에서는 유엔과 지원 공동체를 중심으로 개발과 인권을 통합해야 한다는 논의가 활발하게 전개되고 있다. 지원을 통해 수혜국의 인권을 개선할 수 있는 구체적 접근 전략과 프로그램들이 개발되어 시행 중이다. 반면 우리 사회는 북한인권에 대해 여전히 대북지원과 생존권 보장이라는 측면으로 접근하는 경향이 강하다. 이렇게 생존권 시각에서 접근할 경우 분배 투명성과 전용문제 논의에서 벗어나기 어렵다. 그런데 국제사회에서는 빈곤의 요인에 대한 인식과 지원, 인권개선에 대한 논의가 우리 사회와는 다른 시각에서 전개되고 있다. 우리는 단순히 먹고사는 문제라는 경제적 소득의 관점에서 북한 주민의 빈곤 요인을 바라보는 태도를 버려야 한다. 국제사회는 빈곤 퇴치를 주된 목표로 설정하되 빈곤의 요인에 대해

소득의 결핍만을 문제삼는 것이 아니라 기회의 박탈, 역량의 결핍, 권리의 문제로까지 바라보는 시각이 주류를 형성하고 있다. 우리 역시 대북 지원문제에 대해 경제적 소득 결핍이라는 관점에서 벗어나 기회의 선택, 박탈의 해소, 권리 신장이라는 관점을 가질 필요가 있다. 북한 주민의 빈곤의 원인을 이러한 관점에서 바라볼 때 비로소 우리 내부의 대북지원과 인권문제를 둘러싼 우선순위 소모 논쟁이 해소될 것이다.

경제적 소득의 결핍이라는 관점에서 지원이 이뤄질 경우 자선의 관점에서 대북 지원문제에 접근하게 된다. 그런데 국제사회에서는 이러한 관점에 대한 반성의 목소리가 커지고 있다. 자선의 관점에서 지속적으로 지원을 해왔음에도 수원국에서 빈곤이 퇴치되지 않는 요인에 주목하게 된 것이다. 그 결과 국제사회에서는 단순히 자선이라는 수혜의 관점, '사람을 위한 개발'을 넘어 수혜자를 권리 보유자로 인식하고 이들의 권리 신장을 통한 '사람에 의한 개발'을 지향해야 한다는 인식이 정립되고 있다. 이러한 국제사회의 시각을 반영하여 북한에 대규모 개발지원을 제공하는 과정에서 '북한 주민에 의한 개발'이라는 인권과 개발의 통합 관점을 적용해나가야 한다. 특히 이 과정에서 리(里)와 동(洞) 단위의 소규모 지역 차원에서 북한 주민에 의한 참여, 양성평등 등 북한 주민이 개발을 주도할 수 있는 여건이 조성될 수 있도록 개입 전략을 수립해야 한다.

9. 상호 보완적 전략의 병행과 개선효과 평가

북한 주민의 인권은 여러 요인에 의해 다양한 형태로 침해되고 있다. 북한의 인권을 개선하기 위해서는 각종 전략이 동시다발적으로 동원되어야 한다. 각각의 인권개선 전략은 상대적 장점과 한계를 동시에 모두 내포하고 있다. 따라서 어떤 특정한 인권개선 전략만이 우월하다는 관점하에 다른 전략을 관용하지 않는 태도를 탈피해야 한다. 타자를 부인하는 관점에서 벗어나 다른 전략을 이해하고 상호 보완의 관점을 가져야 하겠다.

　북한인권의 열악한 상황과 복합적인 침해 요인을 고려할 때 북한의 인권 상황이 국제사회의 기준에 충족되는 수준으로 단기간에 개선될 수 있는 문제는 아니라는 사실을 명심해야 한다. 또한 역사적으로 볼 때 인권이 심각하게 유린되는 특정 사회와 국가에서 인권상황이 단시일 내에 개선된 사례도 찾아보기 힘들다. 어떤 사회 내에서 인권이 개선되려면 중장기적 과정을 거쳐야 한다. 북한 주민의 인권이 유린되는 기본적인 요인이 북한의 유일지배체제라는 점에 대해서는 이론의 여지가 없다. 그런데 이러한 체제가 붕괴되면 북한 인권문제는 모두 해결되는 것인가? 중국의 사례에서 보듯이 북한의 유일지배체제가 권위주의 정권으로 대체될 경우 현 체제에 비해서는 괄목할 만한 개선의 기회를 맞겠지만 결국 북한 인권상황은 중장기적 과정을 거쳐 개선될 것이다. 따라서 북한 인권문제의 경우 중장기적인 목표와 단기적이고 현실적인 개선 사안을 분리하여 접근하되 중장기적 목표와 단기 현안을 통합된 관점에서 성취해나가야 한다. 특히 우리가 다양한 인권개선 운동을 전개하고 있음에도 일각에서는 북한 인권상황에 전혀 진전이 없다는 극단적인 관점에서 북한의 인권상황 개선 정도를 평가하는 경향이 있다. 이러한 극단적 입장을 취할 경우 자신의 인권개선 운동도 부인하는 역설에 빠진다. 따라서 장기적 목표와 단기적 현안의 해결 등 다양한 수준을 설정하고 북한인권 개선 운동의 효과와 북한인권 개선의 정도를 평가할 수 있는 관점을 정립하는 자세가 필요하다.

부록

버마 인권개선의 사례

마웅저 버마 민주화 운동가

1. 들어가며

이 글은 버마(미얀마)의 전반적인 이해를 돕기 위해 버마의 역사를 시작으로 경제상황에 관한 내용과 버마 국민에게 가장 시급한 문제이면서도 가장 지원과 관심이 부족한 건강(보건)과 교육문제를 서술하고, 이후 버마 민주화 세력을 소개함으로써 군사독재 46년이 어떻게 한 사회를 총체적으로 파괴하고 있는지 간략하게 알리려 한다.

필자는 한국에서 버마 민주화를 위해 10년 동안 활동 중이다. 이 글에서는 학문적인 논거 제시나 논리적 전개보다는 사건과 수치 등을 통하여 개괄적인 설명을 하고, 이후 활동 과정에서 나타는 역사적 경험과 개인의 경험을 위주로 서술했다.

올해는 세계인권선언 62주년이 되는 해다. 북한이나 버마, 또 다른 인권 민주화의 후진국들에게 이 인권선언은 사치일지도 모른다. 하지만 이 선언이 이미 62년 전에 국제사회가 준수하고 실현하기로 약속한 것이라면, 우리는 오늘 다시 우리의 인권상황에 대해 이야기하고, 우리의 사례를 필요로 하는 사람들과의 연대를 통해 세계인권선언이 구호에서 끝나지 않고 전

인류의 인권 수호를 구현하는 데 이바지할 수 있도록 노력해야 할 것이다.

2. 버마의 역사

'버마(BURMA)'라는 나라 이름이 생소하더라도 아웅 산 수치(Aung San Suu Kyi)에 대해서는 대부분 잘 알고 있을 것이다. 버마는 1886년부터 1948년까지 영국과 일본의 식민지였다. 아웅 산 수치의 아버지인 아웅 산 장군과 30인의 동지(thirty comarades)는 일본군에게 군사훈련을 받고 다시 조국에 잠입해 영국군에 맞서 투쟁한다. 1942년 1월 버마에 침공한 일본군은 1943년 8월 영국으로부터 버마의 독립을 선언하며 꼭두각시 정부를 세운다. 1944년 3월 일본군은 인도 침공 작전에서 패배하고, 이를 지켜본 버마 민족주의자들은 일본과의 제휴가 독립에 불리하게 작용할 수 있음을 인식한다. 1944년 12월 아웅 산 장군은 비밀리에 연합군과 접촉한다. 1945년 5월 연합군이 버마의 수도 양곤을 탈환하고, 28일 일본군은 항복한다. 그리고 1948년 1월 4일, 마침내 버마는 완전한 독립국가로 재탄생한다.

버마는 동쪽으로 타이, 라오스, 북쪽으로 중국, 서쪽으로 인도, 방글라데시 5개 국가와 접해 있다. 버마는 다른 동남아시아의 국가들처럼 여러 민족으로 구성된 다민족 국가다. 약 8개 정도의 민족이 국민의 대부분을 차지하고 있다. 버마족, 까렌족, 몽족, 아라칸족, 친족, 샨족, 카친족, 까야족 등이다. 이 다양한 민족들은 고유한 문화와 언어를 가지고 있으며 종교도 불교, 회교, 힌두교, 기독교 등으로 다양하다.

버마는 독립 이후 1948년부터 1962년까지 근대 국민국가를 형성하기 위한 과정에 들어간다. 그러다 1962년 아웅 산 장군과 함께 독립운동을 했던 군사령관 네 윈(Ne Win)이 군사 쿠데타를 일으켜 군사독재의 길에 들어선다. 1974년 네 윈 군사정권은 군사독재를 감추기 위해 버마식 사회주의라는 슬로건과 함께 자급자족 경제체제를 이루기 위한 긴 실험에 들어간다. 그러나 그 결과 국가 경제는 파탄에 이른다. 이로부터 군사정부는 지금까지 46년간의 철권통치를 펼쳐 아시아의 부국에서 세계 최빈국으로, 21세기 마지막 쇄국의 길로 버마를 인도하고 있다.

군부는 1989년에 버마에서 미얀마 연방공화국으로 국명을 바꾼다. 기존의 버마라는 국명은 영국 식민지의 이미지를 주기 때문에 독립된 국호로서는 적절하지 않다는 이유에서다. 하지만 이런 정책이 1988년 이후 국제사회의 비난에서 벗어나기 위한 것이라는 사실은 자명하다. 사실 국명을 바꾸는 것은 정당한 투표에 의해 선출된 국회나 대통령이 국민의 의견을 물어서 할 일이지 이미지를 바꾸기 위해, 그것도 국민들의 요구를 총으로 다스린 군부에게 주어지는 권리는 아니다. 이에 미국과 유럽연합 등에서는 기존 국명인 버마와 군부에서 바꾼 미얀마를 함께 쓰고 있는 실정이다. 하지만 민주화 운동가들은 버마를 계속해서 쓰고 있다. 그 이유는 군부에게는 국명을 바꿀 어떠한 권한도 없기 때문이다.

군부가 집권하기 이전의 버마는 동남아시아 최대의 쌀 생산국이었고 풍부한 지하자원을 보유하고 있었으며 곡물을 많이 생산하는 자원 부국이었다. 하지만 과거의 풍요는 독재자 네 윈에 의해 조금씩 줄어든다. 그리고 네 윈 정권하인 1987년에는 유엔이 정한 세계 최빈국이 된다. 같은 해 군부는 화폐개혁을 단행한다. 이로써 국민의 돈이 하루아침에 휴짓조각이 되었고, 국민의 분노는 하늘을 찌르게 되었다. 이것은 이후 1988년 8월 8일에 일어난 '8888 민중항쟁'의 계기가 된다. 8888 민중항쟁 이후 군부는 민중항쟁을 무마하기 위해 1990년 총선을 약속하고 총선거를 실시한다. 이 선거에서 아웅 산 수치 여사가 이끄는 버마민족민주동맹(National League for Democracy, NLD)이 82%를 차지했다. 그러나 군부는 이 선거를 무효화하고 아웅 산 수치 여사를 가택연금했으며, 국회의원 당선자들을 감옥에 가둔다. 이로부터 몇 차례 군부 내에서 쿠데타가 일어났으며, 군부에 의한 강압적인 통치와 국민의 어려움은 계속되고 있다. 2007년 9월에 유가 폭등과 이에 대항하는 전 국민적 항쟁이 불교 승려들의 주도로 진행되었지만, 이 역시 군부의 강압적인 탄압으로 대규모의 국민 희생을 불러왔다. 게다가 2008년 5월에 버마 전역을 휩쓸고 간 태풍 나르기스(Nergis)로 국민들은 도저히 회복하기 힘든 어려움에 처하고 만다.

3. 경제에 관하여

학생들이 주도한 '8888 민중항쟁'으로 군부독재가 위기에 처하자, 1988년 9월 18일 군부 내에서는 써 마웅(Saw Maung) 장군에 의해 다시 쿠데타가 발생한다. 버마 군부는 국가법질서회복위원회(State Law and Order Restoration Council, SLORC)를 구성하여 국가권력을 장악하고, 26년 동안 지속된 버마식 사회주의체제를 철폐한다. 군부는 사회주의 경제체제를 폐쇄하고 시장경제체제를 받아들였다. 1987년에 4.0%, 1988년에 11%의 경제성장률을 기록하지만 국제 차관 40억 달러와 국내 차관 160억 짯(kyat, 버마의 화폐 단위)이 남는다. 이런 상황에서 달러가 시급했던 군부는 1988년 11월 30일 계엄포고령 '10/88'을 발효해 외국투자법(Investment Law) 개정을 도입했다. 1989년 5월 30일 군부는 계엄포고령 '1/89'를 발효해 국영사업 12개 외에는 적극적으로 외국자본을 유치할 수 있도록 법령을 개정한다. 이를 기점으로 외국자본은 버마 군부를 지탱하는 거의 유일한 기반으로 자리 잡는다.

버마의 주요 투자국은 네덜란드, 말레이시아, 미국, 싱가포르, 영국, 인도네시아, 일본, 프랑스, 한국, 홍콩 등이다. 수입국은 말레이시아, 미국, 싱가포

<표 부록-1> 버마의 주요 수출국

(단위: %)

	1985년		1988년		1990년		1993년	
1	싱가포르	17.1	중국	32.0	타이	26.5	중국	17.7
2	타이	9.5	타이	14.5	중국	20.9	타이	16.6
3	일본	8.8	인도	12.9	싱가포르	13.1	인도	13.0
4	인도	7.9	싱가포르	10.6	일본	8.3	싱가포르	11.8
5	말레이시아	6.9	일본	7.7	홍콩	6.0	일본	7.6
6	홍콩	6.3	홍콩	3.8	미국	4.8	홍콩	6.6
7	타이완	4.0	말레이시아	2.9	말레이시아	3.5	미국	5.4
8	미국	3.6	미국	2.8	독일	2.1	파키스탄	2.9
9	영국	3.2	영국	1.9	이탈리아	1.8	말레이시아	2.5
10	방글라데시	3.0	독일	1.7	영국	1.6	이탈리아	1.9
	1995년		1997년		2000년		2003년	
1	타이	15.9	인도	19.8	미국	25.9	타이	33.0
2	싱가포르	16.0	싱가포르	14.8	타이	13.3	인도	14.9
3	인도	12.3	미국	10.9	인도	9.4	미국	10.9
4	중국	11.3	일본	8.7	중국	6.4	중국	6.2
5	인도네시아	8.0	타이	7.3	일본	6.1	일본	5.1
6	일본	7.1	중국	6.5	싱가포르	5.6	독일	3.8
7	미국	6.6	말레이시아	4.9	독일	4.4	영국	3.7
8	홍콩	4.9	홍콩	4.5	프랑스	3.9	싱가포르	3.1
9	말레이시아	3.1	독일	3.3	영국	3.8	말레이시아	2.9
10	파키스탄	2.3	프랑스	3.3	말레이시아	3.5	프랑스	2.7

자료: Toshihiro KUDO, "Myanmar's Economic Relations with China: Can China Support the Myanmar Economy?"(July 2006), UN Comtrade

르, 인도, 일본, 중국, 타이, 한국, 홍콩 등이며, 수출국은 말레이시아, 미국, 방글라데시, 싱가포르, 인도, 인도네시아, 일본, 중국, 타이, 홍콩 등이다. 수출품은 천연가스, 봉제 의류, 티크(teak, 나무 가구의 원재료), 콩, 수산물 등이며, 수입품은 기계 및 운송 장비, 섬유류, 경유, 금속제품, 석유 등이다.

버마는 총인구의 60% 이상이 농업에 종사하고 있으며, 국민총생산(GDP)의 58% 이상, 수출의 15.2%를 농업이 점유하고 있을 만큼, 농업이 버마의

<표 부록-2> 버마의 주요 수입국

(단위: %)

	1985년		1988년		1990년		1993년	
1	일본	37.2	일본	32.1	싱가포르	25.0	싱가포르	25.3
2	독일	14.7	중국	23.4	중국	20.8	중국	24.5
3	싱가포르	11.5	싱가포르	11.8	일본	11.4	타이	11.5
4	영국	5.3	독일	8.1	말레이시아	5.8	말레이시아	7.8
5	네덜란드	3.4	영국	3.8	타이	4.7	일본	7.5
6	한국	3.1	한국	3.7	독일	4.5	한국	3.1
7	말레이시아	2.5	프랑스	2.6	한국	4.3	홍콩	3.1
8	프랑스	2.3	타이	2.5	오스트레일리아	3.7	인도네시아	3.0
9	타이	2.2	Former Yugosl	2.0	영국	3.2	독일	2.8
10	미국	2.0	미국	1.8	프랑스	2.6	영국	2.5
	1995년		1997년		2000년		2003년	
1	싱가포르	25.8	싱가포르	24.0	타이	19.8	중국	33.3
2	중국	25.0	중국	19.4	중국	19.5	싱가포르	23.8
3	타이	14.2	타이	13.8	싱가포르	17.1	타이	16.1
4	말레이시아	9.3	말레이시아	12.7	한국	11.4	한국	6.7
5	일본	6.3	일본	7.2	말레이시아	9.1	말레이시아	5.1
6	한국	3.5	인도네시아	5.1	일본	7.7	일본	4.5
7	홍콩	2.5	한국	4.6	홍콩	3.5	인도	3.2
8	인도네시아	2.4	홍콩	2.4	인도네시아	2.5	인도네시아	1.7
9	프랑스	2.1	독일	1.8	인도	2.1	홍콩	1.6
10	독일	1.5	인도	1.7	독일	1.6	독일	0.5

자료: Toshihiro KUDO, "Myanmar's Economic Relations with China: Can China Support the Myanmar Economy?"(July 2006), UN Comtrade

경제발전에 주요한 역할을 하고 있다. 산림 면적은 전 국토의 약 48%인데 티크 등 고품질의 목재 자원이 매우 풍부하다. 또한 긴 해안선(1,768마일)이 펼쳐져 있고, 광활한 바다와 대륙붕(8만 2,000평방마일)을 가지고 있으며, 1,250마일의 이라와디 강을 비롯한 2,000만 마일의 어류 공급원을 갖고 있다. 버마의 수산업은 아직 원시적인 방법에 의존하고 있다. 산림 자원 역시 버마의 외화 획득에 주요 수출품목으로 총 수출 가운데 36.3%를 차지

<표 부록-3> Exchange Rates

(Kt: US$; calendar years)

	2000	2001	2002	2003	2004	2005
Official rate(annual average)	6.43	6.68	6.57	6.08	5.75	5.73
Official rate(year-end)*	6.53	6.77	6.36	5.73	5.48	5.63
Free-market rate(annual average)	355	620	970	960	910	1,095
Free-market rate(year-end)*	410	720	1,100	900	960	1,295

* Economist Intelligence Unit estimate
Source: IMF, International Financial Statistics; private report; CSO Selected Monthly Economic indicators(April 2005), Burma; "Burma Economic Review", 2005~2006 NCGUB(National Coalition Government of the Union of Burma)

한다. 최근 버마 군부는 외화 부족을 타개하기 위해 산림 벌채권을 타이 등 외국 기업에게 매각하고 있다.

군부는 1990년 2월 19일 계엄포고령 '7/90'을 발효해 미얀마경제지주유한회사연합(Union Myanmar Economic Holdings Ltd, UMEH)를 운영한다. 미얀마경제지주유한회사연합은 국가 예산에서 40%, 군 예산에서 60%를 자금으로 지원받아 운영하고 있다. 미얀마경제지주유한회사연합은 버마 역사상 최대의 기업이 되었다. 버마의 경제는 미얀마경제지주유한회사연합의 장군들과 그 파트너들이 운영하는 미얀마농업생산-무역공사(Myanmar Agriculture Produce Trading, MAPT) 등에 의해 통제되고 있다. 사기업들은 미얀마경제지주유한회사연합과 미얀마농업생산-무역공사의 감독하에서 11%의 수수료를 내야만 수출할 수 있다. 또한 화폐 교환제도에는 큰 문제가 있다. 군부는 30년 전부터 지금까지 미국 돈 1달러에 대해 버마 돈 약 6짯으로 화폐 교환가치를 인정한다.

외국인이 버마를 방문할 때 합법적으로 화폐를 교환하기 위한 방법은 두 가지다. 은행에서 1달러를 약 6짯으로 교환하거나, 외국인을 위한 화폐(Foreign Exchange Certificates, FEC)로 환전해야 한다. FEC는 버스, 시장 등에서 이용할 수 없기 때문에 화폐 교환소에서 다시 짯으로 환전해야 이용할 수 있다. 화폐 교환소에서 1FEC는 약 900짯(2008. 7)의 가치가 있지만, 암시장

<표 부록-4> Salient Macroeconomic Indicators, Selected Countries, 2005

	GDP growth (%)	Per capita GDP (US$)	Inflation (%)	Current account (% of GDP)
버마	12.2(SPDC)	172*	10(SPDC), 53(ESCAP)	4.4
캄보디아	8.4	310*	5.8	-10.2
라오스	7.2	399*	7.2	-8.1
중국	9.9	1,462	1.8	7.0
인도	8.1	1,654	4.5	-2.5
인도네시아	5.6	1,233	10.5	1.1
일본	2.0	36,599	-0.4	3.3
한국	4.0	17,438	2.7	2.1
말레이시아	5.3	5,440	3.0	15.7
싱가포르	6.4	26,253	0.4	28.5
타이완	4.1	14,447	2.3	4.7
타이	4.5	2,563	4.5	-2.1
베트남	8.4	568	8.3	-3.6
아시아	6.1	7.0	3.0	6.6
유럽	1.2	28,702	2.1	0.2
미국	3.5	41,976	2.8	-6.1
세계	4.3		3.9	

Note: * 2004
Source: Asian Development Outlook 2006, http://www.adb.org/Documents/Books/ADO/2006/default.asp; "Economic Review: Year-end 2005", Bangkok Post; "Burma Economic Review", 2005~2006, NCGUB

에서 1달러는 약 1,180짯(2008. 7)이다. 사업하는 사람들은 암시장에서 환전할 수 없고, 은행에서 6짯으로 환전할 수도 없기 때문에 FEC를 이용하고 있다. 버마 군부는 화폐 교환제도를 이용해 엄청난 환차익을 보고 있는 상황이다.

2008년 7월 ≪이너 시티 프레스(Inner City Press)≫는 "버마 군부의 화폐 교환제도 때문에 사이클론 나르기스 이재민을 위한 국제사회의 지원금 수천만 달러가 막대한 손해를 입었다"고 전했다. 7월에 사흘 동안 버마를 방문했던 홈스(John Holmes, 유엔 인도적 지원단장)는 이재민 지원금 중 20% 이상이 사라진 것에 관한 기사 내용에 동의한다고 말했다.

교도통신(共同通信) 2005년 4월 17일자에 인용된 정부 소유 신문 ≪뉴라이트 오브 미얀마(New Light of Myanmar)≫의 보도에 따르면 서열 3위 지도자인 투라 슈웨 만(Thura Shwe Mann) 장군은 버마의 실질 국민총생산이 2004~2005년에 목표치였던 11.3%를 능가해, 12.2%로 증가했고, 1인당 국민총생산액은 16만 5,725쨧(공식 환율로 약 2만 7,621달러, 시장 환율로 약 182달러)이라고 발표했다. 이 공식적 수치가 사실이라면 버마의 2004년과 2006년 경제성장률은 같은 기간에 9.9%, 8.4%라는 급속한 성장률을 기록한 중국과 베트남을 능가하는 것이다.

버마의 인플레이션에 대해 군부의 보도와 국제단체의 보도는 큰 차이가 있다. 2005년에 군부는 버마의 인플레이션이 10%가 넘는다고 했다. 하지만 아시아태평양경제사회위원회(Economic and Social Commission for Asia and the Pacific, ESCAP)는 버마의 인플레이션이 53%가 넘는다고 발표했다. 1988·1999년과 2005년을 비교하면 1쨧이던 커피 한 잔이 200쨧, 15쨧짜리 쌀이 1,000쨧, 40쨧(1달러)이 약 1,290쨧(암시장 환율)을 능가했다. 지금은 초등학교 교사 월급이 3만 원 정도인데 휴대전화 한 대가 300만 원이라고 할 수 있다. 군부가 발표한 버마 국민총생산은 베트남, 중국, 타이를 능가하고 있지만 버마 국민 수천 명은 국경을 넘어 중국, 타이에 가서 일하고 있다.

군부와 공식 계약을 통해 공동사업을 추진하는 사업체 때문에 일자리 창출과 지역 발전 등이 이뤄지지 않고, 강제 노동과 강제이주 문제만 발생하고 있다. 주민들에게 외국 투자는 전혀 도움이 되지 않는 상황이다. 오히려 외국 투자는 군부를 유지시키고, 국민을 어려움 속으로 몰아넣는 주범이다. 버마 군부와 손잡고 일하고 있는 외국 자본 중 중국과 한국의 사례를 소개하면 다음과 같다.

1) 한국과의 관계

1983년 전두환 전 대통령이 버마에 방문했다. 이때 그 유명한 아웅 산 묘지 폭파 사건이 발생한다. 이 사건 전에 한국과 버마는 박정희 시절 박스컵으로도 깊은 인연이 있다. 이러한 사건 외에도 버마와 한국은 깊은 인연이 있다. 오랜 기간 제국에 의한 식민지 경험, 민족해방 운동, 군부에 의한 장기간의 독재, 민주화 운동 등의 역사적 맥락은 버마와 한국을 이해하는 키워드다. 이러한 역사적 경험 속에 비슷한 역할을 한 사람들이 있다. 독립운동가 김구 선생과 아웅 산 장군이 있으며, 민주화 지도자 김대중과 아웅 산 수치 여사, 현재 유엔사무총장인 반기문과 전 유엔사무총장 우 탄트(U Thant, 1961년부터 1971년까지 역임)를 거론할 수 있다.

버마와 한국의 외교관계는 1961년 8월 10일 영사관계 수립, 1962년 9월 7일 총영사관 개설, 1975년 5월 16일 외교관계 수립, 총영사관의 대사관 승격, 1964년 6월 17일 무역 협정(1967. 9. 20. 협정 개정), 1972년 1월 뉴스 교환 협정, 1978년 1월 28일 항공 협정, 1996년 3월과 1999년 9월에 투자보장 협정 교섭회담, 1999년 7월 임업약정 체결, 2002년 12월 과학기술협력위 설치 MOU 가서명, 2003년 무역공동위 설치 MOU 문안 합의한 버마 자원협력위 TOR 서명 등으로 이어진다.

한국의 투자 현황(투자 승인 기준, 2006년 6월 말~2007년 말)은 인가 기준 투자액 34건, 1.9억 달러이고, 투자 액수 12위(타이, 영국, 싱가포르, 말레이시아, 홍콩, 프랑스, 미국, 인도네시아, 네덜란드, 일본, 중국, 한국), 투자 건수 4위(외국인 투자 허가 금액 중 1.38%)다. 무상원조는 1991~2006년 총 1억 5,900만 달러(연평균 993달러) 규모이고, 기업 진출 현황(2006년 말 기준)은 대우인터내셔널, 효성 2개 사다. 투자무역업체는 대우목재, 포스코 등 50여 개 사, 봉제투자업체는 대우봉제, 오팔, 세계물산, 태평양 등 48개 사(14개 봉제협력업체 포함)다.

버마에 투자하고 있는 한국 기업 중 가장 대표적인 그룹은 대우인터내셔널이다. 대우인터내셔널은 버마 군부와 광구 생산물 분배 계약을 맺은 뒤 2002년 인도 국영석유회사와 한국가스공사 등을 공동 투자자로 참여시켰다. 대우인터내셔널은 2000년 8월 '슈웨 프로젝트(Shwe Project)'를 통해 아라칸주(Arakan State) 해안에 위치한 'A-1 광구' 천연가스전의 독점적 개발권을 따냈다. 그리고 2004년 1월에는 한국 내 기업이 발견한 해외 가스전 중 최대 규모인 4.5~8.5조 입방피트(금액으로는 472~944억 달러, 최대 90조 원, 한국에서 5~8년 정도 쓸 수 있는 양)의 가스층을 발견했다.

A-1 광구 슈웨 컨소시엄을 구성하는 4개 회사의 지분은 대우인터내셔널 60%, 한국가스공사 10% 외에 인도석유공사 20%, 인도가스공사 10%이다. 생산된 천연가스는 중국이 전량 구매하기로 했다. 대우인터내셔널은 해외에서 자원을 개발하고 이를 판매하여 수익을 얻었다. 이런 사업을 통해 미얀마 군부와 한국 정부는 막대한 수입을 거두었지만 버마 국민에게는 강제 노동과 강제 이주만 늘어났을 뿐 어떠한 혜택도 돌아가지 않았다는 점을 명심해야 한다.

2008년 4월 17일 한국 내 시민단체들은 '정책제안조사 요청, 국가인권위원회진정문'을 제출했다. 이 진정문에는 '슈웨 프로젝트의 위협'에 관한 내용이 있다.

> 개발 지역의 극심한 군사화와 해외 에너지 회사와의 협력 아래 버마 군대의 체계적인 인권침해로 이어졌다. 이들 침해는 강제 노동, 토지 몰수, 강제 이주와 마을의 파괴, 강간, 고문 그리고 법외적 살해 등의 폭력을 포함한다.

> 미국 연방과 주 법원에서의 유노컬사(Unocal Corporation)에 대한 소송은 2005년 3월 유노컬이 "원고와 그들의 대표가 생활 조건, 의료보장 그리고

교육을 개선하기 위한 프로그램을 개발하고 수송관 지역 주민의 권리를 보장하기 위한" 합의금을 지불하는 것으로 이어졌다. 유사하게, 프랑스 토탈(TOTAL)사에 대한 소송은 2005년 11월 합의로 끝나서 원고와 유사하게 영향을 받은 수송관 지역 사람들을 보상하기 위한 2,500만 파운드가량의 연대 기금으로 이어졌다.

대우인터내셔널은 버마에서 부조리한 자원개발 사업뿐만 아니라, 버마 민중을 총칼로 통치하고 있는 군대에 무기를 수출했다. 한국 정부는 버마를 '방산물자 수출 요주의 국가'로 지정했으며 포탄 및 그 부품의 제조설비 및 기술이 수출되는 것을 엄격하게 통제하고 있다. 그러나 언론 보도와 한국 시민단체들의 불법무기 수출 규탄 공동성명서에 따르면, 지난 2006년 12월 6일 서울중앙지검 첨단범죄수사부는 버마 군부에 불법으로 포탄 제조 공장과 설비, 기술을 수출하여 대외무역법 및 기술개발촉진법을 위반한 혐의로 대우인터내셔널 사장 등 컨소시엄 업체의 16명을 적발하여 그중 14명을 기소하고 2명을 지명 수배한 것으로 밝혀졌다. 지난 2008년 5월 13일 서울중앙지법 형사항소 5부는 무기 수출이 통제된 버마에 1,400여 억 원을 받고 포탄 생산설비와 기술 일체를 수출한 혐의로 불구속 기소된 대우인터내셔널 전 대표와 두산인프라코어 임원 등에게 각각 벌금 500만~2,000만 원을 선고했다.

2) 중국과의 관계

버마가 독립국가가 된 이후로 여러 무장 저항집단들이 정부에 대항해 싸웠다. 버마 공산당도 그중 하나다. 1949년 이후로 버마와 중국 사이에는 국가 대 국가 차원과 정당 대 정당 차원, 이렇게 두 관계가 맺어져 있었다.

정당 간의 관계는 중국 공산당과 버마 공산당의 관계를 말한다. 그러나 버마 공산당이 정부에 저항하면서 버마 공산당에 대한 중국 공산당의 지원은 국가 간 관계의 배후에서 비밀스럽게 진행되었다. 하지만 1985년 이후 중국 공산당이 버마 공산당에 대한 지원을 중단하면서 버마 공산당은 거의 붕괴되었다. 버마와 중국의 관계는 1988년부터 조금씩 돈독해지기 시작했다. 이와 함께 윈난 성의 부지사에 의해 국경 무역을 합법화하는(이미 몰래 이뤄져왔지만) 협정이 맺어지고, 무기 거래를 계속했으며, 1989년 버마 공산당이 붕괴되는 원인이 된다.

서방 세계로부터의 투자를 받아들이지 않았을 때(8888 민중항쟁 이후 서방의 대부분의 국가들은 버마에 경제봉쇄를 단행한다) 버마 정부는 중국 정부의 원조를 받았다. 1989년 10월 버마 정부가 북경을 방문한 뒤로 양국 정부는 현재와 같은 관계를 협의한 협정을 맺었다. 그것은 군사정부가 중국 정부로부터 무장 병력을 지원받는다는 의미다. 만일 중국의 지원이 없었다면 버마 군부의 힘은 오늘날처럼 강해지지 않았을 것이다.

군부는 스스로 존립하기 위해 외부의 지원을 필요로 했는데, 이 결과 국가법질서회복위원회(State Law and Order Restoration Council, SLORC)는 1989년 11월 중국과 무기 협정을 체결했다. 이는 향후 5년 동안 20억 달러에 달하는 무기와 탄약, 그리고 중국인 군사훈련가들의 협조를 제공받기로 하는 협정이었다.

석유와 가스   중국 정부는 처음에는 버마의 석유와 가스에 무관심했지만 지금은 비상한 관심을 보이고 있다. 중국해양석유총공사(China National Offshore Oil Corporation, CNOOC)는 2004년 10월부터 2005년 1월까지 미얀마국영석유사(Myanmar Oil and Gas Enterprise, MOGE)와 생산된 자원을 공유하는 계약 6개를 맺는다. 또 다른 큰 프로젝트는 슈웨 A-1

광구로부터 아라칸 주 해안에서 윈난 성으로 이어지는 가스 파이프 라인을 준설하려는 페트로차이나(PetroChina Company Ltd)의 계획이다. 페트로차이나는 가스 굴착공사에 엄청난 돈을 투자하고 있는데, 이는 버마가 자원 부국이라는 것을 알기 때문이다. 중국뿐만 아니라 인도도 이 가스 굴착사업 투자에 관심을 보이고 있다.

많은 상품과 일용품이 중국으로부터 수입되고 있다. 이것들은 대부분 아주 싸기 때문에 많은 이들이 중국산 옷이나 신발, 장난감, 화장품, 문구 등을 산다. 결과적으로 버마 자체적으로 생산한 품목들의 내수는 감소하고 자체 생산도 뒤따라 위축되는 결과를 초래한다. 그래서 버마 국민들의 실업률 또한 높아지고 있다.

상술했듯이, 버마와 중국의 관계는 버마 시민사회에 긍정적인 효과를 미치지 않는다. 그렇다면 양국은 왜 이런 관계를 유지하는가에 대한 의문이 생긴다. 버마와 중국의 관계를 분석해보면 그 답을 알 수 있다.

버마 버마 군사정부는 군사력과 국방 기술을 강화시켜 그들의 중요한 계획 ― 군대의 규모를 증강시키는 것 ― 을 이행할 수 있다. 그리고 시민에 대한 군사정부의 힘과 영향력은 더욱 강해진다. 더군다나 중국 정부는 버마 정부의 무장반군 투쟁을 지원하여, 결국 군사정부와 소수 저항세력 간의 긴장을 더욱 심화시키고 있다. 이는 버마 정부가 중국과의 관계를 통해 정치적 이익을 얻는다는 뜻이다. 게다가 비록 불법적인 방식이지만 광물을 수출함으로써 군사정부는 재정적인 이익을 거둔다.

버마 군사정부에게 가장 이로운 점은 바로 그들이 유엔총회와 같은 국제회의에서 중국 정부의 지원을 받는다는 사실이다. 버마 정부에 대한 중국 정부의 지원은 사실상 군사정부의 임의적인 행동을 고무시킨 것이다. 중국 정부가 버마 정부를 보호하면 양국 정부는 상호 이득을 취하겠지만, 버마 국민은 더 큰 위험에 처하게 된다. 버마 정부가 인식하지 못하는 사실은 그들이 국민의 증오와 두려움을 사고 있다는 점이며 이는 곧 국민들과의 대화가 단절됨을 뜻한다. 정부가 잃고 있는 또 한 가지는 상술했듯이 값싼 중국 제품이 유입되면서 지역 산업이 쇠퇴하고 실업률이 높아진다는 점이다.

군사정부는 엄청난 국가 재정을 소비하면서 군사력을 강화해온 탓에 재정적으로 매우 빈약해졌다. 따라서 교육과 보건처럼 국민에게 중요한 분야에서 적절한 업무를 수행하지 못한다. 결과적으로 시민들은 질 좋은 교육과 보건 서비스를 경험할 기회를 잃었다. 중국과의 경제관계로 인해 버마인들은 강제 이주, 강제 노동, 구조화된 성폭행 등에 시달린다. 그리고 많은 사람들이 국내 난민(Internally Displaced Persons, IDPs), 난민, 이주 노동자가 되고 있다. 그들은 자신의 정체성과 국가, 부모 등을 잃어간다. 가장 중요한 점은 군사정부가 중국 정부의 지원을 받아 강해지는 것이 버마 국민의 민주주의 운동에 해악을 끼친다는 사실이다.

중국   버마 군사정부가 중국 정부로부터 무기를 지원받고자 하기 때문에 군사정부는 중국 정부가 그들이 원하는 만큼 수출을 할 수 있도록 허용한다. 그래서 중국 정부는 큰 영향력을 갖고 일상용품을 수출하면서 버마로부터 이익을 취한다. 게다가 중국 정부는 버마의 광물을 불법적으로 사들여서 낮은 가격에 획득할 수 있다. 또 버마 정부가 국제회의에서 중국 정부의 지원을 얻는 것처럼 중국 정부 역시 국제회의에서 버마 정부의 지원을 얻을 수 있다. 왜냐하면 버마 정부는 중국 정부로부터 무기와 충분한 자금을 지원받기 위해서 중국 정부를 후원해야 하기 때문이다. 하지만 양국 간 마약 거래로 중국에서는 마약 중독자가 늘어나고 있다. 이는 중국인들의 손실이자 중국 정부의 손실이다. 그리고 버마인들은 중국 정부가 무장한 군사력으로 군사정부를 지원하고 있다는 사실을 알고 있다. 따라서 중국 정부에 대한 버마인들의 견해가 부정적으로 바뀌고 반(反)중국 감정을 불러올 수 있다. 이로써 중국의 이미지가 악화될 수 있다.

4. 보건·교육에 관하여

1) 보건

1988년 9월 18일 권력을 장악한 군부는 이듬해 1989년 12월 28일 국가보건협의회(NHC)를 조직한다. 1993년 국가보건협의회는 '모두를 위한 보건(Health for All)'이라는 목표와 함께 새로운 국가 보건정책을 공식화했다. 이 목표에 따르면 군부는 기초 의료와 건강관리 시스템의 발전, 대안 건강관리를 위한 자금 운영계획, 부처 간(inter-sectoral) 조정, 환경 개선을 통한 건강활동 증대, 물리 의학과 건강 시스템 연구 촉진을 위한 유능한 인적 자원 개발을 병행하기로 하고 있다. 게다가 이 정책의 의도는 국경과 농촌 지역에 걸친 사회 전 영역의 개발을 의미한다. 또 이 새로운 정책 아래 NGO와 개인이 한층 많은 역할을 맡게 된다.

'모두를 위한 보건'을 성공적으로 실행하기 위해서는 현지 전문가들의 역할이 매우 중요하다. 하지만 실제로 보건정책을 조절하고 실행하는 데 전문가들의 역할은 미미하다. 예를 들어 국가보건협의회는 군사 당국에 우호적인 세력으로 구성되었다. 국가보건협의회의 의장은 군부의 세 번째 지도자이며 그의 비서와 국가보건협의회 구성원 대부분이 현재 군 대장들이다. 그러므로 국가보건협의회는 정부의 보건복지부보다 더 많은 권한을 갖는다. 버마 보건 시스템의 또 다른 문제는 지출에 대한 것이다. 군부가

<그림 부록-1> Health Care System in Burma

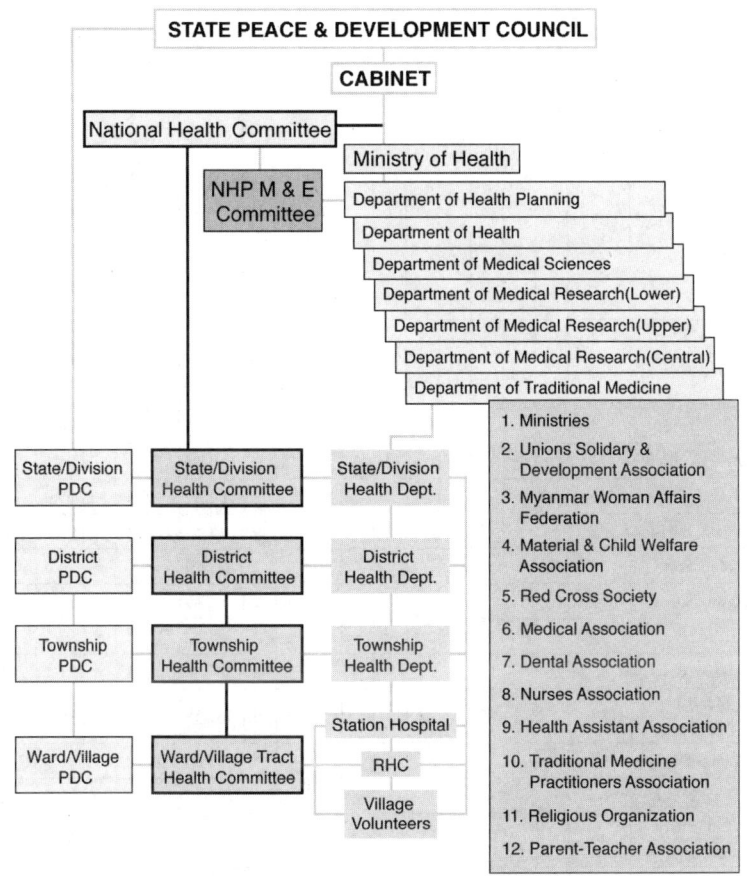

Source: National Health System Profile. http://www.searo.who.int/LinkFiles/Myanmar_Myanmar_Country_Health_System_Profile.pdf

국가 예산의 40%를 군대에 사용하는 동안 의료에 지출하는 예산은 세계에서 가장 낮은 0.4%를 기록했다.

2007년 국제통화기금(IMF)에 따르면 버마의 인구는 5,760만 명이다. 2007년 미국중앙정보국(CIA) 추정으로 버마인의 평균 수명은 62.94세(남성 60.73세, 여성 65.28세)이고, 평균 성장률은 0.8%다. 출생률은 인구 1,000명당

<표 부록-5> Hospital Reporting Status by States and Divisions, 2006

States & Divisions	Total Number of Hospitals	Number of Hospitals by Reporting Months													Nil(under other Ministries)	Newly established hospitals	Overall response rate(*)	
		1	2	3	4	5	6	7	8	9	10	11	12	Nil			2006	2005
Bago West	37											2	35				99.5	98.6
Ayeyarwaddy Div.	77							2			2	11	58			4	97.4	95.5
Chin State	24				1							4	18			1	96.0	89.9
Arakan State	43					1	1	1			1	5	33			1	95.6	97.2
Kayar State	16							2				1	12	1			95.0	90.6
Yangon Division	73							1		9	9	51	1	1		1	95.0	91.9
Mon State	29	1						1				6	21				94.0	97.8
Magway Division	66			1		1		1	3	1	2	5	49	1	1	1	92.6	95.0
Shan South	53									1	2	4	42	3	1		92.5	92.0
Bago East	46			1	1			3		1	2	5	28		1	4	91.1	94.8
Mandalay Division	87		2	1		1			1	3	4	13	58	2	2		90.8	93.5
Sagaing Division	90	1	2					1			4	15	60	3	3	1	90.8	91.9
Shan North	60			1	1					1		10	37	4	1	5	88.0	83.5
Taninthary Division	29							1			2	3	17	3	2	1	84.6	84.3
Kayan State	26						1	2	7	9	6	1					81.4	99.7
Shan East	26							1				2	16	5		2	77.1	67.9
Kachin State	44						1	10	8	3	6	9	5			2	72.0	86.3
Union	826	2	4	4	2	3	1	9	24	22	40	107	545	27	13	23	90.9	91.9

Source: Annual Hospital Statistics Report 2006, SPDC(State Peace and Development Council)

17.23명, 사망률은 인구 1,000명당 9.23명, 유아 사망률은 인구 1,000명당 49.12명이다. 인적 자원과 기반 시설의 상황은 다음과 같다. 2005~2006년 추정에 따르면 의사 1만 8,725명, 치과 의사 1,870명, 간호사 1만 9,922명,

치과 간호사 162명, 건강 보조자 1,771명, 여성 순회 보건사 2,908명, 조산사 1만 6,699명, 공공 보건 관리인 1등급 529명, 공공 건강 관리인 2등급 1,359명, 민간 의료자 889명으로 조사되었다.

그리고 의료 시스템은 2005~2006년 특별 서비스와 함께 전문 병원 19개와 일반 병원 35개를 포함한 일반 병원 826개로 구성되어 있으며 약국 417개, 초·중보건센터 86개, 어머니·아동보건센터 348개, 도시 지역 학교보건센터 80개와 농촌 지역 보건센터 1,456개가 의료 서비스를 제공하고 있다. 또 전통의학병원 14개, 전통의학진료소 237개가 전통적인 방식으로 지역사회의 건강을 담당하고 있다. 2003~2004년 전체 병원의 침대는 3만 3,683개였고 인구 1만 명당 침대 수는 6.5개로 보고되었다.

2000년 세계보건기구(WHO) 보고서에 따르면 버마의 의료보건 시스템은 191개국 중 190위였다. 주요한 건강문제는 설사, 호흡기 전염병, 결핵, 말라리아, HIV/AIDS 같은 전염성 질환이다. 이중 가장 심각한 질환은 HIV/AIDS, 결핵, 말라리아다. 2007년 추정에 따르면 버마의 HIV/AIDS 감염인은 24만 명(남성 14만 명, 여성 10만 명), 성인 HIV/AIDS 감염 비율은 0.7%, 그리고 AIDS 사망자는 2만 4,000명으로 보고되었다. 2006년 추정으로 결핵 감염인은 8만 1,614명, 감염 비율은 인구 10만 명당 169명, 그리고 결핵 사망자는 6,054명이다. 2003년 추정으로 말라리아 감염인은 71만 6,100명, 감염 비율은 인구 1,000명당 14.47명, 말라리아 사망자는 2,476명으로 보고되었다.

세계기금(The Global Fund), 세계보건기구, 유니세프(UNICEF), 세이브더칠드런(Save the Children) 같은 국제단체들이 버마 내 보건 상태를 발전시키기 위해 원조하고 있지만 국제단체의 활동에는 한계가 있다. 국제단체는 보건복지부보다 국가보건협의회에 허가를 얻어야 활동할 수 있다. 즉, 활동을 하려면 군부와 소통해야 한다. 국제단체가 직면한 또 다른 문제는 불안정한 환전

<표 부록-6> Health Indicators, ASEAN Countries

	Infant Mortality (per 1000 births) 2006	Life Expectancy (years) 2006	Access to Improved Water Resources (% of population) 2002	Health Expenditure per/cap (ppp US$) 2002
Brunei Darussalam	12.25	75.01	n.a	653
Burmar	61.85	60.97	80	30
Cambodia	68.78	59.29	34	192
Indonesia	34.39	69.87	78	110
Lao PDR	83.31	55.49	43	49
Malaysia	17.16	72.50	95	349
Philippines	22.81	70.21	85	153
Singapore	2.29	81.71	100	1,105
Thailand	19.49	72.25	85	321
Vietnam	25.14	70.85	73	148

Source: UNDP(2001); Human Development Report 2005; "Economic Review", 2003~2005, Bangkok Post; "Burma Economic Review", 2005~2006, NCGUB

시스템이다. 아울러 가고 싶은 곳을 마음대로 방문할 수 없고 여행의 자유에 제약이 따르는 것도 문제다. 만나고 싶은 사람을 자유롭게 만날 수 없는 상황하에 국제단체는 원조에 어려움을 겪고 있다. 그래서 몇몇 단체는 마지못해 기금을 축소하거나 중단한다. 예를 들어 HIV/AIDS, 결핵, 말라리아 퇴치 활동을 하는 세계기금은 원조를 중단하고 2005년 8월 철수했다.

그 결과 버마인의 보건 상태는 악화되었다. 2008년 5월 2, 3일 버마를 강타한 태풍 나르기스가 상황을 더욱 악화시켰다. 태풍으로 많은 병원이 파괴되었고, 사람들의 건강은 악화되었다. 버마인들은 자체적으로 그룹을 만들어 나르기스 문제를 해결하려 노력했으나 군부가 시민들의 활동을 허가하지 않아서 시민들은 원하는 목표에는 도달하는 데 어려움을 겪었다. 군부는 버마에 어떠한 시민단체도 허락하고 싶지 않았던 것이다.

2) 교육

다양한 민족이 함께 사는 버마의 공식 언어는 버마에서 인구가 가장 많은 버마족이 쓰는 버마어이고, 제2의 언어는 영어다. 그 외의 다른 민족은 민족의 고유 언어를 집에서 배울 수밖에 없다. 각 소수민족에게는 고유한 언어와 문화가 있다. 군부는 다양한 소수민족이 있다는 것은 인정하지만 그 다양성을 존중하지는 않는다. 이 문제는 교육 분야에서 여실히 드러난다.

버마에서 소수민족의 자녀들은 버마어 교과서로 공부해야 한다. 소수민족의 일부 아이들이 공부를 등한시하는 것은 자신의 언어가 아닌 버마어로 배우는 것과 교과서 내용에 거부감을 느끼기 때문이다. 또 "군대는 아버지, 군대는 어머니"와 같이 군부를 찬양하는 내용이 교과서에 담겨 있어 소수민족과 버마족 모두에게 거부감을 사고 있다. 이처럼 군부가 운영하는 교육제도 자체의 문제와 경제적인 문제 때문에 시민들의 교육 수준은 계속해서 낮아지고 있다.

제2의 언어인 영어는 원래 중학교 때부터 교과 과목이었는데, 1982년 이후에는 초등학교에서부터 교과 과목이 되었다. 또 1986년부터는 고등학교에서 버마어, 역사, 지리학을 제외한 과목을 영어로 가르쳤는데, 1987년 이후에는 대학에서도 거의 모든 과목을 영어로 가르치게 되었다. 버마 군부는 이런 조치가 버마의 교육 수준을 국제 수준으로 만들기 위해서라고 말했다. 하지만 학자들은 교육제도가 바뀐 후부터 학생들의 영어 수준이 더 떨어졌다고 증언한다. 지나치게 많은 내용을 담고 있는 교과서, 갑작스럽게 생긴 교육제도에 대한 교수와 교사들의 경험 부족, 학년 내에 교과서에 있는 많은 내용을 모두 가르쳐야 하는 의무 등으로 교사와 학생들의 목표는 교과서 진도를 끝까지 마치는 것이 되어버렸다. 대다수의 과목을 영어로 배우는 데다가 공부할 것이 많다 보니 국어인 버마어에 대해 버마 학생들의

<표 부록-7> Burma Education System

Ph.D.		Years 6~9
Master's or M.B.B.S.		Years 5~6
University	degree-oriented	Years 3~4
	regional college	Years 1~2
Upper secondary		Standards 9~10
Lower secondary		Standards 6~8
Primary		Standards 1~5
Kindergarten		K1~K3

Note: Engineering takes 8 year study and Distance Learning degrees last five years in length, while Medicine is a six and half year long study with a separate degree
Source: Wikipedia, http://en.wikipedia.org/wiki/Education_in_Myanmar

관심이 떨어지고 있는 상황이다.

1988년 학생들이 주도한 8888 민중항쟁 이후 군부는 학생들을 위한 교육을 조직적으로 파괴하고 있다. 군부는 학교의 교칙까지 간섭했으며 해방운동의 지도자이자, 아웅 산 수치 여사의 아버지인 아웅 산 같은 사람들과 관련된 역사를 배우지 못하게 하고 있다. 그리고 1992년부터 교수들을 위해 매년 1개월씩 연수 프로그램을 실시해오고 있는데, 그 내용은 친(親)군부 교육과 군대 훈련, 학생들의 활동을 감시하는 방법 등으로 채워져 있다. 초중고 교사들에게는 1992년 이전부터 이와 유사한 연수 프로그램이 있었다. 그 프로그램을 받아들일 수 없어 학교를 떠난 교사도 많았다. 많은 교사들은 이도 저도 못 하는 상황에서 눈과 입을 닫고 로봇처럼 살고 있다. 제일 큰 문제는 학생들이 교육제도를 비판하거나 학생의 권리를 이야기하고 민주화를 요구하면 그때마다 군부가 체포와 휴교를 단행한다는 것이다. 1988년 6월부터 2000년 7월까지 버마의 대학들은 휴교와 개교를 반복했고[1)

---

1) 1988년 6월에서 1991년 4월까지 대학들은 폐쇄되었고, 1991년 5월에 다시 문

<표 부록-8> Universities Opened and Closed between June 1988 and July 2000
(Rangoon Universities and Other Regional Universities, excluding Some Institutes)

Opening date	Closing date	Period
May 1991	Dec 1991	7 months
June 1992	Nov 1992	5 months
March 1993	July 1993	4 months
Sep 1993	Jan 1994	4 months
Aug 1994	Dec 1994	4 months
May 1995	Sep 1995	4 months
Nov 1995	May 1996	5 months
Sep 1996	Dec 1996	3 months
	Total	36 months

Source: Education Report, 2002(All Burma Federation of Student Unions(ABFSU)

학생들의 시위를 진압하는 과정에서 무자비한 폭력이 난무했으며, 이때 많은 학생이 다치고 심지어 사망 사건도 발생했다. 그러다 보니 실질적인 교육 기간은 매우 짧아졌다.

1991년 이후부터 교사들은 하루에 평균 12시간 근무한다. 교사들은 수업하고 제출한 보고서를 검사하는 것 외에도 학교 보안을 위해 경비 업무까지 맡아야 하는 상황이다. 또한 대학 교칙을 군대식으로 만들어 상명하복으로 통치하는 후견인 제도의 시행까지 요구받고 있다. 이런 제도하에서 교사 한 명은 학생 20~50명을 관리해야 한다.

이는 달리 말해 학생들이 자유와 인권, 민주화에 대해 아무런 활동을 하지 못하게 감시해야 한다는 의미다. 학생의 활동을 제대로 보고하지 못한 경력이 있는 교사는 자유와 인권, 민주화 활동을 한 학생과 마찬가지로 반국가사범으로 취급당한다. 또 교사들은 학교에 대한 학생들의 애로 사항

을 열었다. 또 1996년 12월에서 2000년 7월까지 다시 폐쇄되었다. 13년 동안 대학이 문을 연 기간은 36개월에 불과하다. 그러나 폐쇄당한 대학 중 군부와 관련이 있는 학교들은 이 조치에서 제외되었다. 2000년 7월에 대학들은 다시 문을 열었는데, 시내에 있는 대부분의 대학이 시골로 강제 이주를 당했다.

<표 부록-9> Budget for Education

	Education Budget (Million USD)	Gross Domestic Product (GDP) in Million USD	Education Budget as Percent of GDP (%)
Brunei Darussalam[1]	346.8	5,917.0	5.9
Cambodia[1]	110.5	4,440.0	2.5
Indonesia[2]	418.0	31,095.0	1.3
Lao PDR[1]	69.9	2,796.0	2.5
Malaysia[3]	7,088.4	131,020.0	5.4
Burmar[4]	97.0	7,464.0	1.3
Philippines[1]	2,203.4	92,850.0	2.4
Singapore[1]	4,553.7	116,760.7	3.9
Thailand[1]	6,423.7	166,300.0	3.9
Vietnam[1]	2,602.0	43,750.0	5.9
Timor Leste[1]	1.27	370.0	

1. Information from MOE
2. Education Budget by National Educational Budget, GDP by EconStats
3. Malaysian Educational Statistics 2006
4. Estimation by UNESCO Institute for Statistic for Myanmer, 2001
5. Estimation Figure CIA World Facrbook 2006
Source: Wikipedia, http://en.wikipedia.org/wiki/Education_in_Myanmar

이나 요구, 학생 권리에 대해 학교 측에 보고하고 싶어도 섣불리 행동할 수 없다. 이 때문에 교사와 학생 사이에 오해가 생기는 경우도 종종 있다.

학생들을 가르치는 데 힘을 쏟고 시간을 투자해야 하는 교사들은 자신의 업무와 관계없는 곳에 시간과 힘을 쓰고 있다. 제자들에게 수학, 생물학을 영어로 가르치는 교사들은 연구할 기회가 거의 없고, 정부는 교사들에게 원활한 교육 자재를 제공해주지 않는다. 교사들은 제자들이 잘 이해할 수 있는 방식으로 설명하지 못해 제자들에게 무시를 받기도 한다. 수업을 같이 하고는 있지만 학생과 교사 모두 즐겁게 공부하기 힘든 상황이다.

수업 시간에는 학생들과 교사가 토론을 통해 지식을 나눠야 하는데, 버마 대학의 실정은 그렇지 못하다. 버마에서는 교사가 칠판에 분필로 쓰면서 하는 말을 조용히 듣고 따라서 메모하는 것이 유일한 공부 방식이다. 연구할 필요가 없기 때문에 도서관에 갈 일이 거의 없고, 도서관을 찾기 어려울 정도로 도서관이 없다. 그나마 있는 도서관에는 책이 별로 없고, 학생이 책을 빌리기도 만만치 않다.

버마 군부는 2005년 아동 진학률이 97.58%라고 발표했지만, 유네스코의 2004년 버마교육보고서에 따르면 아동의 45%가 초등학교 기초 교육조차 제대로 받지 못했다. 버마의 교육과 의료 시스템은 무상을 원칙으로 하고 있다. 하지만 국가 전체 예산에서 0.4%와 1.3%에 불과한 의료 예산과 교육 예산(2007년 유네스코 보고)의 편성은 군부가 무상의료와 무상교육의 원칙을 저버린 것이라고밖에 볼 수 없다. 나라를 장기간 통치해온 버마 군부는 앞으로도 계속해서 통치를 유지하기 위한 방법을 찾고 있다. 학자들의 비판과 반대에도 교과서의 내용을 더욱더 어렵게 하고 있다. 교육 자재를 제대로 제공해주지 않고, 연구할 수 있는 기회와 지원이 전무한 상태에서 교과서의 난이도만 높아지고 있다. 그래도 버마 군부는 자신들의 목표가 성공한 것으로 선전한다.

학생과 교사는 학교를 다니는 동안 인권과 평화의 가치에 관심을 둘 틈조차 없어졌다. 하지만 버마 학생들은 인권과 평화의 가치를 배우고 지키고 있다. 버마의 1988년 8888 민중항쟁, 1996년 항쟁을 주도한 대표 세력은 바로 학생들이었다. 버마의 스님들이 이끈 2007년 9월 시위에서 제2의 지도자들 역시 학생들이었다. 학생들이 제대로 된 교육을 받아야 국가의 미래가 밝아질 것이다. 버마 시민들은 아이들이 제대로 공부할 수 있는 날이 오기를 기원하고 있다.

5. 민주화 세력에 관하여

버마 국내의 주요한 민주화 운동 단체로는 ① 버마민족민주동맹(정당이면서 전선운동의 성격도 지님), ② 학생운동(무장투쟁 학생운동, 지하 학생운동, 학생 정치운동), ③ 소수민족 운동(일부 소수민족은 군부정권 종식뿐만 아니라 자치권을 요구함) 등으로 나눌 수 있다.

1) 버마민족민주동맹

버마에서 가장 광범위한 지지 세력을 확보하고 있는 단체가 버마민족민주동맹이다. 버마민족민주동맹은 1988년 항쟁 이후 1990년 총선거에서 군부독재에 효과적으로 대응하기 위해 버마의 전체 민주화 운동 세력의 결집체로 탄생했다. 버마민족민주동맹의 대표적인 인물로는 사무총장 아웅 산 수치 여사, 부회장 우틴 우(U Tin Oo)를 들 수 있다.

1990년 총선 이후에 선출된 국회의원과 버마민족민주동맹 간부 활동가 중 일부는 해외로 망명하거나 도피했지만 대부분의 버마민족민주동맹 활동가들은 아직 버마 국내에서 열심히 활동하고 있다. 망명한 버마민족민주동맹 활동가들의 본부는 타이에 있으며 이들은 미국, 일본, 한국, 호주 등에서도 활동하고 있다.

버마민족민주동맹의 핵심적인 입장은 민주주의의 완성이다. 이를 위해 1990년 총선거의 결과를 인정하라는 요구와 함께, 전 세계 국가에게는 경제봉쇄 정책을 통해 버마 군부를 압박할 수 있도록 협력을 요청하고 있다. 이들의 가장 핵심적인 요구는 군부와 소수민족 그리고 버마민족민주동맹이 버마의 미래를 위해 대화하는 것이다. 군부에게 최후의 순간까지 대화를 요구하는 것이 버마민족민주동맹의 입장이다.

2) 학생운동

학생운동은 크게 다음과 같이 세 가지로 나눌 수 있다.

(1) 무장투쟁 학생운동

전버마학생민주전선(All Burma Students' Democratic Front, ABSDF)이 주도하고 있다. 이들은 비록 무장투쟁을 하고 있지만, 대화를 통해 버마 민주화를 달성하려는 아웅 산 수치와 버마민족민주동맹을 지지한다. 또한 무장투쟁 중인 소수민족들과의 화해와 연대를 위해 활동하고 있다. 1988년 이후부터 다민족 간의 화해에 큰 역할을 해왔다.

(2) 지하 학생운동

1990년 선거 이후부터 버마의 민주화 운동은 정치운동 중심이었는데, 2000년대 이후 소위 '8888 민중항쟁' 지도자의 일부가 일반 시민의 민주화 운동 참여를 중시하기 시작한다. 정당 참여에 관심이 없는 학생들은 한국의 전대협이나 한총련과 같은 학생 조직을 만들거나 지하 학생운동을 해왔다. 지하 학생운동의 가장 핵심적인 인물은 몬족 출신의 민꼬나잉(Min Ko Naing)이다. 그는 버마전국학생연합(All Burma Federation of Student Unions, ABFSU)의 지도자였고, 지하 학생운동도 이 단체를 중심으로 진행되고 있다. 버마전국학생연합은 주로 시위 조직화와 유인물 배포, 버마민족민주동맹 등 정당을 지지하는 활동을 하며 학생과 국민, 그리고 정치인을 이어주는 가교 역할을 해왔다.

버마전국학생연합 민꼬나잉 회장과 꼬꼬지(Ko Ko Gyi) 부회장이 2004년 11월과 2005년 1월 각각 석방되면서 아래로부터의 민주화 운동은 더욱 확산되고 있다. 이들은 스스로를 '88년 세대'라고 불렀으며, 그 이름으로 청년단체를 창립했다. 또한 이들은 정치운동 외에 강제 노동, 강제이주 문제 등 일반 시민의 인권문제를 다루는 인권단체나 HIV/AIDS 환자를 지원하는 단체를 만들기도 했다. 또한 기도, 서명운동, 가두행진, 민주화 운동 기념 행사 등 일반 시민이 쉽게 참여할 수 있는 운동을 펼쳐나가면서 반체제 운동의 저변을 확대하고 있다. 2007년 시위에 일반 시민이 대규모로 참여하는 데 이들 학생 지도자들이 중요한 역할을 했다.

(3) 학생 정치운동

민주화 운동을 위해 아웅 산 수치와 같은 정치인들은 정당을 만들었는데, 어떤 학생들은 버마민족민주동맹과 같은 정당에 들어가기도 하고 '새로운 사회를 위한 민주당(Democratic Party for New Society, DPNS)'을 직접 창당하기도 했다. '새로운 사회를 위한 민주당'은 대다수 학생들이 참여해 만들었으며, 1990년 총선거 당시 대규모의 가입 당원을 확보하고 시민들의 뜨거운 관심을 얻어 버마민족민주동맹 다음으로 가장 큰 정당이 되었다. '새로운 사회를 위한 민주당'은 버마민족민주동맹과 아웅 산 수치에 대한 지지운동, 그리고 다른 학생 조직들과의 연대활동을 해왔다.[2] 그러나 1990년 총선거 이후 군부에 의해 해산됐으며, 현재 버마 - 타이 국경에 기반을 두고 활동하고 있다.

3) 소수민족 운동

버마는 130여 개의 민족이 사는 다민족 국가다. 버마족, 까렌족, 까야족,

---

2) '새로운 사회를 위한 민주당'은 버마민족민주동맹과 아웅 산 수치를 위해 선거 지원활동을 했지만 직접 선거에 후보를 내지는 않았다.

몽족, 아라칸족, 친족, 샨족, 카친족 등이 있는데, 이들 8개 민족이 인구의 대부분을 차지하고 있다. 1948년 해방 이후 까렌족은 독립을 요구하는 무장 민족해방 투쟁을 전개했다. 한편 공산주의자들은 사회주의로의 이행을 촉구하는 무장투쟁을 전개했다.

  대부분의 소수민족은 1962년 군부 쿠데타 이후 무장투쟁의 길을 걷는데, 이들의 핵심적인 요구 사항은 독립 영웅인 아웅 산 장군 생전에 이뤄졌던 협약을 준수하라는 것이었다. 그 협약은 1947년 아웅 산 장군과 소수민족 대표들 간에 체결한 것으로 영국 식민주의자들을 몰아내기 위해 함께 투쟁할 것과 소수민족의 자치를 위해 공동으로 노력할 것을 주된 내용으로 한다.

  버마 군부는 군인들이 다양한 소수민족을 통치하는 것이 당연하고 자연스럽다고 생각한다. 하지만 다양한 민족들의 문화적 다양성을 보장하지는 않는다. 이런 군부의 태도는 교육문제에서 대표적으로 드러난다. 1962년부터 이뤄진 중앙집권체제로 소수민족들이 자치권을 잃고 정치운동을 못하게 된 것도 문제였다. 또 다른 문제는 자원채굴 권한에 관한 것이다. 버마는 천연자원이 풍부한 국가로 자원의 대부분이 소수민족 거주지에 분포되어 있다. 하지만 소수민족들은 자원의 혜택은 받지 못하고 오히려 자원 때문에 강제 이주와 강제 노동을 당하고 있다. 그 밖에 무차별한 채굴 과정에서 환경오염 문제까지 발생하고 있다.

  문제는 소수민족들의 이런 불만이 군부뿐만 아니라 버마족 모두에게 향하고 있다는 것이다. 소수민족들은 이런 문제가 군부가 아닌, 버마족에 의해 자행되는 것으로 여기기 때문이다. 그에 따라 소수민족들의 투쟁 대상은 군부와 버마족이 되었다. 하지만 버마족 역시 소수민족과 마찬가지로 군부로 인해 많은 희생을 당하고 있다.

(1) 민주화와 민족 간 화해운동

이런 와중에 8888 민중항쟁 세대들은 다민족 간의 화해운동을 전개했다. 1962년 쿠데타 이후의 운동은 민주화와 지방자치권 운동이 중심이 되었는데 8888 민중항쟁 이후에는 다민족 간의 화해운동도 함께 하게 된 것이다. 버마의 화해운동은 군부가 만들어놓은 교육, 정치, 경제, 종교 때문에 다민족 간에 쌓여왔던 오해를 풀고 버마족 역시 다른 소수민족과 마찬가지로 피해자 라는 것을 알리는 운동이다.

8888 민주항쟁 세대의 화해와 연대운동 세력은 미얀마연방민족회의 (National Council of the Union of Burma, NCUB)를 설립했다. 이 단체는 1992년 버마 마너플라우(Marnerplaw) 지역에서 버마족과 다른 다양한 민족들이 함께 만들었다. 무장투쟁, 정치운동, 국제연대 등 다양한 활동을 하고 있고 버마연 방민족회의 활동가와 전문가들이 모여 민주화된 미래의 버마를 위한 헌법 초안을 만들기도 했다.

소수민족 무장투쟁 단체들과 함께 투쟁을 벌이고 있는 전버마학생민주전 선의 활동가들 역시 화해운동에 큰 역할을 하고 있다. 버마에서 활동하고 있는 아웅 산 수치 여사가 이끄는 버마민족민주동맹 내에도 다양한 민족이 있다. 버마민족민주동맹이 1990년 총선거에서 82% 이상의 놀라운 지지를 받을 수 있었던 것은 바로 소수민족들의 지지가 있었기 때문이다. 군부독재 치하에서 소수민족들은 자신들의 근거지에 투자가 이뤄지는 것을 원하지 않았다. 더 이상 소수민족들의 오해와 미움을 받고 싶지 않은 버마족 역시 이에 관해 같은 입장이다.

대표적인 사례로 대우인터내셔널이 아라칸 주에서 벌이고 있는 천연가스 개발 사업에 대한 아라칸족과 버마 시민의 반대운동을 들 수 있다. 그들은 버마 군부, 대우인터내셔널, 한국 정부에 반대 운동을 벌이고 대안을 제시한 다. 대우인터내셔널의 사업 중단을 촉구하는 운동뿐만 아니라 미국 유노칼

사의 까렌 주 사업, 프랑스 토탈사의 버마 남부 해안 사업을 중단하라는 운동도 전개해왔다.

군부와 함께하는 천연자원 개발 사업을 중단하는 것은, 곧 버마의 민주화와 다민족 간의 화해를 위한 것이며, 투자중단 운동 역시 일종의 화해운동이다. 다양한 민족이 함께 살고 있는 버마에서 시민들이 원하는 민주화는 조상 대대로 살아왔던 땅에서 평화롭게, 평등하게 사는 것이다. 고조되는 다민족 간의 불만을 해결하고자 노력하고 있는 버마 시민들은 자신들이 벌이는 민주화 운동에 국제사회가 참여하기를 간절히 바라고 있다.

6. 맺음말

필자는 한국에서 10년 이상 살면서 버마 민주화 운동 활동가로 일하고 있다. 한국의 시민들과 함께 거리에서 촛불을 들고, 선거와 민주화와 인권을 위한 한국 사회의 여러 여정을 지켜보고 있는 이방인이자 참여자인 것이다.

필자는 기회가 있을 때마다 한국 시민사회와 시민사회 단체에 호소하고 있다. 그 핵심 내용은 바로 한국 시민사회의 힘을 한국만이 아닌 다른 곳에 써 달라는 것이다. 한국 시민사회는 놀라운 힘을 가지고 있고 그 힘을 중요한 시기에 적절히 잘 활용하고 있다. 그리고 미군 장갑차 사건, 대통령 탄핵 사건 때 한국 시민의 힘을 직접 현장에서 확인했다.

하지만 한국 시민사회의 힘은 늘 한국 사회 안에만 있는 것 같다. 오늘도 세계 각국에서는 다양한 분쟁과 갈등이 발생하고 있다. 민주주의, 여성과 아동, 소수자를 위협하는 일들이 일어나고 있지만 한국 언론이나 시민사회 어디에서도 이런 상황에 주목하고 구체적으로 연대하기 위한 행동은 거의 없는 것 같다.

오늘의 북한문제는 좀 더 다른 의미를 지니겠지만, 세계에서 발생하고 있는 다양한 갈등이라는 관점에서 북한문제를 보는 것은 어떨까 생각한다. 사실 북한의 민주화를 요구하는 몇 안 되는 사람의 수만큼 해외의 다른 문제에 관심을 갖고 활동하는 사람도 있을 것이다. 한국 사회는 북한문제가 자신의 문제가 아니라 남의 문제라고 생각한다. 버마 문제가 남의 문제이듯이 한국의 시민사회와 한국 정부는 북한문제를 남의 문제라고 생각하는 것이다.

또 다른 측면에서 봤을 때, 북한의 인권문제를 주장하는 사람들이 다른 나라의 인권에도 비슷한 깊이의 관심을 두고 활동할 것을 권하고 싶다. 독재의 얼굴은 어느 곳에서나 매우 닮아 있다. 이는 과거 한국의 군사독재와 현재 버마의 군사정권이 일치하고 있는 점을 그 증거로 들 수 있을 것이다. 버마의 상황만큼이나 북한의 인권상황이 심각하다는 것은 이미 여러 차례 보도되었다.

인권 앞에서 버마와 북한이 따로일 수 없다. 인간의 기본적인 권리를 옹호하고 이를 지켜내는 일에 남과 나가 따로 있을 수 없다. 지난 시기 한국 국민과 정부에 요구한 것은 버마의 민주화를 완성하기 위한 국제사회의 협력이라는 측면도 있겠지만, 인간다운 최소한의 권리를 주장할 수 없는 이들에 대한 국제사회의 관심과 지원 요청이라는 측면도 있다. 이는 버마 문제이면서 동시에 북한의 문제이고 또 다른 인권 후진국들의 외침이다.

한국의 민주주의는 이미 아시아 발전의 한 모델로 인식되고 있으며, 한국 시민사회의 역동성 또한 아시아의 모델 사례(case)로 많은 관심의 대상이 되고 있다. 하지만 이 모델이 하나의 사례가 아니라, 완성본이 되기 위해서는 한국 시민사회가 좀 더 외연을 확장해야 할 것이다.

최근 한국 시민사회가 버마에 많은 관심을 기울이고 연대하는 것에 대해, 버마에서의 민주화 운동을 지켜보고 함께하고 있는 사람으로서 매우 기쁘다.

버마 민주화 운동은 어제오늘의 일이 아니다. 지난 46년의 역사가 있고, 오늘도 자기 희생을 감수하고 싸우고 있는 활동가들이 있기에 가능한 것이다. 버마는 아시아의 한 국가가 아니라 한국의 과거이고 또 다른 아시아의 현재를 상징한다. 그래서 우리는 희망과 연대를 이야기해야 한다.

참고문헌

"대화 모임." 2007. 함께하는 시민행동. http://www.slideshare.net/actioncan/20071007
린트너, 버틸(Bertil Lintner). 2007. 『아웅산수찌와 버마 군부』. 이희영 옮김. 아시아네트워크.
박창석. 1993. 『아웅산 리포트』. 인간사랑.
"버마와 우리." 참여연대. http://burma.peoplepower21.org
"정책제안과 조사 요청." 2008. 국가인권위원회 진정문. 국제민주연대. http://www.khis.or.kr/bbs/board.php?bo_table=burmagas&wr_id=68
한국 앰네스티 4그룹. 2000. 『내릴 수 없는 깃발』. 두리미디어.
"Annual Hospital Statistics Report." 2006. SPDC(State Peace and Development Council, 군부).
"Burma Economic Review." 2005~2006. NCGUB(National Coalition Government of the Union of Burma).
"Education Report." 2002. ABFSU(All Burma Federation of Student Unions).
"National Health System Profile." http://www.searo.who.int/LinkFiles/Myanmar_Myanmar_Country_Health_System_Profile.pdf
Toshihiro KUDO. "Myanmar's Economic Relations with China: Can China Support the Myanmar Economy?" 2006.
Wikipedia, the free encyclopedia. http://en.wikipedia.org/wiki/Education_in_Myanmar
Win Tint Tun. 2007. 『1948~2000 BURMA』. DPNS.

찾아보기

[숫자]
10·4선언　41
1951년 난민협약　212
1967년 난민의정서　212
6·15공동선언　41
6·25전쟁납북자가족회　221

[ㄱ]
가능한 최선　54
가치 갈등　127
가치 중립성　24
가혹 행위　111
각료이사회(The Committee of Ministers of the Council of Europe)　176
강자의 정책(Politik der Strke)　98
강제노역　103
강제송환　187
강제송환 금지의 원칙　210
강철환　203
개신교　109
개인문제　24
개인주권　65
개입　25
개혁정책　115
객관성　24
거버넌스　192
거버넌스 모델　173

거주·이전　112
건설적 비판주의　26
경제발전　127
경제와 인권　29
경제적·사회적·문화적 권리에 관한 국제규약　200
고문　111
과거 청산　103, 126
관계　27
관여　34, 55
관용　25
괴쯔(Afred & Annelisese Goetze)　104
교회 사업　118
구성주의　139~140
국가보안법　44, 127~128
국가안보와 인간안보　31
국가인권기구　178
국가인권위원회　178
국가주권　65
국경수비대　112
국군포로　220
국적법　122
국제　54
국제 규범　109
국제 여론　110
국제관습법(customary international law)　219

국제기구　191, 193~194
국제난민법　209
국제레짐　193
국제비정부기구(NGO)　183, 191, 195
국제사면위원회(Amnesty International)　6, 102, 104~105, 184~185, 190, 195
국제사법재판소(Court of International Justice)　224
국제인권 NGO　178, 184~186, 190, 195
국제인권거버넌스　58
국제인권규범　194
국제인권규약　174
국제인권기구　176, 178, 188, 191, 194~195
국제인권레짐　54, 58
국제인권법　173
국제인권조약　200
국제인권조약과 중국　143
국제인권체제　135, 143, 149, 157
국제인권협약　107~108, 110
국제적십자위원회　224
국제형사재판소(International Criminal Court)　213~215, 219, 225
규범에 부합하는 행위 단계　139, 159
규범적 지위 확보 단계　139, 148, 157, 159
기독교　206, 218
기민련　93, 112
기본권　129
기본법　95, 100, 123
「긴급수용법」　122

긴장 완화　98, 115
김대중　49, 188
김영삼　49

[ㄴ]
나선모델　137, 139, 141, 155, 157~158
나치　95
나토(NATO)　97
난민지위 관련 협약　210
남남 갈등　39
남북관계　172, 188
「남북관계 발전에 관한 법률」　40, 48
납북자　58
내독관계　93, 117
내재화　136, 156
냉전 자유주의　44
냉전시기　92, 127
네트워크 거버넌스　183, 195
노동자 봉기　121
노무현　49, 188

[ㄷ]
다자간 협력체계　179, 195
담론구조　95
대북결의안　195
대북지원　128
대연정　99
도시 간 자매결연　124
독일 사례　93
독일민주공화국(DDR)　96
독일인권연맹　102
독일정책　98~99, 115
동·서독 기본 조약　99

동독 93
동독 노동자 봉기 97
동독 정보국(Stasi) 104
동서 진영 96
동아시아 인권거버넌스 58
동아시아 인권공동체 57
동아시아 인권레짐 58
동아시아 인권시민연대 57
동아시아 인권재판소 57
동아시아 인권회의 57
디에쯔(H. Dietz) 103

[ㄹ]
로마조약 213, 215~216

[ㅁ]
마잉주(馬英九) 42
목적 56
목적적 존재 33
무시(benign neglect)정책 94
문화 상대주의 9
문화협정 124
미국 예외주의 39
미주기구(The Organization of American States) 177
미주인권법원(The Inter-American Court of Human Rights) 177
미주인권위원회(The Inter-American Commission on Human Rights) 177
민족 54
민족 동질성 121
민족 정체성 45
민족문제 96
민족자결권 98

민족적 가치 37
민주(인권)논리 38
민주적 가치 37
민주주의와 인권 28
민주화 34, 92

[ㅂ]
바(E. Bahr) 99
바스켓Ⅰ·Ⅱ·Ⅲ·Ⅳ 180
바이마르 공화국 97
바이마르 헌법 108
박정희 35
반(反)북한 41
반공 103
반공단체 101
반공주의 127
반기문 유엔사무총장 175
반민족주의 95
방콕선언(Bangkok Declaration on Human Rights) 77
베를린 봉쇄 97
베를린 장벽 119, 122, 125
벨그레이드 추가 회의(Belgrade follow-up meeting) 181
보수 35, 41
보수세력과 진보세력 100
보충적 관할권(complementarity rule) 215
보편논리 36, 38
보편성 25
보편적 인권문제 23
보편적 정례검토(Universal Periodic Review) 9, 174
보편주의 25, 54

봉쇄　34
부분주의　54
부시(George W. Bush)　186
북한 급변사태　51
북한 이탈주민·탈북자(새터민)　49
북한 인권거버넌스　58
북한 인권레짐　58
북한 인권포럼　40
북한 인민　58
북한 형법　47
북한문제　23
북한인권　173
북한인권 공동성명　188
북한인권 담론　43
북한인권 정책　187
북한인권결의안　7, 188~189
북한인권에 대한 연례보고서(Country Reports of Human Rights Practices)　186
북한인권특별보고관　211~212
분단국가 정체성　45
분단문제　96
불처리동의안(No Action Motion)　150, 152
브란트(W. Brandt)　125
블루멘펠트(E. Blumenfeld)　125
비밀경찰　111, 114
비엔나 국제인권회의　77
비판　54
비판적 합리주의　26

[ㅅ]
사민당(SPD)　99
사법보호국　118

사실의 선차성　22
사전검열　110
사회권 규약과 자유권 규약　143, 153
사회권 규약의 비준　162
사회적 기본권　107
사회주의체제　107
상대주의(강한 상대주의와 약한 상대주의)　146
상주대표부　124
상호 동학　27
상황논리　36, 38
서독　93
서방정책　96
서베를린　102
서신 교류　224
서신 왕래　222
석방거래　114, 117, 119~120
선(先)국가안보론, 경제발전론　35
선(先)민주화론　35
선후　27
세계 시간　25
세계인권보고서　190
세계인권선언(The Universal Declaration of Human Rights)　107, 173~175, 194, 207
소련 점령　96
소련군정　103
소련점령지역(SBZ)　96
소수자 문제　50
수단　56
수단적 존재　33
수사의 덫　138, 140
시민권　108
시민단체　172

시민사회　46, 193, 195
시민적 기본권　108
시민적·정치적 권리에 관한 국제규약
　(International Covenant on Civil and
　Political Rights)　175, 200, 202
식량난　128
신냉전　124
신동방정책　93, 99, 115
신동혁　203

[ㅇ]
아데나워(K. Adenauer)　96
아동권리협약　200, 203
아시아 경제인권 안보협력　225
아시아·태평양 지역인권기구포럼(Asia
　Pacific Forum of National Human Ri-
　ghts Institutions, APF)　178
아시아적 가치론　76
아프리카 인권 및 민중권위원회(African
　Commission on Human and People's
　Rights)　177
아프리카 통일기구(Organization of Afri-
　can Unity)　177
아프리카 (인권과 민중권에 대한) 헌장
　(African Charter on Human and Peo-
　ple's Rights)　177
안보　127
안보논리　38
야스퍼스(K. Jaspers)　98
여성차별철폐협약　200
역오리엔탈리즘　57
연금 수혜자　121, 123
연방국경수비대　126
연방수용소　126

연방헌법재판소　99
연좌제　203
오리엔탈리즘　57
완전통제 구역　201
유럽안보협력회의(The Conference on
　Security and Cooperation in Europe)
　108, 179~181
유럽연합　181, 189, 191, 195
유럽의회(The Congress of Europe)　176
유럽인권규약(The European Convention
　on Human Rights and Fundamental
　Freedom of Europe)　176
유럽인권위원회(The European Commi-
　ssion of Human Rights)　176
유럽인권재판소(The European Court of
　Human Rights)　176
유럽인권헌장(European charter of human
　rights)　176
유엔　172, 176, 178, 188, 191, 195
유엔국제인권협약　100
유엔난민고등판무관실　212
유엔난민협약　210
유엔인권고등판무관(UN High Commi-
　ssioner for Human Rights)　174
유엔인권위원회(Commission on Human
　Rights)　61, 94, 111, 128, 150,
　174~175
유엔인권이사회(Human Rights Council)
　174~175, 188
유엔자유권규약위원회(Human Rights
　Committee)　174~175
유엔헌장　100, 174
유엔헌장 제2조 4항　53
유일지배체제　7

의사표현 113
이격 25
이데올로기 96
이명박 41, 188
이민법 개정안 (Comprehensive Immi-
　gration Reform Bill) 186
이산가족 58, 119, 121, 128
이승만 35
이주 113
이주자 102, 114~115
인과 27
인권 131
인권 거버넌스 193
인권 공세 24
인권 의식 95
인권규범 15
인권기구 172, 174
인권단체 101
인권대화 152~153
인권레짐 172, 185
인권보장체제 174
(중국의) 인권상황 혹은 인권문제 147
인권선언 103
인권침해 101
인도에 반하는 범죄(Crime Against
　Humanity) 213, 215, 218~219,
　221
인도주의연합 102, 104
인신매매 209
일본인 납치문제 220

[ㅈ]
자국활동(Work On Own Country) 원칙
　106

자유 131
자유 왕래 112
자유권 규약의 비준 160~161
자유권규약위원회 188
자유의 종 80
자유주의 131
잘쯔기터 중앙기록보관소 105, 125~126
재북 국군포로 58
적법 절차 202, 204
전독문제성(내독성) 118, 126
전독일연구소(das Gesamtdeutsche Ins-
　titut) 126
전두환 35
전술적 양보 단계 138, 148, 154,
　157, 165
전승국 97
전쟁범죄(war crime) 215, 221, 223
전쟁법 222
전쟁포로 103
절대 관료국가 97
점령통치 101
점묘적 확산 58
정의 25
정착 지원 101
정치 54
정치범 113~114, 117~118
정치범 석방 106
정치범 수용소 201~202, 219
제네바 협정 201, 221~224
제네바 회의 179
조용한 교섭 115
종교단체 101, 109
종교자유 204~205
종북주의 논쟁 40

주권 9
주권 우위의 원칙 143
지역인권기구 176, 178
지원 54
진보 35, 41
집단살해방지 협약 218
집단살해죄(Genocide) 213, 215, 217, 221
집단수용소 103

[ㅊ]
차단정책 123
창피주기 150, 152, 155, 166
청소년 교류 124
체제문제 24
초국적 인권 네트워크 138, 141, 156, 165
친(親)인권 41
침략 행위(crime of aggression) 215

[ㅋ]
콜(Helmut Kohl) 41
클린턴(Bill Clinton) 22

[ㅌ]
탈구 43
탈나치화 96
탈냉전 127
탈북자 58, 186~187
탈북자 강제북송 정책 187
탈출 101, 112, 114, 122
탈출 지원 122
탈출자 101~102, 104, 115, 122
통과교통협정 122

통과사증협정 120
통풍효과 116
특수성 25
특수주의 25

[ㅍ]
평등권 108
평화 39, 131
평화와 인권 30
평화운동 109
평화적 개입 14, 131
포겔(W. Vogel) 118
포괄적 신뢰관계 55
포로 송환 222
프리덤하우스(Freedom House) 186
피노체트(Augusto Pinochet) 185

[ㅎ]
한국문제 23
한반도 공동체주의 56
한반도 공화주의 56
한반도 문제 23
한반도 인권 37
한반도 인권거버넌스 58
한반도 인권레짐 58
햇볕정책 92, 129, 188
헬싱키 감시 조직(Helsinki Monitoring Groups) 181
헬싱키 선언 100
헬싱키워치(Helsinki Watch) 184
헬싱키 최종 결의(Helsinki Final Act) 179~181
헬싱키 최종 의정서 108, 123
헬싱키 프로세스(Helsinki Process) 173,

179~180, 182
혁명화 대상 구역　201
현실의 우위　22
현장난민(refugee sur place)　211
화평연변(和平演變)　69
환경보호　109

휴먼라이츠워치(Human Rights Watch)　6, 184~185, 190, 195
흑백논리　26

엮은이

윤영관
서울대학교 외교학과 학사및 동대학원 석사과정을 마치고, 미국 존스홉킨스 대학 (SAIS)에서 국제정치학 박사학위를 취득했다. 미국 캘리포니아 대학(UC Davis) 교수를 거쳐, 1990년 이후 서울대학교 사회대학 외교학과에서 교수로 재직 중이다. 2003~20004년 외교통상부장관을 지냈고, 현재 한반도평화연구원 원장으로 일하고 있다. 주요 저서로는 『전환기 국제정치경제와 한국』(민음사, 1996), 『21세기 한국정치경제모델』(신호서적, 1999) 등이 있다.

지은이 (가나다순)

김수암
서울대학교 외교학과 정치학 학사 및 동 대학원에서 정치학 석·박사학위를 취득했다. 현재 통일연구원 연구위원으로 재직 중이며, 민주평화통일자문회의 상임위원 및 외교통상부 정책자문위원으로 활동하고 있다. 주요 연구로는 「북한의 형사법상 형사처리절차와 적용실태」(2005), 「민주주의와 인권에 대한 북한의 인식과 대응」 (2007), 「북한인권 침해구조 및 개선전략」(2009) 등이 있다.

김학성
서울대학교 독어독문학 학사 및 연세대학교 정치학 석사과정을 마치고, 독일 뮌헨대학교에서 정치학 박사학위를 취득했다. 통일연구원 선임연구위원을 역임했으며, 현재 충남대학교 평화안보대학원 교수로 재직 중이다. 주요 논문으로는 「동·서독 인적 교류 실태 연구」(1996), 「신동방정책과 대북 포용정책」(2000), 「한반도 평화체제에 대한 이론적 접근: 현실주의, 자유주의, 구성주의의 비교」(2000), 「분단과 통합: 외국의 경험적 사례와 남북한」(2006) 등이 있다.

마웅저(Maung Zaw)
버마 8888 민중항쟁 당시(1988. 8. 8) 고등학생 신분으로 시위에 참가한 후 버마 민주화 운동에 투신했다. 1994년 말 군부의 탄압을 피해 버마를 탈출해 한국에 왔고 2008년 난민 지위를 받았다. 1998년 버마민족민주동맹(NLD) 한국지부 결성에 참여했고, 이후 한국 시민운동에 관심을 갖고 시민단체 '함께하는 시민행동'에서 2006년부터 4년 동안 활동했다. 현재는 '부천 외국인노동자의집' 이사, '버마 민주화와 난민어린이교육지원을 위한 모임' 운영위원, '난민인권센터' 운영위원으로 활동 중이다.

박명림
고려대학교에서 정치학 학사·석사·박사학위를 취득했다. 고려대학교 아세아문제연구소 북한연구실장, 하버드대학교 하버드-옌칭연구소 협동연구학자를 역임했으며, 현재 연세대학교 대학원 지역학 협동과정 교수로 재직 중이다. 주요 저서로는 『한국 1950: 전쟁과 평화』(나남, 2002), 『한국전쟁의 발발과 기원 1~2권』(나남, 2003) 등이 있다.

서창록
서울대학교 사회과학대학 외교학과를 졸업하고 미국 Tufts University, Fletcher School에서 국제관계학 석·박사 학위를 취득했다. 현재 고려대학교 국제대학원 교수, 한국국제정치학회 이사, 북한인권시민연합 이사, 아시아인권센터 부소장으로 활동 중이다. 주요 저서로는 『국제기구: 글로벌 거버넌스의 정치학』(다산출판사, 2004), 『남북한 통합을 위한 바람직한 통일정책 거버넌스 구축방안』(통일연구원, 2005), 『글로벌 거버넌스와 한국』(공저, 한양대학교출판부, 2006) 등이 있다.

원재천
미국 버지니아공대에서 인문학 학사 및 경영학 석사과정을 마치고, 미국 브루클린 사법대학원에서 법학 박사학위를 취득했다. 현재 한동대학교 국제법률대학원 교수, 국제검사협회 회원, 한국형사소송법학회 국제이사, 한국비교공법학회 회원으로 활동 중이다. 주요 연구로는 「선진국 출입국관리법과 제도 연구」(2008), 「북한주민 양심과 종교의 자유」(2008), 주요 논문으로는 「북한인권의 국제인권법적 고찰: 인권 관련 법률의 적용과 분석, 그리고 인권개선을 위한 법률가의 역할」(2010), 「Challenge of Protecting North Korean Refugees」(2009) 등이 있다.

이남주
서울대학교 경제학과 학사 및 동 대학원 정치학 석사과정을 마치고, 중국 베이징대학교에서 정치학 박사학위를 취득했다. 현재 성공회대학교 중어중국학과 교수로 재직 중이며, ≪창작과비평≫ 편집위원으로 활동하고 있다. 주요 저서로는 『중국 시민사회의 형성과 특징』(폴리테이아, 2007), 『동아시아의 인권』(공저, 아르케, 2008) 등이 있다.

한울아카데미 1274

한반도평화연구원총서 6
북한인권 개선, 어떻게 할 것인가 평화적 개입 전략과 국제 사례

ⓒ 한반도평화연구원, 2010

엮은이 | 윤영관·김수암
지은이 | 김수암·김학성·마웅저·박명림·서창록·원재천·이남주
펴낸이 | 김종수
펴낸곳 | 도서출판 한울

편집책임 | 박록희
편집 | 배유진

초판 1쇄 인쇄 | 2010년 6월 15일
초판 1쇄 발행 | 2010년 6월 29일

주소 | 413-832 파주시 교하읍 문발리 507-2(본사)
      121-801 서울시 마포구 공덕동 105-90 서울빌딩 3층(서울 사무소)
전화 | 영업 02-326-0095, 편집 02-336-6183
팩스 | 02-333-7543
홈페이지 | www.hanulbooks.co.kr
등록 | 1980년 3월 13일, 제406-2003-051호

Printed in Korea.
ISBN 978-89-460-5274-1(양장)   93340

* 가격은 겉표지에 있습니다.